黑龍江大學出版社
HEILONGJIANG UNIVERSITY PRESS

本丛书获得以下基金项目资助：

国家出版基金项目
国家哲学社会科学基金重点项目《东欧新马克思主义理论研究》，10AKS005
黑龙江省社科重大委托项目《东欧新马克思主义研究》，08A-002

本书还获得以下基金项目资助：

教育部人文社会科学青年基金项目，13YJC720042
中共中央编译局社会科学基金项目，11B23
中央高校基本科研业务费项目，2722013JC010

衣俊卿◆主编

个性自由与道德责任

——布达佩斯学派社会批判理论研究

Freedom of Individuality and Moral Responsibility
—A Study of Social Critical Theory of Budapest School

颜　岩◇著

黑龍江大學出版社
HEILONGJIANG UNIVERSITY PRESS

图书在版编目（CIP）数据

个性自由与道德责任 ：布达佩斯学派社会批判理论研究 / 颜岩著．-- 哈尔滨 ：黑龙江大学出版社，2014.12(2021.8 重印)
（东欧新马克思主义理论研究 / 衣俊卿主编）
ISBN 978-7-81129-855-0

Ⅰ．①个… Ⅱ．①颜… Ⅲ．①新马克思主义－社会批判论－研究－东欧 Ⅳ．①B089

中国版本图书馆 CIP 数据核字（2014）第 297140 号

个性自由与道德责任——布达佩斯学派社会批判理论研究
GEXING ZIYOU YU DAODE ZEREN——BUDAPEISI XUEPAI SHEHUI PIPAN LILUN YANJIU
颜 岩 著

责任编辑 林召霞 于 慧
出版发行 黑龙江大学出版社
地 址 哈尔滨市南岗区学府三道街 36 号
印 刷 三河市春园印刷有限公司
开 本 720 毫米×1000 毫米 1/16
印 张 17
字 数 251 千
版 次 2014 年 12 月第 1 版
印 次 2022 年 1 月第 2 次印刷
书 号 ISBN 978-7-81129-855-0
定 价 48.00 元

目 录

>>> 总序

全面开启国外马克思主义研究的一个新领域

衣俊卿

经过较长时间的准备,黑龙江大学出版社从2010年起陆续推出“东欧新马克思主义译丛”和“东欧新马克思主义理论研究”丛书。作为主编,我从一开始就赋予这两套丛书以重要的学术使命:在我国学术界全面开启国外马克思主义研究的一个新领域,即东欧新马克思主义研究。

我自知,由于自身学术水平和研究能力的限制,以及所组织的翻译队伍和研究队伍等方面的原因,我们对这两套丛书不能抱过高的学术期待。实际上,我对这两套丛书的定位不是“结果”而是“开端”:自觉地、系统地“开启”对东欧新马克思主义的全面研究。

策划这两部关于东欧新马克思主义的大部头丛书,并非我一时心血来潮。可以说,系统地研究东欧新马克思主义是我过去二十多年一直无法释怀的,甚至是最大的学术夙愿。这里还要说的一点是,之所以如此强调开展东欧新马克思主义研究的重要性,并非我个人的某种学术偏好,而是东欧新马克思主义自身的理论地位使然。在某种意义上可以说,全面系统地开展东欧新马克思主义研究,应当是新世纪中国学术界不容忽视的重大学术任务。基于此,我想为这两套丛书写一个较长的总序,为的是给读者和研究者提供某些参考。

一、丛书的由来

我对东欧新马克思主义的兴趣和研究始于20世纪80年代初，也即在北京大学哲学系就读期间。那时的我虽对南斯拉夫实践派产生了很大的兴趣，但苦于语言与资料的障碍，无法深入探讨。之后，适逢有机会去南斯拉夫贝尔格莱德大学哲学系进修并攻读博士学位，这样就为了却自己的这桩心愿创造了条件。1984年至1986年间，在导师穆尼什奇(Zdravko Munišić)教授的指导下，我直接接触了十几位实践派代表人物以及其他哲学家，从第一手资料到观点方面得到了他们热情而真挚的帮助和指导，用塞尔维亚文完成了博士论文《第二次世界大战后南斯拉夫哲学家建立人道主义马克思主义的尝试》。在此期间，我同时开始了对东欧新马克思主义其他代表人物的初步研究。回国后，我又断断续续地进行东欧新马克思主义研究，并有幸同移居纽约的赫勒教授建立了通信关系，在她真诚的帮助与指导下，翻译出版了她的《日常生活》一书。此外，我还陆续发表了一些关于东欧新马克思主义的研究成果，但主要是进行初步评介的工作。①

纵观国内学界，特别是国外马克思主义研究界，虽然除了本人以外，还有一些学者较早地涉及东欧新马克思主义的某几个代表人物，发表了一些研究成果，并把东欧新马克思主义一些代表人物

① 如衣俊卿：《实践派的探索与实践哲学的述评》，(台湾)森大图书有限公司1990年版；衣俊卿：《东欧的新马克思主义》，(台湾)唐山出版社1993年版；衣俊卿：《人道主义批判理论——东欧新马克思主义述评》，中国人民大学出版社2005年版；衣俊卿、陈树林主编：《当代学者视野中的马克思主义哲学·东欧和苏联学者卷》(上、下)，北京师范大学出版社2008年版，以及关于科西克、赫勒、南斯拉夫实践派等的系列论文。

的部分著作陆续翻译成中文[1]，但是，总体上看，这些研究成果只涉及几位东欧新马克思主义代表人物，并没有建构起一个相对独立的研究领域，人们常常把关于赫勒、科西克等人的研究作为关于某一理论家的个案研究，并没有把他们置于东欧新马克思主义的历史背景和理论视野中加以把握。可以说，东欧新马克思主义研究在我国尚处于起步阶段和自发研究阶段。

我认为，目前我国的东欧新马克思主义研究状况与东欧新马克思主义在20世纪哲学社会科学，特别是在马克思主义发展中所具有的重要地位和影响力是不相称的；同时，关于东欧新马克思主义研究的缺位对于我们在全球化背景下发展具有中国特色和世界眼光的马克思主义的理论战略，也是不利的。应当说，过去30年，特别是新世纪开始的头十年，国外马克思主义研究在我国学术界已经成为最重要、最受关注的研究领域之一，不仅这一领域本身的学科建设和理论建设取得了长足的进步，而且在一定程度上还引起了哲学社会科学研究范式的改变。正是由于国外马克思主义的研究进展，使得哲学的不同分支学科之间、社会科学的不同学科之间，乃至世界问题和中国问题、世界视野和中国视野之间，开始出现相互融合和相互渗透的趋势。但是，我们必须看到，国外马克思主义研究还处于初始阶段，无论在广度上还是深度上都有很大的拓展空间。

我一直认为，在20世纪世界马克思主义研究的总体格局中，从对马克思思想的当代阐发和对当代社会的全方位批判两个方面衡量，真正能够称之为"新马克思主义"的主要有三个领域：一是我

① 例如，沙夫：《人的哲学》，林波等译，三联书店1963年版；沙夫：《论共产主义运动的若干问题》，奚戚等译，人民出版社1983年版；赫勒：《日常生活》，衣俊卿译，重庆出版社1990年版；赫勒：《现代性理论》，李瑞华译，商务印书馆2005年版；马尔科维奇、彼德洛维奇编：《南斯拉夫"实践派"的历史和理论》，郑一明、曲跃厚译，重庆出版社1994年版；柯拉柯夫斯基：《形而上学的恐怖》，唐少杰等译，三联书店1999年版；柯拉柯夫斯基：《宗教：如果没有上帝……》，杨德友译，三联书店1997年版等，以及黄继锋：《东欧新马克思主义》，中央编译出版社2002年版；张一兵、刘怀玉、傅其林、潘宇鹏等关于科西克、赫勒等人的研究文章。

们通常所说的西方马克思主义，主要包括以卢卡奇、科尔施、葛兰西、布洛赫为代表的早期西方马克思主义，以霍克海默、阿多诺、马尔库塞、弗洛姆、哈贝马斯等为代表的法兰克福学派，以及萨特的存在主义马克思主义、阿尔都塞的结构主义马克思主义等；二是20世纪70年代之后的新马克思主义流派，主要包括分析的马克思主义、生态学马克思主义、女权主义马克思主义、文化的马克思主义、发展理论的马克思主义、后马克思主义等；三是以南斯拉夫实践派、匈牙利布达佩斯学派、波兰和捷克斯洛伐克等国的新马克思主义者为代表的东欧新马克思主义。就这一基本格局而言，由于学术视野和其他因素的局限，我国的国外马克思主义研究呈现出发展不平衡的状态：大多数研究集中于对卢卡奇、科尔施和葛兰西等人开创的西方马克思主义流派和以生态学马克思主义、女权主义马克思主义等为代表的20世纪70、80年代之后的欧美新马克思主义流派的研究，而对于同样具有重要地位的东欧新马克思主义以及其他一些国外新马克思主义流派则较少关注。由此，东欧新马克思主义研究已经成为我国学术界关于世界马克思主义研究中的一个比较严重的"短板"。有鉴于此，我以黑龙江大学文化哲学研究中心、马克思主义哲学专业和国外马克思主义研究专业的研究人员为主，广泛吸纳国内相关领域的专家学者，组织了一个翻译、研究东欧新马克思主义的学术团队，以期在东欧新马克思主义的译介、研究方面做一些开创性的工作，填补国内学界的这一空白。2010—2015年，"译丛"预计出版40种，"理论研究"丛书预计出版20种，整个翻译和研究工程将历时多年。

以下，我根据多年来的学习、研究，就东欧新马克思主义的界定、历史沿革、理论建树、学术影响等作一简单介绍，以便丛书读者能对东欧新马克思主义有一个整体的了解。

二、东欧新马克思主义的界定

对东欧新马克思主义的范围和主要代表人物作一个基本划

界，并非轻而易举的事情。与其他一些在某一国度形成的具体的哲学社会科学理论流派相比，东欧新马克思主义要显得更为复杂，范围更为广泛。西方学术界的一些研究者或理论家从20世纪60年代后期就已经开始关注东欧新马克思主义的一些流派或理论家，并陆续对"实践派"、"布达佩斯学派"，以及其他东欧新马克思主义代表人物作了不同的研究，分别出版了其中的某一流派、某一理论家的论文集或对他们进行专题研究。但是，在对东欧新马克思主义的总体梳理和划界上，西方学术界也没有形成公认的观点，而且在对东欧新马克思主义及其代表人物的界定上存在不少差异，在称谓上也各有不同，例如，"东欧的新马克思主义"、"人道主义马克思主义"、"改革主义者"、"异端理论家"、"左翼理论家"等。

近年来，我在使用"东欧新马克思主义"范畴时，特别强调其特定的内涵和规定性。我认为，不能用"东欧新马克思主义"来泛指第二次世界大战后东欧的各种马克思主义研究，我们在划定东欧新马克思主义的范围时，必须严格选取那些从基本理论取向到具体学术活动都基本符合20世纪"新马克思主义"范畴的流派和理论家。具体说来，我认为，最具代表性的东欧新马克思主义理论家应当是：南斯拉夫实践派的彼得洛维奇（Gajo Petrović，1927—1993）、马尔科维奇（Mihailo Marković，1923—2010）、弗兰尼茨基（Predrag Vranickić，1922—2002）、坎格尔加（Milan Kangrga，1923—2008）和斯托扬诺维奇（Svetozar Stojanović，1931—2010）等；匈牙利布达佩斯学派的赫勒（Agnes Heller，1929— ）、费赫尔（Ferenc Feher，1933—1994）、马尔库什（György Markus，1934— ）和瓦伊达（Mihaly Vajda，1935— ）等；波兰的新马克思主义代表人物沙夫（Adam Schaff，1913—2006）、科拉科夫斯基（Leszak Kolakowski，1927—2009）等；捷克斯洛伐克的科西克（Karel Kosik，1926—2003）、斯维塔克（Ivan Svitak，1925—1994）等。应当说，我们可以通过上述理论家的主要理论建树，大体上建立起东欧新马克思主义的研究领域。

除了上述十几位理论家构成了东欧新马克思主义的中坚力量外，还有许多理论家也为东欧新马克思主义的发展作出了重要贡献。例如，南斯拉夫实践派的考拉奇（Veljko Korać，1914—1991）、日沃基奇（Miladin Životić，1930—1997）、哥鲁波维奇（Zagorka Golubović，1930— ）、达迪奇（Ljubomir Tadić，1925—2013）、波什尼雅克（Branko Bošnjak，1923—1996）、苏佩克（Rudi Supek，1913—1993）、格尔里奇（Danko Grlić，1923—1984）、苏特里奇（Vanja Sutlić，1925—1989）、达米尼扬诺维奇（Milan Damnjanović，1924—1994）等，匈牙利布达佩斯学派的女社会学家马尔库什（Maria Markus，1936— ）、赫格居什（András Hegedüs，1922—1999）、吉什（Janos Kis，1943— ）、塞勒尼（Ivan Szelenyi，1938— ）、康拉德（Ceorg Konrad，1933— ）、作家哈尔兹提（Miklos Harszti，1945— ）等，以及捷克斯洛伐克的人道主义马克思主义理论家马霍韦茨（Milan Machovec，1925—2003）等。考虑到其理论活跃度、国际学术影响力和参与度等因素，也考虑到目前关于东欧新马克思主义研究力量的限度，我们一般没有把他们列入东欧新马克思主义的主要研究对象。

这些哲学家分属不同的国度，各有不同的研究领域，但是，共同的历史背景、共同的理论渊源、共同的文化境遇以及共同的学术活动形成了他们共同的学术追求和理论定位，使他们形成了一个以人道主义批判理论为基本特征的新马克思主义学术群体。

首先，东欧新马克思主义产生于第二次世界大战后东欧各国的社会主义改革进程中，他们在某种意义上都是改革的理论家和积极支持者。众所周知，第二次世界大战后，东欧各国普遍经历了"斯大林化"进程，普遍确立了以高度的计划经济和中央集权体制为特征的苏联社会主义模式或斯大林的社会主义模式，而20世纪五六十年代东欧一些国家的社会主义改革从根本上都是要冲破苏联社会主义模式的束缚，强调社会主义的人道主义和民主的特征，以及工人自治的要求。在这种意义上，东欧新马克思主义主要产生于南斯拉夫、匈牙利、波兰和捷克斯洛伐克四国，就不是偶然的事情了。因为，1948 年至 1968 年的 20 年间，标志着东欧社会主义改革艰巨历程的苏南冲突、波兹南事件、匈牙利事件、“布拉格之春”几个重大的世界性历史事件刚好在这四个国家中发生，上述东欧新马克思主义者都是这一改革进程中的重要理论家，他们从青年马克思的人道主义实践哲学立场出发，反思和批判苏联高度集权的社会主义模式，强调社会主义改革的必要性。

其次，东欧新马克思主义都具有比较深厚的马克思思想理论传统和开阔的现时代的批判视野。通常我们在使用“东欧新马克思主义”的范畴时是有严格限定条件的，只有那些既具有马克思的思想理论传统，在新的历史条件下对马克思关于人和世界的理论进行新的解释和拓展，同时又具有马克思理论的实践本性和批判维度，对当代社会进程进行深刻反思和批判的理论流派或学说，才能冠之以“新马克思主义”。可以肯定地说，我们上述开列的南斯拉夫、匈牙利、波兰和捷克斯洛伐克四国的十几位著名理论家符合这两个方面的要件。一方面，这些理论家都具有深厚的马克思主义思想传统，特别是青年马克思的实践哲学或者批判的人本主义思想对他们影响很大，例如，实践派的兴起与马克思《1844 年经济学哲学手稿》的塞尔维亚文版 1953 年在南斯拉夫出版有直接的关系。另一方面，绝大多数东欧新马克思主义理论家都直接或间接地受卢卡奇、布洛赫、列菲伏尔、马尔库塞、弗洛姆、哥德曼等人带有人道主义特征的马克思主义理解的影响，其中，布达佩斯学派的主要成员就是由卢卡奇的学生组成的。东欧新马克思主义代表人物像西方马克思主义代表人物一样，高度关注技术理性批判、意识形态批判、大众文化批判、现代性批判等当代重大理论问题和实践问题。

再次，东欧新马克思主义主要代表人物曾经组织了一系列国际性学术活动，这些由东欧新马克思主义代表人物、西方马克思主义代表人物，以及其他一些马克思主义者参加的活动进一步形成了东欧新马克思主义的共同的人道主义理论定向,提升了他们的国际影响力。上述我们划定的十几位理论家分属四个国度,而且所面临的具体处境和社会问题也不尽相同,但是,他们并非彼此孤立、各自独立活动的专家学者。实际上,他们不仅具有相同的或相近的理论立场,而且在相当一段时间内或者在很多场合内共同发起、组织和参与了 20 世纪六七十年代一些重要的世界性马克思主义研究活动。这里特别要提到的是南斯拉夫实践派在组织东欧新马克思主义和西方马克思主义交流和对话中的独特作用。从 20 世纪 60 年代中期到 70 年代中期,南斯拉夫实践派哲学家创办了著名的《实践》杂志(PRAXIS,1964—1974)和科尔丘拉夏令学园(Korčulavska ljetnja Škola,1963—1973)。10 年间他们举办了 10 次国际讨论会,围绕着国家、政党、官僚制、分工、商品生产、技术理性、文化、当代世界的异化、社会主义的民主与自治等一系列重大的现实问题进行深入探讨,百余名东欧新马克思主义者、西方马克思主义理论家和其他东西方马克思主义研究者参加了讨论。特别要提到的是,布洛赫、列菲伏尔、马尔库塞、弗洛姆、哥德曼、马勒、哈贝马斯等西方著名马克思主义者和赫勒、马尔库什、科拉科夫斯基、科西克、实践派哲学家以及其他东欧新马克思主义者成为《实践》杂志国际编委会成员和科尔丘拉夏令学园的国际学术讨论会的积极参加者。卢卡奇未能参加讨论会,但他生前也曾担任《实践》杂志国际编委会成员。20 世纪后期,由于各种原因东欧新马克思主义的主要代表人物或是直接移居西方或是辗转进入国际学术或教学领域,即使在这种情况下,东欧新马克思主义主要流派依旧进行许多合作性的学术活动或学术研究。例如,在《实践》杂志被迫停刊的情况下,以马尔科维奇为代表的一部分实践派代表人物于 1981 年在英国牛津创办了《实践(国际)》(PRAXIS INTERNATIONAL)杂志,布达佩斯学派的主要成员则多次合作推出一些共同的研究成果。① 相近的理论立场和共同活动的开展,使东欧新马克思主义成为一种有机的、类型化的新马克思主义。

三、东欧新马克思主义的历史沿革

我们可以粗略地以20世纪70年代中期为时间点,将东欧新马克思主义的发展历程划分为两大阶段:第一个阶段是东欧新马克思主义主要流派和主要代表人物在东欧各国从事理论活动的时期,第二个阶段是许多东欧新马克思主义者在西欧和英美直接参加国际学术活动的时期。具体情况如下:

20世纪50年代到70年代中期,是东欧新马克思主义主要流派和主要代表人物在东欧各国从事理论活动的时期,也是他们比较集中、比较自觉地建构人道主义的马克思主义的时期。可以说,这一时期的成果相应地构成了东欧新马克思主义的典型的或代表性的理论观点。这一时期的突出特点是东欧新马克思主义主要代表人物的理论活动直接同东欧的社会主义实践交织在一起。他们批判自然辩证法、反映论和经济决定论等观点,打破在社会主义国家中占统治地位的斯大林主义的理论模式,同时,也批判现存的官僚社会主义或国家社会主义关系,以及封闭的和落后的文化,力图在现存社会主义条件下,努力发展自由的创造性的个体,建立民主的、人道的、自治的社会主义。以此为基础,东欧新马克思主义积极发展和弘扬革命的和批判的人道主义马克思主义,他们一方面以独特的方式确立了人本主义马克思主义的立场,如实践派的"实践哲学"或"革命思想"、科西克的"具体的辩证法"、布达佩斯学派

① 例如,Agnes Heller, *Lukács Revalued*, Oxford: Basil Blackwell Publisher, 1983; Ferenc Feher, Agnes Heller and György Markus, *Dictatorship over Needs*, New York: St. Martin's Press, 1983; Agnes Heller and Ferenc Feher, *Reconstructing Aesthetics – Writings of the Budapest School*, New York: Blackwell, 1986; J. Grumley, P. Crittenden and P Johnson eds., *Culture and Enlightenment: Essays for György Markus*, Hampshire: Ashgate Publishing Limited, 2002 等。

的需要革命理论等等；另一方面以异化理论为依据，密切关注人类的普遍困境，像西方人本主义思想家一样，对于官僚政治、意识形态、技术理性、大众文化等异化的社会力量进行了深刻的批判。这一时期，东欧新马克思主义代表人物展示出比较强的理论创造力，推出了一批有影响的理论著作，例如，科西克的《具体的辩证法》、沙夫的《人的哲学》和《马克思主义与人类个体》、科拉科夫斯基的《走向马克思主义的人道主义》、赫勒的《日常生活》和《马克思的需要理论》、马尔库什的《马克思主义与人类学》、彼得洛维奇的《哲学与马克思主义》和《哲学与革命》、马尔科维奇的《人道主义和辩证法》、弗兰尼茨基的《马克思主义和社会主义》等。

20 世纪 70 年代中后期以来，东欧新马克思主义的基本特点是不再作为自觉的学术流派围绕共同的话题而开展学术研究，而是逐步超出东欧的范围，通过移民或学术交流的方式分散在英美、澳大利亚、德国等地，汇入到西方各种新马克思主义流派或左翼激进主义思潮之中，他们作为个体，在不同的国家和地区分别参与国际范围内的学术研究和社会批判，并直接以英文、德文、法文等发表学术著作。大体说来，这一时期，东欧新马克思主义的主要代表人物的理论热点，主要体现在两个大的方面：从一个方面来看，马克思主义和社会主义依旧是东欧新马克思主义理论家关注的重要主题之一。他们在新的语境中继续研究和反思传统马克思主义和苏联模式的社会主义实践，并且陆续出版了一些有影响的学术著作，例如，科拉科夫斯基的三卷本《马克思主义的主要流派》、沙夫的《处在十字路口的共产主义运动》①、斯托扬诺维奇的《南斯拉夫的垮台：为什么共产主义会失败》、马尔科维奇的《民主社会主义：理论与实践》、瓦伊达的《国家和社会主义：政治学论文集》、马尔库什的《困难的过渡：中欧和东欧的社会民主》、费赫尔的《东欧的危机

① 参见该书的中文译本——沙夫：《论共产主义运动的若干问题》，奚戚等译，人民出版社 1983 年版。

和改革》等。但是,从另一方面看,东欧新马克思主义理论家,特别是以赫勒为代表的布达佩斯学派成员,以及沙夫和科拉科夫斯基等人,把主要注意力越来越多地投向20世纪70年代以来西方其他新马克思主义流派和左翼激进思想家所关注的文化批判和社会批判主题,特别是政治哲学的主题,例如,启蒙与现代性批判、后现代政治状况、生态问题、文化批判、激进哲学等。他们的一些著作具有重要的学术影响,例如,沙夫作为罗马俱乐部成员同他人一起主编的《微电子学与社会》和《全球人道主义》、科拉科夫斯基的《经受无穷拷问的现代性》等。这里特别要突出强调的是布达佩斯学派的主要成员,他们的研究已经构成了过去几十年西方左翼激进主义批判理论思潮的重要组成部分,例如,赫勒独自撰写或与他人合写的《现代性理论》、《激进哲学》、《后现代政治状况》、《现代性能够幸存吗?》等,费赫尔主编或撰写的《法国大革命与现代性的诞生》、《生态政治学:公共政策和社会福利》等,马尔库什的《语言与生产:范式批判》等。

四、东欧新马克思主义的理论建树

通过上述历史沿革的描述,我们可以发现一个很有趣的现象:东欧新马克思主义发展的第一个阶段大体上是与典型的西方马克思主义处在同一个时期;而第二个阶段又是与20世纪70年代以后的各种新马克思主义相互交织的时期。这样,东欧新马克思主义就同另外两种主要的新马克思主义构成奇特的交互关系,形成了相互影响的关系。关于东欧新马克思主义的学术建树和理论贡献,不同的研究者有不同的评价,其中有些偶尔从某一个侧面涉猎东欧新马克思主义的研究者,由于无法了解东欧新马克思主义的全貌和理论独特性,片面地断言:东欧新马克思主义不过是以卢卡奇等人为代表的西方马克思主义的一个简单的附属物、衍生产品或边缘性、枝节性的延伸,没有什么独特的理论创造和理论地位。

这显然是一种表面化的理论误解,需要加以澄清。

在这里,我想把东欧新马克思主义置于20世纪的新马克思主义的大格局中加以比较研究,主要是将其与西方马克思主义和20世纪70年代之后的新马克思主义流派加以比较,以把握其独特的理论贡献和理论特色。从总体上看,东欧新马克思主义的理论旨趣和实践关怀与其他新马克思主义在基本方向上大体一致,然而,东欧新马克思主义具有东欧社会主义进程和世界历史进程的双重背景,这种历史体验的独特性使他们在理论层面上既有比较坚实的马克思思想传统,又有对当今世界和人的生存的现实思考,在实践层面上,既有对社会主义建立及其改革进程的亲历,又有对现代性语境中的社会文化问题的批判分析。基于这种定位,我认为,研究东欧新马克思主义,在总体上要特别关注其三个理论特色。

其一,对马克思思想独特的、深刻的阐述。虽然所有新马克思主义都不可否认具有马克思的思想传统,但是,如果我们细分析,就会发现,除了卢卡奇的主客体统一的辩证法、葛兰西的实践哲学等,大多数西方马克思主义者并没有对马克思的思想、更不要说20世纪70年代以后的新马克思主义流派作出集中的、系统的和独特的阐述。他们的主要兴奋点是结合当今世界的问题和人的生存困境去补充、修正或重新解释马克思的某些论点。相比之下,东欧新马克思主义理论家对马克思思想的阐述最为系统和集中,这一方面得益于这些理论家的马克思主义理论基础,包括早期的传统马克思主义的知识积累和20世纪50年代之后对青年马克思思想的系统研究,另一方面得益于东欧理论家和思想家特有的理论思维能力和悟性。关于东欧新马克思主义理论家在马克思思想及马克思主义理论方面的功底和功力,我们可以提及两套尽管引起很大争议,但是产生了很大影响的研究马克思主义历史的著作,一是弗兰尼茨基的三卷本《马克思主义史》[①],二是科拉科夫斯基的三卷本《马克思主义的主要流派》[②]。甚至当科拉科夫斯基在晚年宣布"放弃了马克思"后,我们依旧不难在他的理论中看到马克思思想的深刻影响。

在这一点上,可以说,差不多大多数东欧新马克思主义理论家都曾集中精力对马克思的思想作系统的研究和新的阐释。其中特别要提到的应当是如下几种关于马克思思想的独特阐述:一是科西克在《具体的辩证法》中对马克思实践哲学的独特解读和理论建构,其理论深度和哲学视野在20世纪关于实践哲学的各种理论建构中毫无疑问应当占有重要的地位;二是沙夫在《人的哲学》、《马克思主义与人类个体》和《作为社会现象的异化》几部著作中通过对异化、物化和对象化问题的细致分析,建立起一种以人的问题为核心的人道主义马克思主义理解;三是南斯拉夫实践派关于马克思实践哲学的阐述,尤其是彼得洛维奇的《哲学与马克思主义》、《哲学与革命》和《革命思想》,马尔科维奇的《人道主义和辩证法》,坎格尔加的《卡尔·马克思著作中的伦理学问题》等著作从不同侧面提供了当代关于马克思实践哲学最为系统的建构与表述;四是赫勒的《马克思的需要理论》、《日常生活》和马尔库什的《马克思主义与人类学》在宏观视角与微观视角相结合的视阈中,围绕着人类学生存结构、需要的革命和日常生活的人道化,对马克思关于人的问题作了深刻而独特的阐述,并探讨了关于人的解放的独特思路。正如赫勒所言:"社会变革无法仅仅在宏观尺度上得以实现,进而,人的态度上的改变无论好坏都是所有变革的内在组成部

① Predrag Vranicki, *Historija Marksizma*, I, II, III, Zagreb: Naprijed, 1978. 参见普雷德腊格·弗兰尼茨基:《马克思主义史》(I、II、III),李嘉恩等译,人民出版社1986、1988、1992年版。

② Leszek Kolakowski, *Main Currents of Marxism*, 3 vols., Oxford: Clarendon Press, 1978.

分。”①

其二，对社会主义理论和实践、历史和命运的反思，特别是对社会主义改革的理论设计。社会主义理论与实践是所有新马克思主义以不同方式共同关注的课题，因为它代表了马克思思想的最重要的实践维度。但坦率地讲，西方马克思主义理论家和20世纪70年代之后的新马克思主义流派在社会主义问题上并不具有最有说服力的发言权，他们对以苏联为代表的现存社会主义体制的批判往往表现为外在的观照和反思，而他们所设想的民主社会主义、生态社会主义等模式，也主要局限于西方发达社会中的某些社会历史现象。毫无疑问，探讨社会主义的理论和实践问题，如果不把几乎贯穿于整个20世纪的社会主义实践纳入视野，加以深刻分析，是很难形成有说服力的见解的。在这方面，东欧新马克思主义理论家具有独特的优势，他们大多是苏南冲突、波兹南事件、匈牙利事件、“布拉格之春”这些重大历史事件的亲历者，也是社会主义自治实践、“具有人道特征的社会主义”等改革实践的直接参与者，甚至在某种意义上是理论设计者。东欧新马克思主义理论家对社会主义的理论探讨是多方面的，首先值得特别关注的是他们结合社会主义的改革实践，对社会主义的本质特征的阐述。从总体上看，他们大多致力于批判当时东欧国家的官僚社会主义或国家社会主义，以及封闭的和落后的文化，力图在当时的社会主义条件下，努力发展自由的创造性的个体，建立民主的、人道的、自治的社会主义。在这方面，弗兰尼茨基的理论建树最具影响力，在《马克思主义和社会主义》和《作为不断革命的自治》两部代表作中，他从一般到个别、从理论到实践，深刻地批判了国家社会主义模式，表述了社会主义异化论思想，揭示了社会主义的人道主义性质。他认为，以生产者自治为特征的社会主义“本质上是一种历史的、新

① Agnes Heller, *Everyday Life*, London and New York: Routledge and Kegan Paul, 1984, p. x.

型民主的发展和加深”[①]。此外,从20世纪80年代起,特别是在20世纪90年代后,很多东欧新马克思主义理论家对苏联解体和东欧剧变作了多视角的、近距离的反思,例如,沙夫的《处在十字路口的共产主义运动》,费赫尔的《戈尔巴乔夫时期苏联体制的危机和危机的解决》,马尔库什的《困难的过渡:中欧和东欧的社会民主》,斯托扬诺维奇的《南斯拉夫的垮台:为什么共产主义会失败》、《塞尔维亚:民主的革命》等。

其三,对于现代性的独特的理论反思。如前所述,20世纪80年代以来,东欧新马克思主义理论家把主要注意力越来越多地投向20世纪70年代以来西方其他新马克思主义流派和左翼激进思想家所关注的文化批判和社会批判主题。在这一研究领域中,东欧新马克思主义理论家的独特性在于,他们在阐释马克思思想时所形成的理论视野,以及对社会主义历史命运和发达工业社会进行综合思考时所形成的社会批判视野,构成了特有的深刻的理论内涵。例如,赫勒在《激进哲学》,以及她与费赫尔、马尔库什等合写的《对需要的专政》等著作中,用他们对马克思的需要理论的理解为背景,以需要结构贯穿对发达工业社会和现存社会主义社会的分析,形成了以激进需要为核心的政治哲学视野。赫勒在《历史理论》、《现代性理论》、《现代性能够幸存吗?》以及她与费赫尔合著的《后现代政治状况》等著作中,建立了一种独特的现代性理论。同一般的后现代理论的现代性批判相比,这一现代性理论具有比较厚重的理论内涵,用赫勒的话来说,它既包含对各种关于现代性的理论的反思维度,也包括作者个人以及其他现代人关于“大屠杀”、“极权主义独裁”等事件的体验和其他“现代性经验”[②],在我看来,其理论厚度和深刻性只有像哈贝马斯这样的少数理论家才

① Predrag Vranicki, Socijalistička revolucija——Očemu je riječ? *Kulturni radnik*, No.1, 1987, p.19.

② 参见阿格尼丝·赫勒:《现代性理论》,李瑞华译,商务印书馆2005年版,第1、3、4页。

能达到。

从上述理论特色的分析可以看出，无论从对马克思思想的当代阐发、对社会主义改革的理论探索，还是对当代社会的全方位批判等方面来看，东欧新马克思主义都是20世纪一种典型意义上的新马克思主义，在某种意义上可以断言，它是西方马克思主义之外一种最有影响力的新马克思主义类型。相比之下，20世纪许多与马克思思想或马克思主义有某种关联的理论流派或实践方案都不具备像东欧新马克思主义这样的学术地位和理论影响力，它们甚至构不成一种典型的“新马克思主义”。例如，欧洲共产主义等社会主义探索，它们主要涉及实践层面的具体操作，而缺少比较系统的马克思主义理论传统；再如，一些偶尔涉猎马克思思想或对马克思表达敬意的理论家，他们只是把马克思思想作为自己的某一方面的理论资源，而不是马克思理论的传人；甚至包括日本、美国等一些国家的学院派学者，他们对马克思的文本进行了细微的解读，虽然人们也常常在宽泛的意义上称他们为“新马克思主义者”，但是，同具有理论和实践双重维度的马克思主义传统的理论流派相比，他们还不能称做严格意义上的“新马克思主义者”。

五、东欧新马克思主义的学术影响

在分析了东欧新马克思主义的理论建树和理论特色之后，我们还可以从一些重要思想家对东欧新马克思主义的关注和评价的视角把握它的学术影响力。在这里，我们不准备作有关东欧新马克思主义研究的详细文献分析，而只是简要地提及一下弗洛姆、哈贝马斯等重要思想家对东欧新马克思主义的重视。

应该说，大约在20世纪60年代中期，即东欧新马克思主义形成并产生影响的时期，其理论已经开始受到国际学术界的关注。20世纪70年代之前东欧新马克思主义者主要在本国从事学术研究，他们深受卢卡奇、布洛赫、马尔库塞、弗洛姆、哥德曼等西方马克思主义者的影响。然而,即使在这一时期,东欧新马克思主义同西方马克思主义,特别是同法兰克福学派的关系也带有明显的交互性。如上所述,从20世纪60年代中期到70年代中期,由《实践》杂志和科尔丘拉夏令学园所搭建的学术论坛是当时世界上最大的、最有影响力的东欧新马克思主义和西方马克思主义的学术活动平台。这个平台改变了东欧新马克思主义者单纯受西方人本主义马克思主义者影响的局面,推动了东欧新马克思主义和西方马克思主义者的相互影响与合作。布洛赫、列菲伏尔、马尔库塞、弗洛姆、哥德曼等一些著名西方马克思主义者不仅参加了实践派所组织的重要学术活动,而且开始高度重视实践派等东欧新马克思主义理论家。这里特别要提到的是弗洛姆,他对东欧新马克思主义给予高度重视和评价。1965年弗洛姆主编出版了哲学论文集《社会主义的人道主义》,在所收录的包括布洛赫、马尔库塞、弗洛姆、哥德曼、德拉·沃尔佩等著名西方马克思主义代表人物文章在内的共35篇论文中,东欧新马克思主义理论家的文章就占了10篇——包括波兰的沙夫,捷克斯洛伐克的科西克、斯维塔克、普鲁查,南斯拉夫的考拉奇、马尔科维奇、别约维奇、彼得洛维奇、苏佩克和弗兰尼茨基等哲学家的论文。[①] 1970年,弗洛姆为沙夫的《马克思主义与人类个体》作序,他指出,沙夫在这本书中,探讨了人、个体主义、生存的意义、生活规范等被传统马克思主义忽略的问题,因此,这本书的问世无论对于波兰还是对于西方学术界正确理解马克思的思想,都是"一件重大的事情"[②]。1974年,弗洛姆为马尔科维奇关于哲学和社会批判的论文集写了序言,他特别肯定和赞扬了马尔科维奇和南斯拉夫实践派其他成员在反对教条主义、"回到真正的马克思"方面所作的努力和贡献。弗洛姆强调,在南

---

① Erich Fromm, ed., *Socialist Humanism: An International Symposium*, New York: Doubleday, 1965.

② Adam Schaff, *Marxism and the Human Individual*, New York: McGraw – Hill Book Company, 1970, p. ix.

斯拉夫、波兰、匈牙利和捷克斯洛伐克都有一些人道主义马克思主义理论家，而南斯拉夫的突出特点在于："对真正的马克思主义的重建和发展不只是个别的哲学家的关注点，而且已经成为由南斯拉夫不同大学的教授所形成的一个比较大的学术团体的关切和一生的工作。"①

20世纪70年代后期以来，汇入国际学术研究之中的东欧新马克思主义代表人物（包括继续留在本国的科西克和一部分实践派哲学家），在国际学术领域，特别是国际马克思主义研究中，具有越来越大的影响，占据独特的地位。他们于20世纪60年代至70年代创作的一些重要著作陆续翻译成西方文字出版，有些著作，如科西克的《具体的辩证法》等，甚至被翻译成十几国语言。一些研究者还通过编撰论文集等方式集中推介东欧新马克思主义的研究成果。例如，美国学者谢尔1978年翻译和编辑出版了《马克思主义人道主义和实践》，这是精选的南斯拉夫实践派哲学家的论文集，收录了彼得洛维奇、马尔科维奇、弗兰尼茨基、斯托扬诺维奇、达迪奇、苏佩克、格尔里奇、坎格尔加、日沃基奇、哥鲁波维奇等10名实践派代表人物的论文。② 英国著名马克思主义社会学家波塔默1988年主编了《对马克思的解释》一书，其中收录了卢卡奇、葛兰西、阿尔都塞、哥德曼、哈贝马斯等西方马克思主义著名代表人物的论文，同时收录了彼得洛维奇、斯托扬诺维奇、赫勒、赫格居什、科拉科夫斯基等5位东欧新马克思主义著名代表人物的论文。③此外，一些专门研究东欧新马克思主义某一代表人物的专著也陆

① Mihailo Marković, *From Affluence to Praxis: Philosophy and Social Criticism*, The University of Michigan Press, 1974, p. vi.

② Gerson S. Sher, ed., *Marxist Humanism and Praxis*, New York: Prometheus Books, 1978.

③ Tom Bottomore, ed., *Interpretations of Marx*, Oxford UK, New York USA: Basil Blackwell, 1988.

续出版。[①] 同时,东欧新马克思主义代表人物陆续发表了许多在国际学术领域产生重大影响的学术著作,例如,科拉科夫斯基的三卷本《马克思主义的主要流派》[②]于20世纪70年代末在英国发表后,很快就被翻译成多种语言,在国际学术界产生很大反响,迅速成为最有影响的马克思主义哲学史研究成果之一。布达佩斯学派的赫勒、费赫尔、马尔库什和瓦伊达,实践派的马尔科维奇、斯托扬诺维奇等人,都与科拉科夫斯基、沙夫等人一样,是20世纪80年代以后国际学术界十分有影响的新马克思主义理论家,而且一直活跃到目前。[③] 其中,赫勒尤其活跃,20世纪80年代后陆续发表了关于历史哲学、道德哲学、审美哲学、政治哲学、现代性和后现代性问题等方面的著作十余部,于1981年在联邦德国获莱辛奖,1995年在不莱梅获汉娜·阿伦特政治哲学奖(Hannah Arendt Prize for Political Philosophy),2006年在丹麦哥本哈根大学获松宁奖(Sonning Prize)。

应当说,过去30多年,一些东欧新马克思主义主要代表人物已经得到国际学术界的广泛承认。限于篇幅,我们在这里无法一一梳理关于东欧新马克思主义的研究状况,可以举一个例子加以说明:从20世纪60年代末起,哈贝马斯就在自己的多部著作中引用东欧新马克思主义理论家的观点,例如,他在《认识与兴趣》中提到了科西克、彼得洛维奇等人所代表的东欧社会主义国家中的"马克思主义的现象学"倾向[④],在《交往行动理论》中引用了赫勒和马

① 例如,John Burnheim, *The Social Philosophy of Agnes Heller*, Amsterdam-Atlanta: Rodopi B. V., 1994; John Grumley, *Agnes Heller: A Moralist in the Vortex of History*, London: Pluto Press, 2005,等等。

② Leszek Kolakowski, *Main Currents of Marxism*, 3 vols., Oxford: Clarendon Press, 1978.

③ 其中,沙夫于2006年去世,科拉科夫斯基刚刚于2009年去世。

④ 参见哈贝马斯:《认识与兴趣》,郭官义、李黎译,学林出版社1999年版,第24、59页。

尔库什的观点[①],在《现代性的哲学话语》中讨论了赫勒的日常生活批判思想和马尔库什关于人的对象世界的论述[②],在《后形而上学思想》中提到了科拉科夫斯基关于哲学的理解[③],等等。这些都说明东欧新马克思主义的理论建树已经真正进入到20世纪(包括新世纪)国际学术研究和学术交流领域。

六、东欧新马克思主义研究的思路

通过上述关于东欧新马克思主义的多维度分析,不难看出,在我国学术界全面开启东欧新马克思主义研究领域的意义已经不言自明了。应当看到,在全球一体化的进程中,中国的综合实力和国际地位不断提升,但所面临的发展压力和困难也越来越大。在此背景下,中国的马克思主义理论研究者进一步丰富和发展马克思主义的任务越来越重,情况也越来越复杂。无论是发展中国特色、中国风格、中国气派的马克思主义,还是"大力推进马克思主义中国化、时代化、大众化",都不能停留于中国的语境中,不能停留于一般地坚持马克思主义立场,而必须学会在纷繁复杂的国际形势中,在应对人类所面临的日益复杂的理论问题和实践问题中,坚持和发展具有世界眼光和时代特色的马克思主义,以争得理论和学术上的制高点和话语权。

在丰富和发展马克思主义的过程中,世界眼光和时代特色的形成不仅需要我们对人类所面临的各种重大问题进行深刻分析,还需要我们自觉地、勇敢地、主动地同国际上各种有影响的学术观

① 参见哈贝马斯:《交往行动理论》第2卷,洪佩郁、蔺青译,重庆出版社1994年版,第545、552页,即"人名索引"中的信息,其中马尔库什被译作"马尔库斯"(按照匈牙利语的发音,译作"马尔库什"更为准确)。

② 参见哈贝马斯:《现代性的哲学话语》,曹卫东等译,译林出版社2004年版,第88、90~95页,这里马尔库什同样被译作"马尔库斯"。

③ 参见哈贝马斯:《后形而上学思想》,曹卫东、付德根译,译林出版社2001年版,第36~37页。

点和理论思想展开积极的对话、交流和交锋。这其中,要特别重视各种新马克思主义流派所提供的重要的理论资源和思想资源。我们知道,马克思主义诞生后的一百多年来,人类社会经历了两次世界大战的浩劫,经历了资本主义和社会主义跌宕起伏的发展历程,经历了科学技术日新月异的进步。但是,无论人类历史经历了怎样的变化,马克思主义始终是世界思想界难以回避的强大"磁场"。当代各种新马克思主义流派的不断涌现,从一个重要的方面证明了马克思主义的生命力和创造力。尽管这些新马克思主义的理论存在很多局限性,甚至存在着偏离马克思主义的失误和错误,需要我们去认真甄别和批判,但是,同其他各种哲学社会科学思潮相比,各种新马克思主义对发达资本主义的批判,对当代人类的生存困境和发展难题的揭示最为深刻、最为全面、最为彻底,这些理论资源和思想资源对于我们的借鉴意义和价值也最大。其中,我们应该特别关注东欧新马克思主义。众所周知,中国曾照搬苏联的社会主义模式,接受苏联哲学教科书的马克思主义理论体系;在社会主义的改革实践中,也曾经与东欧各国有着共同的或者相关的经历,因此,从东欧新马克思主义的理论探索中我们可以吸收的理论资源、可以借鉴的经验教训会更多。

鉴于我们所推出的"东欧新马克思主义译丛"和"东欧新马克思主义理论研究"丛书尚属于这一研究领域的基础性工作,因此,我们的基本研究思路,或者说,我们坚持的研究原则主要有两点。一是坚持全面准确地了解的原则,即是说,通过这两套丛书,要尽可能准确地展示东欧新马克思主义的全貌。具体说来,由于东欧新马克思主义理论家人数众多,著述十分丰富,"译丛"不可能全部翻译,只能集中于上述所划定的十几位主要代表人物的代表作。在这里,要确保东欧新马克思主义主要代表人物最有影响的著作不被遗漏,不仅要包括与我们的观点接近的著作,也要包括那些与我们的观点相左的著作。以科拉科夫斯基《马克思主义的主要流派》为例,他在这部著作中对不同阶段的马克思主义发展进行了很多批评和批判，其中有一些观点是我们所不能接受的，必须加以分析批判。尽管如此，它是东欧新马克思主义影响最为广泛的著作之一，如果不把这样的著作纳入“译丛”之中，如果不直接同这样有影响的理论成果进行对话和交锋，那么我们对东欧新马克思主义的理解将会有很大的片面性。二是坚持分析、批判、借鉴的原则，即是说，要把东欧新马克思主义的理论观点置于马克思主义的理论发展进程中，置于社会主义实践探索中，置于20世纪人类所面临的重大问题中，置于同其他新马克思主义和其他哲学社会科学理论的比较中，加以理解、把握、分析、批判和借鉴。因此，我们将在每一本译著的译序中尽量引入理论分析的视野，而在“理论研究”中，更要引入批判性分析的视野。只有这种积极对话的态度，才能使我们对东欧新马克思主义的研究不是为了研究而研究、为了翻译而翻译，而是真正成为我国在新世纪实施的马克思主义理论研究和建设工程的有机组成部分。

在结束这篇略显冗长的“总序”时，我非但没有一种释然和轻松，反而平添了更多的沉重和压力。开辟东欧新马克思主义研究这样一个全新的学术领域，对我本人有限的能力和精力来说是一个前所未有的考验，而我组织的翻译队伍和研究队伍，虽然包括一些有经验的翻译人才，但主要是依托黑龙江大学文化哲学研究中心、马克思主义哲学专业和国外马克思主义研究专业博士学位点等学术平台而形成的一支年轻的队伍，带领这样一支队伍去打一场学术研究和理论探索的硬仗，我感到一种悲壮和痛苦。我深知，随着这两套丛书的陆续问世，我们将面对的不会是掌声，可能是批评和质疑，因为，无论是“译丛”还是“理论研究”丛书，错误和局限都在所难免。好在我从一开始就把对这两套丛书的学术期待定位于一种“开端”（开始）而不是“结果”（结束）——我始终相信，一旦东欧新马克思主义研究领域被自觉地开启，肯定会有更多更具才华更有实力的研究者进入这个领域；好在我一直坚信，哲学总在途中，是一条永走不尽的生存之路，哲学之路是一条充盈着生命冲动的创新之路，也是一条上下求索的艰辛之路，踏上哲学之路的人们不仅要挑战智慧的极限，而且要有执著的、痛苦的生命意识，要有对生命的挚爱和勇于奉献的热忱。因此，既然选择了理论，选择了精神，无论是万水千山，还是千难万险，在哲学之路上我们都将义无反顾地跋涉……

导 论

一、“面包时代”的东欧[①]知识界

波兰诗人米沃什(Czesław Miłosz)曾这样描述东欧:“当人们面对神秘的东欧时,就像在海拔极高的大山前面,会发出哦、啊的声音表示感叹。那里是进步和历史感的所在。”[②]科西克(Karel Kosík)也有同感,在他看来,东欧人拥有世界上独一无二的精神遗产,当之无愧可称得上是“无价之宝”。然而,20世纪对于绝大多数东欧人来说着实是一场梦魇。德国纳粹的大屠杀和集中营让东欧人(尤其是犹太人)不寒而栗,直到今天,当人们走进奥斯维辛,仍能够感受到昔日的悲惨光景。二战结束后,东欧人在获得民族独立的同时并没有享获真正的民主和自由,苏联将一种僵化的社会主义体制强加在东欧人民身上,克里姆林宫明确指出:“社会主义兄弟国家只拥有有限的主权,一切民族主义和‘特殊形式的社会主义道路’都是不允许的,任何想要跳出莫斯科掌心的做法都会引起军事干涉。”[③]在纳粹统治和苏联压制的轮番轰炸下,不少东欧知识分子进入了“面包时代”,追求日常生活的“面包”成为唯一目标,

---

① 东欧部分国家从地理位置上看,其实属于中欧,从文化传统上看,又接近西欧,之所以被称作东欧主要是政治方面的原因,按照二战后的《雅尔塔协定》,这些国家属于苏联的势力范围。

② 转引自[法]亚历山德拉·莱涅尔-拉瓦斯汀:《欧洲精神:围绕切斯拉夫·米沃什,雅恩·帕托什卡和伊斯特万·毕波展开》,范炜炜等译,吉林出版集团有限责任公司2009年版,第35页。

③ 金雁:《从“东欧”到“新欧洲”:20年转轨再回首》,北京大学出版社2011年版,第370页。

"浑浑噩噩地'为面包而面包'地活着,他们环绕四周看到的是,历史被压抑、记忆被封存、思想被禁锢、声音被窒息、犬儒主义流行、社会上充斥谎言"①。这是一个没有头脑或自我毁灭的时代。人们的头脑被禁锢,开始倾向于麻木地接受现实,面对自由的丧失和人性的泯灭,他们变得异常冷漠,道德责任感降至冰点。拉瓦斯汀(Alexandra Laignel-Lavastine)曾转述过一个耐人寻味的故事,说的是某蔬菜店的经理在洋葱与胡萝卜之间的橱窗上张贴了一幅标语,上面写着:"全世界无产者联合起来!"因为当时人人都这么做。通过标语,菜商要表达的意思是,我是一个良民,理应过上太平的日子。这样做的另一个好处是欺骗自己的良知,伪装起真实的一面。事情的实质是,菜商将日常安全与平静置于无产阶级革命运动这一信仰之上。这时来了一个女秘书,她也刚刚在自己的办公室张贴了同样类型的标语。她没有注意到菜商橱窗上的标语,如果菜商去她办公室,同样也不会注意到她贴的标语。人们就这样做着同样的事情,彼此效仿。② 这就是东欧知识界在20世纪中叶的基本状况,以自身利益为目的的生活方式,让一切都变得无足轻重,人们在虚幻的世界中沉睡,不敢也不愿醒来,他们认为脚下没有万丈深渊,但心里却明白,眼睛绝不能往下看,因为深渊就在脚下。

比冷漠更残酷的是背叛。在东欧那段特殊的历史时期,告密行为已经堂而皇之地演变为一种荣耀,几乎所有的异见知识分子都遭遇过这类事情。告密者无时无刻不潜藏在人们四周,他们可以是包括邻居、友人、同学甚至家人在内的任何人。人们的生活每走一步都如履薄冰,"如果发生交谈者推心置腹的情况,那一定会坏事:因为人们看似无忧无虑地交谈,对某事表现同情或者打抱不平,为的是引你上钩,引得你口吐真言,你的倾诉将被拿去写报告,以便告密者提高自己在上司眼中的身价"③。米沃什把这些告密者

---

① 金雁:《从"东欧"到"新欧洲":20年转轨再回首》,北京大学出版社2011年版,第345页。

② 参见[法]亚历山德拉·莱涅尔-拉瓦斯汀:《欧洲精神:围绕切斯拉夫·米沃什,雅恩·帕托什卡和伊斯特万·毕波展开》,范炜炜等译,吉林出版集团有限责任公司2009年版,第138~139页。

③ [波]切斯瓦夫·米沃什:《被禁锢的头脑》,乌兰、易丽君译,广西师范大学出版社2013年版,第88页。

戏称为隐藏在暗处不声不响、伺机咬人的狗，并给他们起了一个文雅的名字——伦理凯特曼。既然一句话不到位就可能有牢狱之灾，人们便学会了伪装和表演，“嘴上说某事是白的，而心里想着那一定是黑的；内心感到某事可笑，表面却显示出一种庄重的热情；分明是满腔仇恨，但表现出的却是爱的迹象……”①。关键在于，当一个人明知是表演却越演越起劲时，性格和心理就发生了转变，他就真的变成了所饰演的那种人。正如科拉科夫斯基(Leszek Kolakowski)所言：“在欺骗常常有害于他人的同时，欺骗也常常更加有害于我们自己，因为它的后果是心灵的泯灭。”②如果说外在的极权统治虽然恐怖，却终有被推翻的一天，那么冷漠的人性和内心的恐惧却足以让人类走向毁灭。这才是真正令人恐怖的东西。

有人会问，是不是当生命遭受威胁时人们就能够幡然醒悟呢？请看米沃什用悲情的诗句为我们描绘的菲奥里广场周末发生的一幕吧：

在华沙的旋转木马旁
一个晴朗的春天的夜晚
变成了狂欢节的曲调。
欢乐的旋律淹没了
从犹太区围墙齐发的炮弹声，
一对对高高飞在
无云的天空中。
火堆吹来的风时不时
会把黑色的风筝刮起，
骑着旋转木马的人们
抓住半空中的花瓣。
那相同的热风
吹开姑娘们的裙子
人们大声笑着

① [波]切斯瓦夫·米沃什：《被禁锢的头脑》，乌兰、易丽君译，广西师范大学出版社2013年版，第66页。

② [波]莱泽克·科拉科夫斯基：《自由、名誉、欺骗和背叛——日常生活札记》，唐少杰译，衣俊卿校，黑龙江大学出版社2011年版，第25页。

在美丽华沙的星期天。[1]

面对一墙之隔上演的大屠杀,人们竟然能够如此冷漠,他们着魔了吗?拉瓦斯汀认为,魔力根源于一种无可奈何的宿命意识,"魔力因为与宿命的特点相连而越来越大,同时阻止了人们向受难者的命运掉一滴眼泪。我们会因为地震而感到愤慨么?不,我们看看这灾难,然后折好报纸,平静地享用完晚餐"[2]。弗洛姆(Erich Fromm)认为这是匿名的权威在作祟,"在匿名权威中,命令和命令者全都踪影全无,就像受到了看不见的敌人的攻击,任何人都无还手之力"[3]。弗洛姆还认为这种现象与现代人"逃避自由"的心理机制有关,在他看来,现代人对自由有一种莫名的恐惧,这促使他们放弃个性,寻求权威,"人放弃个人自我,成为一个机器人,与周围数百万的机器人绝无二致,再也不必觉得孤独,也用不着再焦虑了"[4]。鲍曼(Zygmunt Bauman)则认为这是人们选择自我保全原则的必然结果:"大多数人在陷入一个没有好的选择,或者好的选择代价过于高昂的处境中时,很容易说服他们自己置道德责任问题于不顾(或者,无法说服他们自己面对道德责任),而另行选取了合理利益和自我保全的准则。"[5]米沃什在《被禁锢的头脑》中为我们刻画了人们在巨大外部压力和恐惧下如何选择归顺和屈从的过程,在他看来,任何极权主义暴政的产生都不是偶然的、个体性的、外来的事件,而是有其自身深刻的历史、文化和人性根源的。颇具吊诡的是,在某种意义上,东欧人并非在无奈中被迫放弃了个性自由,而是心甘情愿地选择了奴役,当然,心甘情愿的背后是一种神秘的集体魔法。

上面我们分析了东欧"面包时代"知识界的基本情况,人们不

---

① [波]切·米沃什:《切·米沃什诗选》,张曙光译,河北教育出版社 2002 年版,第 23 页。

② [法]亚历山德拉·莱涅尔-拉瓦斯汀:《欧洲精神:围绕切斯拉夫·米沃什,雅恩·帕托什卡和伊斯特万·毕波展开》,范炜炜等译,吉林出版集团有限责任公司 2009 年版,第 77 页。

③ [美]埃里希·弗罗姆:《逃避自由》,刘林海译,国际文化出版公司 2002 年版,第 119 页。

④ [美]埃里希·弗罗姆:《逃避自由》,刘林海译,国际文化出版公司 2002 年版,第 132 页。

⑤ [英]鲍曼:《现代性与大屠杀》,杨渝东、史建华译,译林出版社 2011 年版,第 268~269 页。

禁会问，面临如此凶险的环境，东欧如何成为"一切进步和责任感的所在"呢？1935年，胡塞尔（Edmund Husserl）面对欧洲的危机曾做过一个预言："欧洲的未来无非走向两端，要么在仇恨和野蛮中沉沦，要么在哲学的精神中重生。"[①]事实上，人类在面临危机的时候，总有解决危机的途径。在东欧知识界，始终存在着一批敢于和命运抗争的人，他们被称作异见知识分子，甚至被官方称为修正主义者。他们不停地询问：生存和责任哪个更重要？通过反思人性的条件和欧洲理性主义的危机，他们不断追寻一种真正的欧洲精神，这是一种崇尚个性自由和道德责任，反对个人价值受到无人性、匿名权力精神控制的精神，他们相信，唯有如此人类才能走出危机，过上一种真正的有意义的生活。

本书探讨的主题是布达佩斯学派（Budapest School）的社会批判理论，之所以用一定的篇幅介绍东欧知识界的状况，是因为我们认为，如果离开了这样一种文化氛围的前期引介作为铺垫，就根本无法进入布达佩斯学派宏伟理论大厦的殿堂。下面，让我们走近布达佩斯学派。

二、布达佩斯学派的成立与发展

20世纪60年代，在匈牙利的布达佩斯围绕卢卡奇（Georg Lukács）形成了一个具有重要影响力的马克思主义哲学流派——布达佩斯学派，学派成员主要有四位：赫勒（Agnes Heller，1929— ）、费赫尔（Ferenc Feher，1933—1994）、马尔库什（György Márkus，1934— ）和瓦伊达（Mihaly Vajda，1935— ）。[②] 20世纪匈牙利的社会状况可以这样来概括："表面上安定的经济、政治体制掩盖着虚言、伪善，一种理想中的文化浪潮即将袭来，处于一种山雨欲来的状态。"[③]希特勒纳粹和本国霍尔蒂（Miklós Horthy）政

① 转引自[法]亚历山德拉·莱涅尔－拉瓦斯汀：《欧洲精神：围绕切斯拉夫·米沃什，雅恩·帕托什卡和伊斯特万·毕波展开》，范炜炜等译，吉林出版集团有限责任公司2009年版，第1页。

② 在布达佩斯学派成立之后的十年里，有不少新人加入，如赫格居什（András Hegedüs）、拉德洛蒂（Sándor Radnóti）、马尔库什（Maria Márkus）、本斯（György Bence）、基斯（Janos Kis）等，但学界通常不把他们视为核心成员。

③ [日]栗本慎一郎：《布达佩斯的故事：探索现代思想的源流》，孙传钊译，上海三联书店2012年版，第62页。

权的大屠杀以及苏联的政治军事干涉让人们不得不思考如下问题:大屠杀是如何发生的?人们为什么面对恶行无动于衷?道德责任感何在?社会主义究竟意味着什么?康拉德(György Konrad)意味深长地道出了东欧知识分子普遍面临的思想困境:“今天,只有持不同政见者还保持着连续的情感。其他人则必须将记忆抹掉;他们不允许自己保存记忆……许多人热衷于失去记忆。”①一般而言,大屠杀的幸存者会将自己的这段记忆封存起来,因为这是人性最丑陋的一面,他们不愿相信这是真的,而宁愿让它保持在虚空中。阿多诺(T. W. Adorno)曾说过“奥斯维辛之后不再有诗”,在一定意义上这是对的,因为任何艺术形式都无法再现人类遭遇的那场浩劫,书写必定是苍白的。但是,这段记忆真的能够永久性地封存起来吗?恶难道不会冲破封印重现人间吗?鲍曼对此心存疑虑,在他看来,“直接经历它的那一代人都几乎已经过世了,但是——这是一个可怕的、不幸的‘但是’——这些我们文明中曾经熟悉、而被大屠杀再次神秘化的特征,仍然是我们生活中熟悉的一部分。它们并没有消失,所以大屠杀的可能性也没有消失”②。

二战结束后,在南斯拉夫共产党总书记铁托(Josip Broz Tito)的建议下,苏联牵头成立了共产党和工人党情报局,并进一步在东欧各国和其他社会主义国家中推行苏联模式的社会主义。1948年,“大清洗”运动在匈牙利全国范围内展开,大约有19万人被清除出党。专断的拉科西(Mátyás Rákosi)政权积极提倡一种个人牺牲的伦理学,号召人们“不能吃掉下金蛋的母鸡”。其时,赫勒正在撰写博士论文《车尔尼雪夫斯基的伦理学观点——合理利己主义的问题》,由于对官方伦理学颇具微词并坚持“用自己的头脑思考问题”,很快被开除出党。1956年,匈牙利革命爆发,苏联坦克迅速挺进布达佩斯,革命被镇压,近万人死亡,15万人出逃。苏联的武装干涉让赫勒等人对苏联马克思主义和社会主义产生了怀疑。1957年,国内局势变得异常紧张,政府突然宣布一切对抗活动都是非法的,赫勒等人被开除教职,且不允许从事任何与学术有关的活

① 转引自[法]莫里斯·哈布瓦赫:《论集体记忆》,毕然、郭金华译,上海人民出版社2002年版,第39页。

② [英]鲍曼:《现代性与大屠杀》,杨渝东、史建华译,译林出版社2011年版,第113~114页。

动。1958 年，赫勒结识了马尔库什，不久费赫尔也加入进来。1964 年，卢卡奇最得意的四位学生①终于齐聚一堂，形成了一个研究小组，这就是布达佩斯学派。

卢卡奇希望他的学生能够与他一道从事"复兴马克思主义"的工作。所谓"复兴"，并不是回到马克思本人的思想，而是沿着正确的道路发展马克思的哲学，实现社会主义。马尔库什这样理解"复兴马克思主义"的内涵："'复兴马克思'的理念首先反对的就是制度化的马克思主义完全僵化的构架，反对将官僚体制对东欧社会总体的统治变成合法化的这种'宗教信仰状态'。"②马尔库什的学生格鲁姆雷（John Grumley）具体阐释了"复兴马克思"的双重内涵："首先，'回到马克思'意味着对共产党官方辩证唯物主义的批判，它宣告了一种向马克思自身意向的理论复归……其次，甚至更根本的，它承诺了复兴。现在已经 100 多年了，最初的马克思主义的方案需要得到修正和充实。"③布达佩斯学派成立后，学派成员从自己的专业角度出发完成了若干部颇具影响力的著作，如赫勒的《文艺复兴时期的人》和《日常生活》；马尔库什的《马克思主义与人类学——马克思哲学关于"人的本质"的概念》和《语言、逻辑与现实》。学派很快在国际学术舞台上确立了自己的地位和声望。

托米（Simon Tormey）将布达佩斯学派的特点概括如下："布达佩斯学派必然是一个松散聚集的个人组群，他们相互欣赏各自的朋友，共享某种政治信仰以及关于'批判'必须发挥和应该发挥作用的某种观念。"④布达佩斯学派虽然是一个较为松散的学术团体，但各个成员之间却交往甚密，赫勒在一次访谈中描绘了一些细节：

> 我们是独立的思想家，相互间在地位上完全平等，卢卡

---

① 严格意义上讲，马尔库什和瓦伊达并不是卢卡奇的学生。按照卢卡奇的说法，马尔库什 1957 年从莫斯科回到布达佩斯时，70% 的思想已经成熟。而瓦伊达则是赫勒的学生，他加入学派时思想早已成熟。在卢卡奇心目中，只有赫勒和费赫尔真正从一开始就是自己的学生。

② ［匈］乔治·马尔库什：《马克思主义与人类学——马克思哲学关于"人的本质"的概念》，李斌玉、孙建茵译，衣俊卿校，黑龙江大学出版社 2011 年版，第 149 页。

③ John Grumley, *Agnes Heller: A Moralist in the Vortex of History*, London: Pluto Press, 2005, p. 7.

④ Simon Tormey, *Agnes Heller: Socialism, Autonomy, and the Postmodern*, Manchester: Manchester University Press, 2001, p. 9.

奇位于中央……我们相互间以完全不同的方式思考问题,因为思想的独立性是至关重要的。我们中没有人会接受一个所谓"大师"的独断任务。这是对一个处境堪忧的人的自由选择关系,我们觉得他可敬。

在布达佩斯学派时期,我们仍然是自行拜会卢卡奇,同他探讨我们自己的问题①。但有时,尤其是1968年之后,卢卡奇每个月都会邀请我们所有人到他家里一次。我们围坐在餐桌旁一起进餐,这时他抛出一个理论话题供我们讨论……通常,我们几个学派的青年成员连同我们的家人每周会在其中一个人家里聚一次。我们探讨理论,也谈论其他问题,因为我们是最紧密的私人朋友。那是一种以思想观念和政治上的兴趣为基础的非常亲近的友谊。

每个星期都有一次聚会,周末将会有一次远足旅行。所以我们每周至少见两次。如果我们完成一部著作,就会在学派内部与每一个成员私下里进行讨论,因此,当我写出什么东西时,会与费赫尔和瓦伊达进行讨论。我们也会一周和瓦伊达见两次,一起讨论和写些东西,但这是非常亲密的友谊。同时,它也是知识分子间的一种友情形式。这并不意味着我们在理论问题上达成了共识,我们不仅在理论趣味上大异其趣,在理论信仰上也存在着分歧。我们共同信奉的仅有少数几个原则,例如,无论我们相信什么,广义上我们都是社会主义者,无论我们相信哪些哲学上的真理,广义上我们都是"马克思主义复兴"运动中的一员或参与者。那是一种共同的信念。②

1973年,匈牙利共产党下发了一份决议,规定国内一切机构必须践行马克思列宁主义,这份决议直接指向布达佩斯学派,因为按照赫勒的说法,他们几个人从一开始就不是正统的马克思列宁主

① 受1956年事件的牵连,卢卡奇被流放到罗马尼亚,回国后就不再是党员了,也不能在大学继续任教,甚至不能接待客人。当时匈牙利政府有一条可笑的法令,规定如果有超过六人聚集在一起讨论问题,不管谈论什么,均被视为敌视人民民主的行为,并且要受到法律的制裁。基于这个原因,赫勒等人很难一同去拜会卢卡奇。

② Agnes Heller, Simon Tormey: "Interviews with Professor Agnes Heller(Ⅰ)", *Revista de Filosofía*. No.17, 1998, pp.28-31.

义者。党的意思很明确，摆在布达佩斯学派理论家面前有两条路：一条是放弃原有的观点，这样便可以留在体制内从事教学和科研活动，另一条是离开现有的工作岗位，远离学术研究，成为社会的边缘人。赫勒等人不愿意向官方低头，也不愿意放弃学术研究。于是，秘密警察成为不断骚扰他们的常客。不久，针对布达佩斯学派的“哲学审判”开始了。政府下了最后通牒，强制性地没收了赫勒等人的护照，不允许他们离开祖国，马尔库什的孩子被大学拒之门外，费赫尔甚至还一度锒铛入狱。在这种恶劣的情况下，赫勒等人决定在国外寻找新的工作。①

20 世纪 70 年代末，布达佩斯学派几位理论家纷纷离开祖国，移居西方。瓦伊达是暂时离开，后来又回到布达佩斯，马尔库什夫妇至今仍在澳大利亚，赫勒和费赫尔先是去了澳大利亚，1986 年又移居美国纽约。赫勒在一次谈话中明确指出，布达佩斯学派在 1976 年就已经不存在了。那时，学派主将瓦伊达公然宣称：“资本主义永远无法超越，社会主义是无聊的废话。”②尽管狭义（地域）上的布达佩斯学派解体了，四位理论家也分别居住在不同城市，但他们仍是挚友，仍然一起撰写理论著作。1976 年，赫勒、瓦伊达、赫格居什、玛丽亚·马尔库什（乔治·马尔库什的夫人）出版了《社会主义的人道化：布达佩斯学派著述》。1977 年，赫勒、费赫尔、乔治·马尔库什和拉德洛蒂等人出版了《心灵与形式：青年卢卡奇研究》。1983 年，赫勒、费赫尔与乔治·马尔库什在澳大利亚出版了《对需要的专政》。同年，赫勒和费赫尔编辑出版了《卢卡奇再评价》。1986 年，赫勒和费赫尔又编辑出版了《美学的重建——布达佩斯学派论文集》。1987 年，费赫尔、赫勒、瓦伊达和托马斯（G. M. Tamás）出版了《形式的辩证法：布达佩斯学派著述》和《激进美学》。1997 年，乔治·马尔库什和瓦伊达出版了《布达佩斯学派Ⅱ：论格奥尔格·卢卡奇的论文》。时至今日，布达佩斯学派的一些成

① 在国外找一份工作并离开匈牙利并不是一件容易的事，因为护照被没收，而国外单位通常要求先面试后签约，赫勒等人于是陷入了两难境地：没有护照就不能出国参加面试，而不参加面试就不能获得工作。幸运的是，赫勒等人通过海外朋友关系推荐，以电话面试的方式获得了教职，顺利离开了匈牙利。

② Agnes Heller, Simon Tormey: “Interviews with Professor Agnes Heller（Ⅰ）”, *Revista de Filosofía*. No. 17, 1998, p. 37.

员仍活跃在国际学术舞台上。2006 年 4 月 19 日，松宁奖(欧洲文化最高奖)颁奖典礼在哥本哈根大学举行，赫勒获此殊荣，评奖委员会一致认为，这位女性哲学家半个世纪以来凭借“创造性的才能、政治的精明、道德的力量和知识分子的正直”叙述了欧洲文化，对欧洲文化的发展做出了巨大贡献。在寄给评奖委员会的推荐信上，赫然写着这样一段评语：赫勒目睹了欧洲政治最糟糕的一面并汲取了大陆文化的精华，她以一种坚定的政治批判主义回应那个艰难的时期，同时杂合着乐观的哲学希望。即使在非常困难的时期，恐惧逐渐占据并摧毁良知的时候，她仍然能够对“有人宁愿自己遭受不公而不愿让他人受难”这样的事实进行反思。2011 年，82 岁高龄的赫勒出版了《我的哲学简史》，简要回顾了自己一生的学术生涯，其对哲学执着追求的精神令人钦佩。由此可见，布达佩斯学派在 20 世纪 70 年代并没有因为政治原因完全消散，尽管其主要成员在空间上相距甚远，心灵沟通却频繁地发生，我们更愿意把他们看作是一个团体，在这个意义上，布达佩斯学派依然存在。

在本书中，笔者主张把布达佩斯学派的思想分为两个阶段，即早期的人道主义的马克思主义阶段和后期的后马克思主义阶段。[①]做出这一划分主要基于以下考虑：首先，从后马克思主义的来源和特征看，无疑借用了后现代主义的方法和理念，大量材料表明，后马克思主义是布达佩斯学派理论转向后一直坚持的立场，该阶段完全可以涵盖后现代主义阶段，因此将两者界划开来的做法有画蛇添足之嫌。其次，既然本书的作者是从马克思主义的角度研究布达佩斯学派的，自然就应该将马克思主义视为衡量布达佩斯学派思想发展阶段的准绳，而两阶段的划分恰好可以满足这一要求。最后，赫勒等人多次强调他们仅仅是运用了后现代的方法和视角，甚至明确反对后现代主义和后现代社会等说法，他们最关心的还是现代社会和现代人，因此用后现代主义标示布达佩斯学派思想发展的某一阶段并不符合这些理论家的真实想法。

① 国内外学界较少有人对布达佩斯学派进行整体性研究，而对学派的分期大多依据赫勒的思想，如国外学者托米主张划分为四个阶段：人道主义的马克思主义、批判的(新)马克思主义、后马克思主义和后现代主义。国内学者赵司空主张分为三个阶段：人道主义的马克思主义、后马克思主义和后现代主义。

三、国内外布达佩斯学派研究现状

国外学者对布达佩斯学派的研究主要集中在两个层面:一是整体性的研究,主要有:卢卡奇及学派代表人物的自述(Lukács, 1971; Markus, 1997; Heller, 1998, 2011);卢卡奇与学派的关系(Andras, 1974);社会理论和革命理论(Frankel and Martin, 1973);多元化马克思主义立场(Robinson, 1973);人道主义的马克思主义观(Lowy, 1976; Roucek, 1978; Vardys, 1979);社会主义理论(Arato, 1987);美学理论(Susterman, 1987);激进民主理论(Brown, 1988);代表人物比较研究(Despoix, 1994);赫勒与学派的关系(Nordquist, 2000)等。二是对赫勒和马尔库什的个案研究,主要有:赫勒的伦理修正主义(Makai, 1960);需要理论(Stabile, 1979; Pregizer, 1987; Quartana, 1990);日常生活批判理论(Lichtenberg, 1988; Gardiner, 2000);社会哲学(Burnheim, 1994);总体性研究(Tormey, 2001; Grumley, 2005; Terezakis, 2009);马尔库什的文化哲学(Grumley, 2005)。①

国内关于布达佩斯学派的研究起步较晚。20 世纪 80 年代末,赫勒的《人的本能》和《日常生活》先后被译成中文;俞吾金和陈学明在《国外马克思主义哲学流派》中对赫勒的《日常生活》和《历史理论》做了精当的评论;衣俊卿在《东欧的新马克思主义》等著作中清晰勾勒了布达佩斯学派的思想轮廓;黄继锋在《东欧新马克思主义》中对布达佩斯学派思想做了富有启发性的探讨。2005 年,赫勒的《现代性理论》中译本出版,学界掀起了新的研究热潮。2006 年,傅其林出版了国内第一部研究赫勒思想的专著《阿格妮丝 · 赫勒审美现代性思想研究》,从审美现代性这一独特的视角出发,对赫勒的主要作品进行了全面梳理。2011 年,傅其林又出版了国内第一部研究布达佩斯学派的专著《宏大叙事批判与多元美学建构:布达佩斯学派重构美学思想研究》,从后马克思主义的视角出发,全面阐释了布达佩斯学派对历史哲学传统下的现代美学的批判,以及在后现代主义视域下对多元主义美学的建构。同年,国内还出

① 关于布达佩斯学派国外学者的具体研究情况,傅其林在《宏大叙事批判与多元美学建构:布达佩斯学派重构美学思想研究》(黑龙江大学出版社 2011 年版)一书"导论"中有详尽的介绍,这里仅就国内研究现状做简要的说明。

版了四部关于赫勒思想的研究性著作。李霞在《个性化的日常生活如何可能——赫勒日常生活理论研究》中对《日常生活》进行了精细的文本学解读，对我们理解赫勒早期思想、反思和重建当下的日常生活具有一定的启示意义。王秀敏在《个性道德与理性秩序——赫勒道德理论研究》中梳理了赫勒的"道德哲学三部曲"[①]，全方位阐释了赫勒以责任和自由为核心的个性道德学说。李晓晴在《激进需要与理性乌托邦——赫勒激进需要革命论研究》中以赫勒的《马克思的需要理论》和《激进哲学》为基础性文本，深入剖析了赫勒的激进需要革命论。孙建茵在《文化悖论与现代性批判——马尔库什文化批判理论研究》中以文化现代性为线索重点分析了马尔库什后期的哲学思想，这也是国内第一部研究马尔库什思想的专著。2013年，赵司空出版了《后马克思主义与后现代的乌托邦——阿格妮丝·赫勒后期思想述评》，该书以后马克思主义为线索，重点分析了赫勒的后期思想。除了已经公开出版的著作外，在"中国知网"上我们还搜索到若干篇以研究布达佩斯学派或赫勒思想为主题的博士论文，分别是：帅倩的《赫勒日常生活批判研究》（复旦大学2011年）、王静的《作为文化批判的审美——赫勒美学思想研究》（黑龙江大学2011年）、范为的《一种作为现代性批判的历史哲学——赫勒的后期思想研究》（黑龙江大学2012年）、杜红艳的《布达佩斯学派文化理论研究》（黑龙江大学2012年）。近年，布达佩斯学派理论著作的中文翻译工作也取得了较大的进展。黑龙江大学出版社陆续推出数十部东欧新马克思主义[②]方面的译著，与布达佩斯学派相关的主要有：赫勒的《激进哲学》《现代性能够幸存吗？》《超越正义》《后现代政治状况》（与费赫尔合著），马尔库什的《语言与生产——范式批判》和《马克思主义与人类学——马克思哲学关于"人的本质"的概念》，以及两部文集《法国大革命与现代性的诞生》（费赫尔编）和《卢卡奇再评价》（赫勒

① 指《一般伦理学》《道德哲学》《个性伦理学》三部著作。

② 按照国内学者衣俊卿的说法，东欧新马克思主义并非泛指一切东欧的新马克思主义者，而是特指20世纪50、60年代在东欧"非斯大林化"过程中涌现出的一批著名马克思主义（至少是从马克思的思想传统出发的）理论家。这些人致力于从总体上重建人道主义的马克思主义和人道的、民主的、自治的社会主义。包括南斯拉夫实践派、布达佩斯学派、波兰的沙夫和科拉科夫斯基以及捷克斯洛伐克的科西克和斯维塔克。

编)等。

纵观国内外关于布达佩斯学派思想的研究,大体上有以下不足:一是研究者大多仅仅关注学派某个理论家(尤其是赫勒)的思想,未将研究扩展至整个学派。二是研究者大多未能从连续性和非连续性相统一的角度全面阐释学派的思想,要么无视学派前后期思想的变化,要么割裂地看待前后期思想。三是研究者大多只是探讨理论家的思想本身,较少从马克思主义的立场上进行评论。笔者认为,布达佩斯学派的研究必须围绕以下问题取得新的突破:第一,布达佩斯学派与马克思主义之间是怎样一种关系?在哪些方面发展了马克思主义,又在哪些方面误解了马克思主义?第二,布达佩斯学派的核心理论旨趣是什么?与东欧社会的文化精神有何关联?第三,布达佩斯学派为什么在20世纪70年代转向了后马克思主义?这种转向意味着什么?第四,布达佩斯学派的现代性批判理论、日常生活理论、激进需要理论、政治哲学和道德哲学具有哪些理论意义和价值?在本书中,我们将试着回答上述问题。

四、本书的研究意义和基本框架

我们选择布达佩斯学派的社会批判理论进行研究,主要基于三个方面的考虑:

第一,推进学界关于东欧新马克思主义的研究。

20世纪70年代末80年代初,我国学界开始引介和评述西方马克思主义思潮,30多年来取得了丰硕的成果。2000年,部分学者意识到必须开辟出新的研究领域。尽管在西方马克思主义是否终结这个问题上学界并未达成共识,但不可否认,国外马克思主义哲学呈现出多元化的发展态势,后马克思主义、西方马克思学、英国新马克思主义、生态学马克思主义、东欧新马克思主义、女性主义的马克思主义、晚期马克思主义等,已经成为当前我国国外马克思主义研究的热点。然而,对上述流派的研究中,东欧新马克思主义一直是一块短板,这当然与东欧新马克思主义理论著作翻译工作的相对滞后不无关系。与20世纪末重庆出版社重磅推出的"西方马克思主义"系列丛书相比,东欧新马克思主义译(专)著的出版可谓寥若晨星。令人鼓舞的是,黑龙江大学出版社从2010年起陆续推出"东欧新马克思主义译丛"和"东欧新马克思主义理论研究”,两套丛书计划到2015年出齐60部。相信有了这些研究资料作为支撑,东欧新马克思主义一定能够成为国内国外马克思主义研究重要的理论生长点。

我们的研究还有一个更为直接的目的,即澄清国内部分学者对东欧新马克思主义的误解。首先,有部分学者认为,东欧新马克思主义与西方马克思主义的某些流派(如人道主义的马克思主义)没有实质性区别,甚至得出前者不如后者思想深刻的结论。这种观点是值得商榷的。诚然,无论从形式还是理论渊源上看,东欧新马克思主义与西方马克思主义都非常相似,但两种思潮背后的社会文化背景大不相同,对人道主义、资本主义社会以及社会主义社会的理解也存在较大差异。一般而言,东欧新马克思主义者由于拥有在社会主义社会和资本主义社会的双重生活经历,对苏联社会主义社会弊病的分析更切合实际,对资本主义社会的分析更容易跳出资产阶级学者的固有思维。其次,有的学者认为东欧新马克思主义是苏联解体和东欧剧变的罪魁祸首,是威胁我国社会主义实践的一颗毒瘤。这种观点是缺乏依据的。尽管苏联解体和东欧剧变的原因非常复杂,但有一点可以确定,那就是这些国家奉行的是一种僵化的社会主义体制和马克思主义理解模式,东欧新马克思主义着力批判的正是这种东西。苏联解体和东欧剧变恰恰在实践上证明这种僵化的社会主义体制和马克思主义理解模式是有害的、错误的。同时这也反向表明,东欧新马克思主义对社会主义和马克思主义的理解在很多方面是可取的、正确的。也就是说,恰恰是因为苏联和东欧国家没有及时借鉴和吸收东欧新马克思主义的理论成果,才导致了最终的解体。

第二,布达佩斯学派的社会批判理论具有重要的理论意义和现实价值。

如前所述,东欧新马克思主义包含众多理论流派,本书之所以选取布达佩斯学派进行研究,主要是坚信该流派的思想对于我们认识和批判资本主义、巩固和发展中国特色的社会主义具有重要的启示意义。赫勒的日常生活理论,与列斐伏尔(Henri Lefebvre)等人的日常生活批判遥相呼应,从微观社会领域出发,对现代社会个人的异化生存状态进行了有力批判,凸显了类价值和个性自由的重要性,对解决我国现代社会转型过程中可能遇到的文化阻滞力问题具有一定的启发意义。赫勒的激进需要理论站在哲学人类学的立场上重新解读了马克思的需要理论，分析和批判了资本主义社会各类需要异化现象，揭露了苏联社会主义社会“对需要的专政”，对我们协调人民内部矛盾、更好地满足群众需要提供了参考和借鉴。布达佩斯学派对家庭变革与社会革命关系的反思，补充和发展了马克思主义的社会革命理论，对资产阶级社会家庭形式的批判以及对共产主义社会家庭形式的初步构想，有助于我们反思我国当前的家庭教育和幼儿教育，创建和谐家庭（社会）。马尔库什对马克思“人的本质”概念、意识形态理论和生产理论的解读，对我们一贯地理解马克思前后期思想具有重要的启示价值。布达佩斯学派20世纪70年代以来的后马克思主义转向，从一个侧面反映了国外马克思主义哲学发展的重要趋势，对我们分析和理解其他当代国外马克思主义哲学思潮具有一定的参考价值。布达佩斯学派的现代性批判理论不仅有助于拓展马克思资本现代性批判的当代视域（避免被窄化为经济决定论），深入挖掘马克思主义的科学内涵和时代精神，还有助于打破传统研究非此即彼（肯定或否定现代性）的价值探讨，克服理论研究过度抽象化、学院化的意识哲学倾向，凸显现代性的多重批判维度和精神价值。布达佩斯学派超越正义、崇尚个性自由的激进民主理论在某种意义上绕过了自由主义与共和主义、直接民主与间接民主、消极自由与积极自由之争，对我们重估西方政治哲学的遗产、探索符合中国国情的政治治理模式具有一定的借鉴意义。布达佩斯学派的道德哲学强调“好人”的标榜作用和个体的责任意识，对我们贯彻以德治国的方针、强化时代责任意识具有一定的借鉴意义。

第三，布达佩斯学派理论家具有巨大的人格魅力和崇高的精神追求。

作为一个犹太人，赫勒是大屠杀的幸存者，但是她的父亲和幼年伙伴却死在奥斯维辛集中营。对于一个年幼的女孩来说，这是一场无法用言语来述说的灾难。赫勒多次强调，自己研究哲学是为了向在大屠杀中不幸亡故的人士偿还债务，与其他的幸存者一样，她不得不在每天清晨思索这样一个问题：为什么死去的是别人，而不是我？在布达佩斯学派（尤其是赫勒）的哲学思想里，我们可以读出一种悲观主义和乐观主义的协奏曲。一方面，赫勒等人对以技术理性为核心的现代性和资本主义工业文明进行了批判，并告诫人们，一定要始终保持警醒的头脑，绝不能屈服于权力，更不能让邪恶吞噬掉心灵。另一方面，当人类正在遭受巨大的磨难，历史出现骤变甚至走向反动的时候，赫勒等人又试图为人们走出困境提供某种信念和希望，面对资本逻辑的肆虐横行和诸多的社会不公，他们坚守道德承诺，坚信“好人”的存在，认为真正的哲学可以将人们带出绝境。赫勒曾说过，哲学是她生活的全部。在她看来，一个人一旦选择了他(她)的职业，也就选择了他(她)的生活，哲学家的生活必须和他(她)本人的哲学理念完全一致。面对强权政治的残酷压制，布达佩斯学派并没有屈服，他们用生命谱写和践行着自己的哲学，这种不屈不挠的精神气质着实令人敬佩。布达佩斯学派对个性自由的求索是我们这个浮躁年代最弥足珍贵的财富，正因为有了这样一种努力和渴望，人类才不至于走入绝境。

下面简单介绍一下本书的基本构架。除去导论外，全书由四章内容构成。

第一章主要阐述布达佩斯学派早期“复兴马克思主义”的理论工作，包括日常生活理论、激进需要理论、家庭变革理论、对马克思“人的本质”“生产”“意识形态”概念的解读。日常生活理论将人们的视线从工厂和物质生产领域移至日常生活和人的生产领域，从微观层面探讨了社会主义人道化的途径问题。激进需要理论拓展了马克思需要理论的意义域和人类学内涵，从一个全新的角度分析了资本主义社会的基本矛盾，为批判资本主义寻得了一条新的路径，同时也为人们深刻反思苏联社会主义社会的问题提供了新的思路。家庭变革理论重在重新定位家庭变革与社会革命的关系，布达佩斯学派提出家庭变革先于社会革命(或至少同时)的观点，主张批判资本主义社会的家庭形式，建构新的共产主义社会的家庭形式。布达佩斯学派对马克思的“人的本质”“生产”“意识形态”概念进行了全新解读，旨在将马克思主义的科学性和批判性有机结合在一起，恢复马克思主义的批判哲学传统。

第二章主要阐述布达佩斯学派的后马克思主义转向。20 世纪70 年代以来，布达佩斯学派开始对历史哲学、经济决定论、阶级还原论、历史进步论和必然性理论展开批判，瓦伊达甚至声称自己放弃了马克思主义和社会主义的基本观点，狭义的布达佩斯学派解体，学派成员移居西方社会，继续从事学术研究工作。后马克思主义的转向既与东欧社会“非斯大林化”运动和各类“改革”浪潮有关，也与学派成员移居海外的生活经历有关，更与20世纪70年代以来西方资本主义社会的新变化、马克思主义“危机论”和英美后马克思主义思潮的兴起有关。虽然布达佩斯学派对马克思主义的部分观点提出了质疑，却不能武断地认定他们完全背离了马克思主义，而是应该具体问题具体分析，鉴别出有益的成分和误读的地方。

第三章重点阐述布达佩斯学派的现代性批判理论。赫勒等人的现代性批判源于对大屠杀和苏联政治军事干预的反思，核心要旨是实现个性自由，反对同一性的强制。从反思的后现代视角出发，赫勒详细分析了现代性的动力、现代社会格局、现代性的逻辑和现代性的想象制度，指出现代性存续的关键是保持现代性三种逻辑和两种想象制度的平衡。布达佩斯学派的现代性理论批判了传统宏观政治理论忽视个体性、差异性和特殊性的弊病，开启了微观政治批判的新路向，凸显了现代性的多重维度和精神价值。

第四章主要阐述布达佩斯学派的政治哲学和道德哲学。布达佩斯学派政治哲学的基本观点有：资产阶级和无产阶级的二分以及劳动和资本的关系不是资本主义社会的本质，而是资本主义社会发展的一种倾向；资本主义不是阶级构成的社会，而是功能化的分层社会；资本主义不同于资产阶级社会，前者作为一种不平等的生产关系可以消除，后者作为现代性和大写的历史不可超越；资本主义社会的形式民主以及市民社会内含的平等自由的价值理念不可废除，形式民主必须从政治领域扩展到社会一切领域，即被一种激进的民主所取代；共产主义社会应该超越正义，回归良善生活。布达佩斯学派的道德哲学源于对线性（经济）决定论的反思，其基本观点是强调道德责任的本体优先性，凸显个性（多元）道德的意义和价值，让个体摆脱异化，成为道德上的“好人”，通过吸取规则伦理学和美德伦理学的优点，揭示现代社会人类道德谱系和伦理生活的多样性，建构一种批判的个性伦理学。

全书按照布达佩斯学派社会批判理论发展的两个阶段展开论述。第一章探讨布达佩斯学派早期人道主义的马克思主义思想；

第二章探讨布达佩斯学派20世纪70年代以来的后马克思主义转向,从总体上阐释后马克思主义的基本内涵和方法论特征;第三、四章是第二章的一个延伸,探讨布达佩斯学派后期的现代性批判理论和政治-道德哲学思想。之所以这样安排篇章结构,主要是想尽量还原布达佩斯学派社会批判理论的历史原貌。在写作过程中,我们始终坚持思想的连续性和非连续性的统一:一方面,布达佩斯学派的社会批判理论的确在20世纪70年代发生了重要的转向,即由人道主义的马克思主义转向后马克思主义。另一方面,后马克思主义的转向并不意味着完全抛弃前期的人道主义思想,对个性自由和道德责任的追寻,始终没有溢出布达佩斯学派的视界。

最后,对本书还要做几点说明。第一,布达佩斯学派成员众多,思想广泛涉及哲学、社会学、政治学、历史学、人类学等多个领域,本书聚焦于社会批判理论,希望以此为切入点,为人们理解布达佩斯学派提供一个新的视角。第二,本书按照"复兴马克思主义""后马克思主义""现代性批判""政治-道德哲学批判"的顺序展开论述,一方面是依据布达佩斯学派社会批判理论发展的历史脉络和逻辑进程,另一方面也是本书作者主观上的一个理论设定和建构。本书作者非常清楚,将布达佩斯学派的社会批判理论分为两个阶段,并将第二个阶段拓展为三章内容,主要是为了论述的方便,虽然从逻辑上看有据可循,但毕竟对学派本来连贯完整的思想做了割裂式的解读。或许应了那句话:任何解读都是误读,真理总是通过误认才能达到。第三,布达佩斯学派理论家除了费赫尔已经过世外,其他几位目前仍然健在,有些甚至仍然活跃在学界,这个时候对其理论进行盖棺论定显然不当,因此只能依据已经公开发表的研究成果,大致勾勒出其思想的轮廓。

第一章　复兴马克思主义

学界一般认为，东欧新马克思主义是一种人道主义的马克思主义理论。[①] 布达佩斯学派属于东欧新马克思主义中的一支，自然也具有这一特点。如果不考虑布达佩斯学派20世纪70年代以来思想的变化，这个判断是基本正确的。在学派成立之初，赫勒等人便从各个方面致力于“复兴马克思主义”的工作，在新左派的影响下，他们认为革命应该从下层发生，即从日常生活、价值、信仰和准则层面生发出来。一时间，“改变你自己”成为他们的座右铭。在卢卡奇思想的影响下，赫勒将目光转向广袤而神秘的日常生活领域，借助韦伯的领域划分理论，将人类社会分为三大领域，意图让个人在自为的对象化领域（科学、哲学、艺术）重获类本质，扬弃特性，跃迁至个性（个体）状态，实现日常生活的人道化以及社会主义的人道化。布达佩斯学派重新反思了马克思主义的社会革命理论，从批判资产阶级家庭形式入手，展望和勾画了共产主义社会的家庭形式——公社。赫勒还研究了人的需要问题，对马克思的需要理论重新进行了梳理和评估，提出“激进需要论”。马尔库什重新解读了马克思的“人的本质”“生产范式”“意识形态”概念，试图将马克思主义的科学性和批判性结合起来。

---

① 国内学者黄继锋认为，东欧“新马克思主义”是一股以“‘人道主义马克思主义’自我标榜并对现实社会主义持批判和否定态度的思潮”。（参见黄继锋：《东欧新马克思主义》，中央编译出版社2002年版，“导言”第1页。）衣俊卿认为，“东欧新马克思主义同西方人本主义马克思主义一样，建构了独特的人本主义的马克思主义”。（参见衣俊卿：《20世纪新马克思主义》，中央编译出版社2012年版，第525页。）引号的移除反映了国内学界对东欧新马克思主义独特地位和价值的认可。

第一节　赫勒的日常生活批判理论

在20世纪致力于"日常生活"研究的理论家当中,赫勒无疑具有重要的地位。写于新左派运动前夜的《日常生活》[①]堪称经典之作,该书也是迄今所见有关日常生活较系统、较完整的专著之一。作为"个人思考"的第一部著作,《日常生活》既受到青年马克思和卢卡奇思想的引导,也受到黑格尔和现象学传统的影响。与科西克、萨特(Jean-Paul Sartre)、戈德曼(Lucien Goldman)、布洛赫(Ernst Bloch)、列斐伏尔等人一样,赫勒反对任何将马克思主义实证化的企图,坚信研究主体的生存样态比研究客观的社会状况更重要。她试图将马克思的异化学说与胡塞尔等人的"生活世界"理论结合在一起,一方面使现象学理论激进化,另一方面补充马克思异化理论的本体论缺失。托米认为赫勒的《日常生活》试图回答如下问题:"鼓励一种批判的、自明的个体的发展如何可能?这样的个体在社会转变过程中应该发挥何种作用?最后,这种转变如何以及在什么样的条件下才能发生?"[②]不难看出,赫勒把目光聚集在个体身上,她深深地意识到,"人的最终解放不是体现在经济领域与政治领域,而是归根到底要落实到体现到日常生活中来"[③]。

一、为什么要研究"日常生活"

对于日常生活的重要性,列斐伏尔有一段精彩的描述:"没有鲜花或秀美的树林来装点的风景固然会让游客们感到沮丧与失望,但花草与树木不应当让我们忘却在那大地的深处,还蕴藏着丰

---

① 对布达佩斯学派哲学思想的探讨之所以从《日常生活》开始,主要是因为这部著作是赫勒(乃至整个学派)哲学思想的"真正诞生地和秘密"。赫勒晚年曾多次谈到《日常生活》,虽然时过境迁,她已经不再赞同书中的某些观点(尤其是关于社会主义人道化的理论),但却仍然对此书保有强烈的好感,并承认自己后期的思想大都可以在这部著作中寻得踪迹。

② Simon Tormey, *Agnes Heller: Socialism, Autonomy and the Postmodern*, Manchester: Manchester University Press, 2001, p. 22.

③ 刘怀玉:《现代性的平庸与神奇:列斐伏尔日常生活批判哲学的文本学解读》,中央编译出版社2006年版,第35页。

富而神秘的生活。"[①]在列斐伏尔看来，日常生活具有一种复调性：一方面，它具有习惯性、重复性、保守性等惰性特征，另一方面，它又具有惊人的活力与瞬间的创造力。在具体论述时，列斐伏尔更偏重于批判前一个方面，因此是一位地道的日常生活"批判家"。列斐伏尔的贡献在于，较早地将日常生活纳入哲学的研究范畴，使之成为哲学思考的对象。当时，哲学家对日常生活普遍存在偏见，认为生活是非哲学的、平庸的、没有意义的，只有摆脱掉生活，才能更好地进行哲学思考。针对这种将日常生活拒之门外的做法，列斐伏尔指出，我们应该"用一种非平庸的看法来看平庸"[②]，在普通的、一般的事物中发现那些特殊的、非同一般的事物。赫勒对日常生活的态度甚至比列斐伏尔更积极、更客观。在价值层面上，她对日常生活的保守性和重复性是持批判态度的，但在事实层面上，她却将更多的笔墨用于描述日常生活的组织构架和基本特征，并坚信，日常生活作为一种本体性的、第一位的存在，绝不可能完全被否弃掉。如果说列斐伏尔更多地倾向于存在主义的酒神精神，期待在瞬间狂欢中实现日常生活的超越，赫勒则更多地继承了黑格尔的理性主义和卢卡奇的人本主义精神，期待通过科学、哲学、艺术等自为的类本质对象化活动，使日常生活在人道主义的、民主的和社会主义的方向上得以改变。当然，两位理论家也有一致的地方，即都强调：日常生活变革和人的改造对于社会变革的重要性；日常生活的异化本质和可改变性；马克思的"总体的人"。

《日常生活》一书最初完成于 1967 年，其时，匈牙利国内的形势相对比较稳定，但西欧资本主义社会却是"山雨欲来风满楼"，一场由新左派领导的运动一触即发。与西方社会对未来怀有极高热情的革命乐观主义激进分子不同，布达佩斯学派理论家大多经历了深重的磨难，他们清醒地意识到：如果卢卡奇在《历史与阶级意识——关于马克思主义辩证法的研究》（以下简称《历史与阶级意识》）中对阶级意识和物化的分析是正确的，即无产阶级已经被整合到资本主义社会体制之中，阶级意识在物化意识的重压下已经

① 转引自刘怀玉：《现代性的平庸与神奇：列斐伏尔日常生活批判哲学的文本学解读》，中央编译出版社 2006 年版，第 27 页。

② 陈学明、吴松、远东编：《让日常生活成为艺术品——列菲伏尔、赫勒论日常生活》，云南人民出版社 1998 年版，第 35 页。

荡然无存,那么革命又何以可能发生呢？历史事实已然证明,这种担忧和疑虑并非杞人忧天,法国"五月风暴"虽然迅速在整个西方资本主义社会扩展开来,却如同昙花一现,很快被镇压下去。结果,革命再次陷入低潮,各种马克思主义的"危机论""过时论""终结论"不断突冒出来。在这种情形下,可以想象,赫勒在《日常生活》中不可能继续强调《历史与阶级意识》中的阶级革命理论,她只能另辟道路。众所周知,卢卡奇晚年曾转向美学理论研究,在《审美特性》中,他吸取了马克思《1844 年经济学哲学手稿》中的类本质理论。赫勒认为这是一场重大的思想转变:"人的类概念,以及'类本质'(gattungswesen)在马克思思想中的核心作用的发现,对他是一个巨大的思想震撼。'阶级'不能代替'类'。"[①]费赫尔甚至宣称:"在 20 世纪 20 年代末,《历史和阶级意识》一书所假定的构想崩溃了。"[②]书中所蕴含的关于救世主即将再次降临的希望,即通过国际无产阶级自觉行动来获得迅速而彻底的救赎的构想,在 20 世纪 20 年代后期消失得无影无踪。[③] 在《审美特性》中,卢卡奇大致形成了如下结论:第一,批判意识来自真正的艺术品;第二,虚假意识向真正意识的转变主要基于非集体的个体经验;第三,资本主义最终的危机取决于个体对资本主义伦理价值准则的拒绝,它将发生在日常生活领域。沿着这条思路往下走,赫勒认为当前需要的不是政治革命,而是日常生活革命。日常生活本身需要被超越,这才是最重要的事情。为了说明两类革命的本质差别,赫勒区分了两类解放:第一种类型的解放(liberation)对应于政治革命,第二种类型的解放(emancipation)对应于日常生活革命。马克思在《论犹太人问题》中曾专门区分过政治解放和人类解放,他认为"政治解放不是彻头彻尾、没有矛盾的人的解放方式"[④],尽管是一大进步,却"不是普遍的人的解放的最后形式"[⑤]。在他看来,政治解放

① [匈]赫勒主编:《卢卡奇再评价》,衣俊卿等译,黑龙江大学出版社 2011 年版,第 230 页。

② [匈]赫勒主编:《卢卡奇再评价》,衣俊卿等译,黑龙江大学出版社 2011 年版,第 97 页。

③ [匈]参见赫勒主编:《卢卡奇再评价》,衣俊卿等译,黑龙江大学出版社 2011 年版,第 98 页。

④ 《马克思恩格斯文集》第 1 卷,人民出版社 2009 年版,第 28 页。

⑤ 《马克思恩格斯文集》第 1 卷,人民出版社 2009 年版,第 32 页。

的根本局限没有超出作为市民社会的利己的个人,“即没有超出封闭于自身、封闭于自己的私人利益和自己的私人任意行为、脱离共同体的个体”[①]。而人的解放要想完成,就必须让个体意识到自己是类存在物,“认识到自身‘固有的力量’是社会力量,并把这种力量组织起来因而不再把社会力量以政治力量的形式同自身分离”[②]。可见,马克思在他青年时期的著作中已经告诉我们,真正的解放必须是个体意义上的自我解放,当然,他很快便意识到,个体解放如果离开了阶级革命,只能是一种乌托邦。赫勒对日常生活革命和自我解放的强调与马克思的上述思想基本一致,不同在于,前者认为阶级及其代理人不会带来真正的解放,而后者恰恰认为个体解放离不开阶级革命。

要言之,如果说马克思主义关心的是资产阶级社会的阶级压迫,赫勒操心的则是日常生活的异化;如果说马克思主义从宏观历史哲学角度强调了政治解放与类本质解放的关联,赫勒则试图通过微观文化的心理分析阐明个体如何在日常生活层面获得个性解放。在赫勒眼里,日常生活绝不是无关痛痒的小问题,而是关乎社会发展和人类解放的大问题,正如列斐伏尔所言,“只有通过日常生活的批判,才能沟通阶级解放和个人解放之间的断裂,在革命前为宏观的经济和政治革命作准备,在革命后,把社会主义革命的成果落实到每一个人的身上,从而从根本上改变每个人的日常生活的状况,达到社会主义制度与个人的统一”[③]。赫勒要解决的问题恰恰是人们在传统马克思主义理解框架内无法回避却又阐释不清的问题。必须承认,当社会变革无法在宏观尺度上实现时,人的态度的改变的确构成了社会变革的重要组成部分。日常生活确有必要成为马克思主义研究的一项重要课题,反对资本主义的政治经济革命理应同日常生活的微观革命结合起来。赫勒关于“人的改造先于社会改造”的观点源于卢卡奇的意识革命论,不同仅在于,后者将革命的希望寄托在无产阶级身上,前者则期冀“总体的人”(不一定是无产阶级)的历史性生成与出场。

---

① 《马克思恩格斯文集》第1卷,人民出版社2009年版,第42页。

② 《马克思恩格斯文集》第1卷,人民出版社2009年版,第46页。

③ [法]列菲弗尔:《论国家——从黑格尔到斯大林和毛泽东》,李青宜等译,重庆出版社1988年版,“中译者序”第18页。

赫勒的日常生活批判理论还接受了卢卡奇的思想遗产,正如她自己所言,“正是卢卡奇在他的《审美特性》第一章(关于日常思维的内容)中把类本质概念置于讨论的前沿,我常常参考此书”①。卢卡奇在《审美特性》一书开篇处写道:“日常生活领域对于了解更高且更复杂的反映方式虽然极为重要,但对它尚未充分研究。”②“更高且更复杂的反映方式”指的是科学和艺术。《审美特性》一书的主题就是研究艺术如何在日常生活中将个体提升到类本质的水平。关于日常生活和科学的关系,卢卡奇有一个形象的比喻,他把前者比作一条长河,后者比作这条长河的支流,“科学所要解决的问题直接或间接地来自日常生活,日常生活由于不断应用科学所创造的成果和方法而丰富起来”③。这样一来,卢卡奇就将人类社会分为两大领域:日常生活领域和非日常生活(艺术和科学)领域。从价值立场上看,卢卡奇更倾向于后者,但在事实层面上,他丝毫没有否认日常生活的基石性地位,只不过囿于美学理论这一特定的主题,并未过多涉及和探讨日常生活罢了。

《日常生活》作为赫勒布达佩斯学派时期的一部代表作,主要目的是服务于“马克思主义的复兴”这一理论任务。在这部著作中,赫勒有意识地发展出一种“个人的哲学”,“我的哲学属于我,它不属于别人,它是我的个人哲学”④。《日常生活》不是一部正统的马克思主义著作,尽管赫勒自称是马克思主义者,却拒斥了马克思的部分理论观点,她要通过制定哲学方法勾画和发展自己独特的哲学思想,调和折中的结果便是“保持对马克思(Marx)精神的忠诚,同时与‘历史唯物主义’的某些主要传统决裂”⑤。于是,《日常生活》具有一种复调话语:表层是修正了的卢卡奇和马克思话语,

① [匈]阿格妮丝·赫勒:《日常生活》,衣俊卿译,黑龙江大学出版社2010年版,“英文版序言”第3页。

② [匈]乔治·卢卡契:《审美特性》(第1卷),徐恒醇译,中国社会科学出版社1986年版,“前言”第1页。

③ [匈]乔治·卢卡契:《审美特性》(第1卷),徐恒醇译,中国社会科学出版社1986年版,第12页。

④ Agnes Heller, Simon Tormey: “Interviews with Professor Agnes Heller(Ⅰ)”, *Revista de Filosofía*. No.17, 1998, p.30.

⑤ [匈]阿格妮丝·赫勒:《日常生活》,衣俊卿译,黑龙江大学出版社2010年版,“英文版序言”第1页。

深层是赫勒自己独特的哲学话语。如果说《日常生活》具有一种阿尔都塞(Louis Althusser)意义上的总问题,那么它显然是人道主义的马克思主义。

二、个体的生成:从特性到个性

马克思和恩格斯是从物质生活资料的生产(再生产)出发考察人类社会以及个体生活的,"个人是什么样的,这取决于他们进行生产的物质条件"①。他们还强调,人的生产在社会发展过程中起着至关重要的作用,繁殖一开始就是历史发展过程的第三种关系,离开了生命的生产,就不可能有人类社会,更谈不上人类社会的发展。赫勒在《日常生活》中提出这样一个问题:如果个体的再生产无法维系,那么社会的物质再生产如何可能?这就牵涉到如何看待物质生产和人的生产的关系问题,赫勒并没有否认马克思主义的物质生产理论,她只是强调,任何物质生产都离不开人的生产,人的生产不能单纯由工厂维系,而必须发生在日常生活这一广袤领域。什么是日常生活呢?按照赫勒的说法,就是"那些同时使社会再生产成为可能的个体再生产要素的集合。没有个体的再生产,任何社会都无法存在,而没有自我再生产,任何个体都无法存在"②。"个体的再生产"与马克思和恩格斯的"人的生产"有本质区别。马克思和恩格斯主要是从生物学意义上强调人的肉体再生产的,他们认为离开种族繁衍这个生物学前提,任何的物质生产都是空中楼阁。赫勒主要是从意识(精神)层面强调人的再生产的,她认为离开这个精神前提,任何个体的再生产都是虚妄的。赫勒的这个视角非常重要,因为人与动物的首要区别就是人还具有"意识",马克思和恩格斯并没有否认这一点,只不过他们是把意识作为人类历史的第四个因素单独论述的。但同时马克思和恩格斯又强调,"'精神'从一开始就很倒霉,受到物质的'纠缠'","意识一开始就是社会的产物,而且只要人们存在着,它就仍然是这种产物"。③ 赫勒的问题在于片面夸大了"意识"的重要性,在一定程度

① 《马克思恩格斯文集》第1卷,人民出版社2009年版,第520页。

② [匈]阿格妮丝·赫勒:《日常生活》,衣俊卿译,黑龙江大学出版社2010年版,第3页。

③ 《马克思恩格斯文集》第1卷,人民出版社2009年版,第533页。

上忽略了意识背后的客观物质力量。

严格意义上讲，赫勒并不否认个体再生产对特定社会条件的依存，“个人的再生产总是存在于具体世界中的历史个体的再生产”①。但她更强调社会文化环境对人的影响，认为个体要想在社会中存活，必须具备最低限度的能力，“必须习得关于我们环境中对象、习惯和惯例体系的一般能力；……低于这一限度人就无法‘存在’”②。按照这一逻辑，一个人只有在社会上站稳脚跟，才能从事特定的物质生产活动，而要站稳脚跟，就必须习得日常生活提供的文化价值。赫勒对日常生活文化价值的强调非常重要，文化作为“人的活动及其文明成果在历史长河中自觉或不自觉地积淀或凝结的结果”③，不仅会对个体的生存产生巨大的影响，还会在深层上制约经济、政治等领域。传统马克思主义关注经济和政治领域，在一定程度上忽视了文化的深刻内涵和作用，这就必然会遗忘日常生活领域。赫勒恰恰要告诫我们，日常生活一旦遭受灾变（遗忘的必然结果），人类社会将不复存在。

从个体的再生产出发，赫勒必须回答这样一个问题：日常生活是否充满异化？如果是异化的，个体又如何摆脱异化？这个问题同样困扰着卢卡奇。在《历史与阶级意识》中，卢卡奇试图以无产阶级为中介寻求一条个体摆脱物化的路径，他坚信，无产阶级由于具有一种客观化的“被赋予的意识”，一定会自觉抛弃资产阶级的直接性方法，把握资本主义社会的总体性，并以革命的方式推翻这个社会。四十多年后，卢卡奇在《审美特性》中改弦更张，试图通过艺术和科学的净化作用让个体成为“总体的人”，进而摆脱物化。赫勒在《日常生活》中主要延续的是卢卡奇《审美特性》中的分析思路。

前面提到，《日常生活》深受黑格尔思想的影响，这一点突出体现在对特性（particularity）和个性（individuality）的区分上。黑格尔

---

① ［匈］阿格妮丝·赫勒：《日常生活》，衣俊卿译，黑龙江大学出版社2010年版，第4页。

② ［匈］阿格妮丝·赫勒：《日常生活》，衣俊卿译，黑龙江大学出版社2010年版，第4页。

③ 衣俊卿：《文化哲学十五讲》，北京大学出版社2004年版，第19页。

认为,特性(特殊性)通常被规定为“跟意志的普遍物相对抗的东西”①,特殊性和普遍性不可分,前者作为个人发展的一个环节,必须过渡到普遍性的状态。例如,市民社会就是一种特殊性,市民以自身利益为目的,必然会割裂与普遍性的联系,陷入一种主观性之中。黑格尔的高明之处在于,他一方面认为特殊性是没有节制的,没有尺度的,具有自身的局限性,另一方面又认为在特殊性的内部已经潜在地具有了某种向普遍性过渡的积极因素,甚至可以这样说,离开了特殊性,普遍性是不可能的。所谓普遍性不是舍弃特殊性的抽象的普遍性,而是内在的包含特殊性在内并消解了特殊性与普遍性矛盾的现实的普遍性。赫勒对特性的论述完全采纳了黑格尔的基本观点,在她看来,特性是日常生活主体的一种异化状态,这时主体尚未同类本质、类的发展和类的价值建立自觉的关系。特性以自我为中心,具有排他主义的动因,“当个人占有他的环境,他的‘世界’时,他就将之认作他自己的”②。特性是一个本体论意义上的事实,每一个具有自我意识的个体都具有特性,离开他人就无法生存。尽管特性是普遍存在的,却可能对主体造成伤害。赫勒警告我们,当特性超出一定限度并成为社会的主要原则时,它就会走向反面,成为压制主体发展的负性力量。因此,必须辩证地对待特性:一方面要在事实层面上认同特性,因为没有人能够超越它,“只要人——一般人仍以与自我的直接等同以及与‘为我们意识’的直接等同为特征,文明就会养育特性”③。另一方面要批判特性,只有这样主体才能全面发展自己的个性,成为真正的个体。

作为新马克思主义者,赫勒时刻不忘对资本主义制度进行批判。她指出,正是资本主义制度养育了特性,使个体在日常生活中陷入异化,“只是在资本主义社会发展阶段,特性才公开摊牌(当然,我们谈论的是一般的社会横断面,而不是个体);于是在那里自

① [德]黑格尔:《法哲学原理》,范扬、张企泰译,商务印书馆 1961 年版,第 204 页。

② [匈]阿格妮丝·赫勒:《日常生活》,衣俊卿译,黑龙江大学出版社 2010 年版,第 12 页。

③ [匈]阿格妮丝·赫勒:《日常生活》,衣俊卿译,黑龙江大学出版社 2010 年版,第 14 页。

我主义成为一条原则”[①]。与黑格尔一样，赫勒对异化的扬弃表现得比较乐观，她坚信个体虽然无法彻底摆脱特性，却有机会实现类本质的跃迁。在她看来，类本质的丧失并非在所有人当中都以同等强度发生，“并非每一个人都有绝对义务按其具体给定的存在而接受这个世界，并非每个人都必然使自身同异化的态度相认同”[②]。因此，“可能而且总是存在一些人，他们能成功地把握个人中的类，把自身同类的存在联系起来。……他们认为不应把他们等同于他们自身存在的需要，他们不应把自己的存在和自己存在的力量，变为不过是满足自己存在需要的手段的东西”[③]。

在这里，我们有必要区分个性和个体。赫勒是这样界划两者的：“个性是一种发展，它是个体的生成。……个性永远达不到完善，它处于永恒的变化之中。这一变化是超越特性的过程，是‘综合’个性的过程。”[④]可见，个性是个人摆脱特性跃迁至个体的一种方式，或者说，个性是过程，个体是结果。个体比个性层次更高，个体一定具有个性，但有个性的个人不一定是个体。个体不仅代表着一种高级的主体生存状态，更标示着类的发展和类的价值，它是“在自身之中综合了特性的偶然单一性和类的普遍性的人”[⑤]。赫勒对个体的理解同样源于黑格尔，后者在《精神现象学》中曾这样论述个体：“个体是自在的又是自为的：它是自为的，这也就是说，它是一个自由的行动；但它也是自在的，这就是说，它自身具有一个原始的特定的存在。”[⑥]赫勒对个体的理解还受到青年马克思思想的影响。在《1844年经济学哲学手稿》中，马克思提出个体与类相统一的思想，赫勒也从这个角度看待个体，她说：“我们用‘个体’

---

① [匈]阿格妮丝·赫勒：《日常生活》，衣俊卿译，黑龙江大学出版社2010年版，第14页。

② [匈]阿格妮丝·赫勒：《日常生活》，衣俊卿译，黑龙江大学出版社2010年版，第19页。

③ [匈]阿格妮丝·赫勒：《日常生活》，衣俊卿译，黑龙江大学出版社2010年版，第17页。

④ [匈]阿格妮丝·赫勒：《日常生活》，衣俊卿译，黑龙江大学出版社2010年版，第15页。

⑤ [匈]阿格妮丝·赫勒：《日常生活》，衣俊卿译，黑龙江大学出版社2010年版，第20页。

⑥ [德]黑格尔：《精神现象学》(上卷)，贺麟、王玖兴译，商务印书馆1979年版，第204页。

来称谓这样的人，对他而言，他自己的生活自觉地成为他的对象，因为他是自觉的类的存在。"[①]必须指出，赫勒扩大了马克思异化理论的应用范围，异化不再局限于劳动的异化，而是扩大到整个日常生活领域。另外，赫勒反对"将一种社会批判升华为纯粹的哲学问题，即将本质上是一种社会的异化转变为一种永恒的'人类状况'"[②]。在她看来，"日常世界异化的原因不在于它的结构，而在于那些与日常生活相关的异化关系借之成为典型关系的社会关系"[③]。也就是说，日常生活并不必然是异化的，只是由于社会关系（资本主义生产关系）的异化，它才倾向于异化。赫勒并不认为异化是一个纯粹消极的范畴，而是肯定"在整体上，在类的水平上，它包括有生产和经济、科学和艺术的繁荣"[④]。这就坚持了一种辩证看待异化现象的科学态度，即一方面在道德（价值）上对异化持批判和否定的态度，另一方面在事实上充分肯定异化的积极意义。

总之，从个体层面出发，赫勒认为共产主义社会不仅仅意味着生产力的高度发达，更应该体现为个性的全面发展。她坚信，尽管特性总是倾向于自我保全，但"个体并不必然渴望'在所有情况下'和'以一切可能的方式'保存自身。他的日常生活也为特定的、对他来说比自我保存更重要的价值（在所有其他因素中）所驱动。个体，仅仅是由于他同类本质价值的自觉关系，能够选择自我毁灭或自我受难"[⑤]。个体何以能够同类本质"互通有无"呢？赫勒认为主要是因为个体具有一种特殊的"官能"——精明（类似于实践智慧），这种精神能力使它能够同特性保持"距离"并及时中止特性，从而保证个性的生成。问题在于，人们凭什么要放弃特性跃迁至个体呢？这完全依赖于人们的价值选择和道德水平，"任何尚未在

① ［匈］阿格妮丝·赫勒：《日常生活》，衣俊卿译，黑龙江大学出版社2010年版，第17页。

② ［匈］卢卡奇：《历史与阶级意识——关于马克思主义辩证法的研究》，杜章智、任立、燕宏远等译，商务印书馆1992年版，第19页。

③ ［匈］阿格妮丝·赫勒：《日常生活》，衣俊卿译，黑龙江大学出版社2010年版，第247页。

④ ［匈］阿格妮丝·赫勒：《日常生活》，衣俊卿译，黑龙江大学出版社2010年版，第18页。

⑤ ［匈］阿格妮丝·赫勒：《日常生活》，衣俊卿译，黑龙江大学出版社2010年版，第19页。

道德上发展到更高水准，任何缺少具有价值论上积极本性的净化能力的人都不具有个性”①。令人沮丧的是，“在迄今为止的历史中，在绝大多数社会秩序和社会关系中，特性充当日常生活的主体”②。日常生活批判还任重道远。

三、基于领域划分的“对象化范式”

个体要扬弃特性，就必须凭借中介。卢卡奇在《审美特性》中分析了科学和艺术的中介（净化）作用，并将之视为一个不同于日常生活的独立领域。韦伯将理性分为工具理性和价值理性，通过后者来消解前者对个体生存的钳制。哈贝马斯区分了系统和生活世界，通过回归生活世界来抵制系统对生活世界的殖民。赫勒从马克思那里借来“对象化”概念，并糅合了黑格尔关于自在和自为的思想，将人类社会分为三大领域：“自在的”对象化领域、“自为的”对象化领域和“自在自为的”对象化领域。在马克思那里，对象化主要指固定在某个对象中的物化为对象的劳动，即劳动的对象化。卢卡奇借鉴了韦伯的观点，将物化等同于对象化。赫勒则认为对象化具有两层含义：“一方面，它是主体持续的客观化过程。另一方面，它是个人借此被持续地再创造的过程。”③对象化并不一定总在同一个层次上发生，“当对象化在层次上是一致的，是‘重复’时，个人是在同一水平上再生产自身；然而，当对象化是创新的，是在更高的水平上着陆时，再生产出的主体也将处于更高的水平”④。赫勒的这一界定非常重要，她不再仅仅从异（物）化的角度看待对象化，而是从积极的方面反思这一人类最基本的实践行为，这就为个人摆脱物化，实现自己的类本质提供了证明。但人们可以这样提出疑问：异质的对象化活动固然可以让个人摆脱物化，跃迁至个体，但这种活动何以可能？它难道不正是以异质个体的存

---

① ［匈］阿格妮丝·赫勒：《日常生活》，衣俊卿译，黑龙江大学出版社 2010 年版，第 26 页。

② ［匈］阿格妮丝·赫勒：《日常生活》，衣俊卿译，黑龙江大学出版社 2010 年版，第 26 页。

③ ［匈］阿格妮丝·赫勒：《日常生活》，衣俊卿译，黑龙江大学出版社 2010 年版，第 45 页。

④ ［匈］阿格妮丝·赫勒：《日常生活》，衣俊卿译，黑龙江大学出版社 2010 年版，第 45～46 页。

在为前提吗？

从自在和自为的角度审视人类社会是赫勒对象化领域划分理论的一大特色。黑格尔严格区分了“自在存在”和“自为存在”：前者具有实在性，是一种离开了规定性而坚持自身的存在；后者具有理想性，是一种具有无限规定性的存在。“自在存在”（实在性）和“自为存在”（理想性）是相互依赖的，“理想性并不是在实在性之外或在实在性之旁的某种东西，反之理想性的本质即显然在于作为实在性的真理”[①]。黑格尔还经常把“自在存在”和“自为存在”比附为自然和精神，他说道：“但须知，自然并不是一个固定的自身完成之物，可以离开精神而独立存在，反之，惟有在精神里自然才达到它的目的和真理。同样，精神这一方面也并不仅是一超出自然的抽象之物，反之，精神惟有扬弃并包括自然于其内，方可成为真正的精神。”[②]黑格尔的基本观点是：第一，“自在存在”和“自为存在”紧密相连，谁也离不开谁；第二，“自在存在”和“自为存在”并不处在同一个层次上，前者代表着观念发展的低级阶段，后者代表着观念发展的高级阶段。赫勒对“自在的”对象化和“自为的”对象化的理解就借鉴了黑格尔的思想。一方面，她肯定“自为的”对象化，认为这种类本质的对象化活动是个性生成的重要中介，另一方面，她又强调“自在的”对象化，认为它具有本体论的始基地位，是人类社会的前提和基础。

与列斐伏尔一样，赫勒在她的日常生活批判理论中也探讨了“总体的人”。当然这主要是受了卢卡奇思想的影响。从《小说理论——试从历史哲学论伟大史诗的诸形式》（以下简称《小说理论》）到《历史与阶级意识》再到《审美特性》，“总体性”一直是卢卡奇的核心理论关切。在《小说理论》开篇处，卢卡奇写道：“世界广阔无垠，却又像自己的家园一样，因为在心灵里燃烧着的火，像群星一样有同一本性。”[③]借用诺瓦利斯（Novalis）的话说，哲学就是思乡。通过对比分析荷马时代的人和现代人，卢卡奇发现后者已经丧失了总体性，变得无家可归，“我们的世界变得无限

① ［德］黑格尔：《小逻辑》，贺麟译，商务印书馆 1980 年版，第 212 页。

② ［德］黑格尔：《小逻辑》，贺麟译，商务印书馆 1980 年版，第 212～213 页。

③ ［匈］卢卡奇：《小说理论——试从历史哲学论伟大史诗的诸形式》，燕宏远、李怀涛译，商务印书馆 2012 年版，第 19 页。

之大，它在每一个角落里都隐藏着比希腊世界更丰富多彩的礼物和危险，然而，这种丰富多彩却扬弃它生存的基本的和积极的意义：总体”①。既然总体性已然丧失，现代人又如何获得救赎呢？卢卡奇界划了两种不同类型的总体性：内涵总体和外延总体。他指出，史诗塑造了人性的内涵总体，该总体已被现代社会彻底遗弃，但小说可以塑造出另一种关于生活的外延总体，它虽然不再给人以美的享受，却具有一种趋向总体性的渴望。在《历史与阶级意识》中，卢卡奇更是将总体的观点视为马克思主义方法论的核心，“总体范畴，整体对各个部分的全面的、决定性的统治地位，是马克思取自黑格尔并独创性地改造成为一门全新科学的基础的方法的本质”②。这时，他把无产阶级视为总体性的代表，认为只有这个阶级才是历史主体和客体的统一，才能摆脱直接性的方法论束缚，认识并推翻资本主义社会。在《审美特性》中，卢卡奇在审美(艺术)领域找到了新的总体性代表——总体的人。尽管他并不相信单凭艺术作品“总体的人”就会出现，却坚信在艺术的“净化”作用下个人会日臻完善，转变为“总体的人”。艺术的“净化”作用主要体现在：让日常生活中的个人放弃功利性的实用目的，长久地全神贯注于艺术品本身内含的文化价值。这是一个同质化的过程，同质化“意味着个体‘全神贯注于’某一给定的对象化领域，把自己的活动聚焦于某个单一的客观的同质的行动领域”③。因此，这是一个创造和再创造的过程，在此过程中个体与类实现了统一。

仅在一般意义上谈论“总体的人”和同质化过程，并不足以阐明日常生活中的个人如何跃迁为个体，更具体的转变过程必须被揭示出来。赫勒于是探讨了工作和道德。“工作”有两层含义：“一方面，它指谓特定类型的日常活动，另一方面它指谓直接的类活

① [匈]卢卡奇：《小说理论——试从历史哲学论伟大史诗的诸形式》，燕宏远、李怀涛译，商务印书馆2012年版，第25页。

② [匈]卢卡奇：《历史与阶级意识——关于马克思主义辩证法的研究》，杜章智、任立、燕宏远译，商务印书馆1992年版，第76页。

③ [匈]阿格妮丝·赫勒：《日常生活》，衣俊卿译，黑龙江大学出版社2010年版，第55页。

动。"[①]在马克思那里,"工作"和"劳动"是两个不同的概念,前者指类活动,后者指日常活动。赫勒将两者合二为一,一方面是想强调日常生活与类生活的关联,另一方面是想告诉人们,既然异化劳动为类生活创造了物质前提,这就表明它不是一个纯粹的负性概念,用"工作"一词囊括其内含也就毫无不妥之处。这样,在赫勒的文本中就出现了两种"工作"概念:一种是异化的工作,即日常生活中的工作,另一种是真正的"工作",即个体确证自己类本质的工作。两者的差别在于,前者总是再生产出特性,后者则创造出真正的个人生活。

如何才能摆脱工作中的异化呢?赫勒认为关键是要摆脱"物"对人的统治,"只要对物的占有要求在需要体系中占据统治地位,特性就将依旧是人的日常生活的主体,工作的行使将为维持和培育特性服务"[②]。马克思在《1857—1858年经济学手稿》中曾将人类社会分为"人的依赖性""物的依赖性""个人的全面发展"三个历史阶段,赫勒分析和批判的正是"物的依赖性"阶段,但在扬弃异化的具体途径问题上,她却与马克思存在根本分歧。马克思认为异化的扬弃需要生产力的发展,赫勒则认为"劳动异化并非某种单在劳动水平上就可以铲除的东西,相反,它取决于社会总体的变革"[③]。当阐释未来社会"工作成为基本需要"时,由于忽略了生产力的维度,赫勒不得不将之视为"自由个体和劳动之间的道德关系"[④]。在赫勒那里,道德并不是一个独立的领域,也不仅仅是一种意识形态,而"首先是在行为中,在决策中和在发动行动的态度中表现出来的实践关系"[⑤],其根本作用是通过压抑和引导等方式,使日常生活中的排他主义特性逐渐萎缩。赫勒的高

① [匈]阿格妮丝·赫勒:《日常生活》,衣俊卿译,黑龙江大学出版社2010年版,第58页。

② [匈]阿格妮丝·赫勒:《日常生活》,衣俊卿译,黑龙江大学出版社2010年版,第62~63页。

③ [匈]阿格妮丝·赫勒:《日常生活》,衣俊卿译,黑龙江大学出版社2010年版,第63页。

④ [匈]阿格妮丝·赫勒:《日常生活》,衣俊卿译,黑龙江大学出版社2010年版,第64页。

⑤ [匈]阿格妮丝·赫勒:《日常生活》,衣俊卿译,黑龙江大学出版社2010年版,第68页。

明之处在于，她发现只有当服从的行为内在化并转变为个人动机时，道德才出现。一个社会仅仅有规范和规则，还不一定是道德的社会，只有当规范和规则内化为主体行动时，道德才在这个社会普遍实现。在这个意义上，道德必然具有一种恒常性（连续性）。例如，一个人如果曾救济过饥饿者一次，此后便再不理会他们，这个人就不是道德的。道德需要人"从一而终"，信守自己内心的准则。那么，道德能否彻底超越特性呢？答案是否定的。赫勒更愿意用"悬置"来表述这一过程，在她看来，一个人要想存活下去，就必须在一般意义上习得特定的道德惯例，在此过程中，道德至多只能压抑或禁止日常生活中的特性，却不能完全废弃或超越它。

让我们回到对象化领域划分理论上来。赫勒认为，"自在的"类本质对象化领域是人的活动结果，也是人类活动的前提，处于人类社会结构的基础层，"代表被'理所当然地'占用的人的经验的普遍性"①。"自在的"这一特性表明，人们不可能在该领域对它进行反思。这个领域由三部分组成："第一是人造物、工具和产品的世界；第二是习惯的世界；第三是语言"②，三类事物可以为人类某一行为提供具体的意义，却不能为人类生活提供总体的意义。"自为的"类本质对象化领域是最高的领域，包括各种传说、神话、思辨以及视觉象征等，代表着自由意志的运用，"体现了人的自由，并表达了人性在给定时代所达到的自由的程度"③，既能使现存秩序合法化，又能对之提出质疑。从本体论上看，"自为的"对象化是第二性的，它不是一个社会必然的组成部分。"自在自为的"类本质对象化领域主要指社会—经济—政治诸制度的领域，同时具有"自在的"和"自为的"两种属性，既可能充满继续发展的潜能，也可能是死路一条，具体会倒向何方，主要取决于异化的程度、类型和级别。当一个社会机构的体制越是倾向于使生活于其中的人们表达自己

① ［匈］阿格妮丝·赫勒：《日常生活》，衣俊卿译，黑龙江大学出版社2010年版，"英文版序言"第3页。

② ［匈］阿格妮丝·赫勒：《日常生活》，衣俊卿译，黑龙江大学出版社2010年版，第119页。

③ ［匈］阿格妮丝·赫勒：《日常生活》，衣俊卿译，黑龙江大学出版社2010年版，第115页。

的生活时，它就越趋向于“自为的”范畴。“自在自为的”对象化领域并不是日常生活必不可少的，没有它人类一样可以生存，但这个领域却是“自为的”对象化领域作用于“自在的”对象化领域的中介，离开它前者就无法对后者发挥引导作用。赫勒认为，人不能单纯活着，而应该寻求生活的意义，如果日常生活成为全部，人们就失去了个性，丧失了自由。米沃什曾风趣地说：“假如地狱保证给它的住客提供豪华的住所、美丽的衣裳、美食以及所有娱乐活动，同时却命令他们永远生活在这种氛围之中，这就会成为对他们最大的惩罚。”①说的正是这个道理。

严格意义上讲，日常生活并不直接等同于“自在的”对象化领域，只有异化的日常生活才是如此。同样，非异化的日常生活也不直接等同于“自为的”对象化领域，例如，科学属于“自为的”对象化领域，却有可能是异化的。赫勒还探讨了“为我们的”存在，“‘成为为我们的’，意味着事态、内容、规范被内在化和被视作是恰当的，并由此成为实践”②。“为我们的存在”有两种类型：一种是幸福，另一种是有意义的生活。幸福是一种“有限成就”的“为我们存在”，它为自己设了限，不能发展和拓宽；有意义的生活则是一种挑战与冲突兼备的开放世界中的“为我们存在”，它要求个体不断发展自身，改造世界。有意义的生活最大的价值就在于，它可以自觉地引导人们的生活，不断地重新创造生活和个性，一旦日常生活变成了“为他们自己的存在”，地球就变成了所有人真正的家园，人道主义的社会主义社会就实现了。

赫勒在《日常生活》中还详细阐释了日常生活的组织构架、一般图式以及日常活动（思维）的特征。日常生活最基本的特征是重复性实践（思维），一旦“自在的”对象化在日常生活中占据支配地位，这一特征便开始发挥保守的作用，“阻止某些新经验，并且以各种各样的方式延缓实际的变化进程，新的思维方式的形成”③。这

① ［波］切斯瓦夫·米沃什：《被禁锢的头脑》，乌兰、易丽君译，广西师范大学出版社2013年版，第30页。

② ［匈］阿格妮丝·赫勒：《日常生活》，衣俊卿译，黑龙江大学出版社2010年版，第116页。

③ ［匈］阿格妮丝·赫勒：《日常生活》，衣俊卿译，黑龙江大学出版社2010年版，第121页。

里必须区分两种实践形式:重复性实践和创造性实践。前者是一个自发的过程,对应于"自在性"范畴,后者是一种有意向性的解决问题的活动,对应于"自为性"范畴。赫勒坚持辩证地看待重复性实践:一方面,重复性实践对个体具有消极影响,它会严格按照给定的图式运作,阻止某些新经验和新思维方式的形成,导致人的行为和思维的某种僵硬,甚至蚕食创造性实践的领地,阻碍个体的生成。另一方面,人们又离不开重复性实践,因为它是人类活动和思维必要的和积累性的基础,离开它人类将无法存活。从格伦(Arnold Gehlen)那里借来"卸载"(disengagement)概念,赫勒对重复性实践的重要意义做了进一步的说明:"可以把重复性思维和重复性实践视作卸载,这就在于,以这种方式我们的能力可以获得解放,以便用于解决那些只有借着创造性实践(或创造性思维)才能对付的任务。"[①]赫勒对重复性实践的强调表明,人们不可能在日常生活中时刻从事创造性实践,只有通过例行一些重复性实践,大脑得到了休息,才能集中精力完成创造性实践。创造性与重复性之间并不存在固定的界线,重要的是如何在适当的时候中止重复性,进入创造性实践(思维)的领地。

日常生活的行为与知识也存在一般图式,这主要有五个方面:一是实用主义,它按照最小费力的经济原则行事,只考虑对功能的"如是性"进行反应而不考虑它的"来源";二是可能性原则,它是日常生活领域一切活动的基础,但同时又需要重复性实践来保证自身的正确性;三是模仿,主要有活动的模仿、行为的模仿和召唤的模仿三种形式,它们在人们占有日常生活的活动中发挥着重要的作用;四是类比,目的是产生相似性,大多数日常生活都由它引导;五是过分一般化,它指的是这样一种情况,当人们处理那些具有很高程度新奇性和陌生性的单一性方案时,如果仍用类比的方式将其定型并纳入一般模式(一般化过程),必然会导致对"案例"的粗略处理,从而导致日常生活的灾变。过分一般化是对普通一般化(日常生活所必需的)适用范围的一种非法僭越,后果不堪设想。

总之,无论是日常生活的基本结构还是一般图式都具有双重

① [匈]阿格妮丝·赫勒:《日常生活》,衣俊卿译,黑龙江大学出版社2010年版,第125页。

属性:一方面,它保守、沉闷、抑制个体的创新,另一方面,它又为人类的创造性实践(思维)提供前提和基础。鉴于此,日常生活批判的任务就不是简单抛弃日常生活的基本结构和一般图式,而是扬弃它的异化特征,使之人道化。与卢卡奇诉诸科学和艺术不同,赫勒更强调哲学的力量,"哲学必须接管、发展和传播曾经为宗教所传播的积极的启示:为处于日常生活关联之中的每一个人传达类本质价值"[①]。在《激进哲学》中,赫勒将哲学视为一种合理的乌托邦,认为它的主要功能是去拜物教化,并相信激进哲学将会给人们提供一种有意义的生活方式,将世界变成人的家园。

如前所述,《日常生活》一书的核心是探讨日常生活如何在人道主义的、民主的和社会主义的方向上得以改造。基于这一目的,赫勒并没有过多地去刻画日常生活的异化特征,而是把重心放在个人如何扬弃特性并跃迁至个体上。与传统马克思主义在社会宏观经济领域寻找扬弃异化的途径不同,赫勒坚信异化的扬弃有赖于主体自身的转变。马尔库塞(Herbert Marcuse)在《单向度的人》中曾面临这样一个理论困境:既然单向度的社会塑造了单向度的人,后者又如何改变自身并拒斥这个世界呢?马尔库塞试图用"大拒绝"策略寻找突破口,并将救命稻草维系在社会边缘群体(如妓女、流浪汉等)身上,但1968年的"五月风暴"彻底粉碎了这一幻想,实践证明,这些人根本无法担负起改造人类社会和实现人类解放的历史重任。在《日常生活》中,赫勒将希望寄托在黑格尔的"人类理性"上,她坚信,个体绝不可能仅仅囿于"自在的"类本质对象化领域,而是一定会将"更高的对象化所产生的价值引入他或她同'自在的'对象化的关系之中"[②]。但问题并没有真正得到解决,如何才能适时地抛弃重复性实践(思维)并对习惯提出质疑?如何才能及时地中止实用主义的方法,为行动寻得某种可靠性的情境?如何才能有效地防止过分一般化转变为偏见,使习惯秩序内在化?赫勒认为具有丰富个性的个体可以做到这一切,但问题又回到开端处,在一个特性占据主流的社会里,个体如何可能?

---

① [匈]阿格妮丝·赫勒:《日常生活》,衣俊卿译,黑龙江大学出版社2010年版,第109页。

② [匈]阿格妮丝·赫勒:《日常生活》,衣俊卿译,黑龙江大学出版社2010年版,第254页。

赫勒的对象化领域划分理论无疑具有重要的意义，但从深层哲学理路上看，该理论具有内在的矛盾。为保证人类社会正常发展，赫勒预设了各领域的相对独立性和自律性，这就有将社会固化和肢解的嫌疑。人们很容易得出结论："自在的"对象化领域和"自为的"对象化领域是对立的，前者充满了异化，后者则是非异化的。若用这一模式去分析和批判当代资本主义社会，便不可能洞悉内在的资本逻辑，事实上，正是资本对日常生活的殖民导致了异化。马克思的高明之处在于，他意识到问题的解决要从资本逻辑入手，日常生活人道化的路径不应是任何外在的类本质的复归，而是对资本逻辑的内在超越，这就必须发起一场旨在推翻资本主义社会制度的革命。正如赫勒所言，她在《日常生活》中既保持了对马克思精神的忠诚，又实现了与历史唯物主义某些主要传统的断裂。对马克思精神的忠诚表现在：坚持了马克思的人道主义批判精神，尤其是借鉴了马克思的异化学说和类本质概念，在方法上成功运用辩证法去分析异化、特性和"自在的"对象化领域。对历史唯物主义传统的断裂则表现在：低估了物质生产对社会历史发展的重要性，忽略了社会革命对人的改变的影响，未能充分关注到资本逻辑对日常生活的宰制。

赫勒日常生活批判理论的上述缺陷丝毫不能抹杀其理论的重要意义和价值。首先，日常生活批判是当时东欧社会迫切需要提上议事日程的重大课题。20 世纪中叶的东欧是一个黑夜、战争与死亡的时代，普遍存在着个性丧失和道德磨灭的问题，日常生活已经异化到令人窒息的境地，"日常性丝毫没有道德与共同对善的追求，也没有内在持久的斗争，其目的只是将人们封闭在各自的世界，让大家彼此漠不关心"①。如果不对这种令人窒息的社会文化氛围进行批判，而是一味地幻想社会革命可以如期爆发并取得成功，则显然不切合实际。诚然，文化革命不能代替社会革命，但它却可以成为开启社会革命的钥匙。其次，日常生活批判理论有助于弥补传统马克思主义重宏观分析轻微观论证的缺陷。长期以来，传统马克思主义主要致力于分析社会宏观经济和政治领域，日

① [法]亚历山德拉·莱涅尔－拉瓦斯汀：《欧洲精神：围绕切斯拉夫·米沃什，雅恩·帕托什卡和伊斯特万·毕波展开》，范炜炜等译，吉林出版集团有限责任公司 2009 年版，第 190 页。

常生活并不在其视野之内，之所以造成这种结果，一方面是由于马克思主义经典作家囿于时代局限对日常生活关注不够，另一方面与苏东理论家的马克思主义解读模式有关。西方马克思主义理论家（尤其是列斐伏尔）率先开启了日常生活批判的解读模式，后现代主义理论家更是对微观社会分析方法[①]推崇有加，但直到今天，传统马克思主义的解读模式仍在一定程度上影响着人们对马克思主义本质的认识。赫勒日常生活批判理论最大的意义和价值就在于，它在马克思主义思想史内部率先将目光移向微观社会领域，从日常生活角度剖析和批判了资本主义社会的文化机理和社会危机，大大拓展了马克思主义的问题域和思想空间。最后，日常生活批判理论对我们反思当下中国现代化进程中的文化阻滞力量，建构中国特色的社会主义现代性模式具有一定的启发意义。本质上看，中国传统社会是一个乡土社会，日常生活几乎占据了人们生活的全部。从社会发展的历史趋势上看，任何社会都要经历一个从日常到非日常的发展过程，但中国的情形比较特殊，陈旧、古老的日常生活世界并没有随着现代化进程的加快而隐退为背景世界，直到今天，人们仍发现自在的日常生活文化世界强烈地影响和制约着中国社会的发展。赫勒在《日常生活》中详细论述了日常生活世界保守、重复、呆板的特征，并期冀“自在自为的”对象化领域（制度）可以联合“自为的”对象化领域（艺术和科学）将人们从日常性中解放出来。然而，美好的理想落在贫瘠的土地上往往会发生畸变，中国过去的计划经济体制并没有摧毁日常生活的固有模式，人们仍然生活在巨大的、自在的、封闭的日常生活世界中。结果，日常生活保守性和落后性的缺陷便越来越成为我国社会发展的绊脚石。可喜的是，随着改革开放和市场经济的纵深发展，日常生活对人们的消极影响有所减弱，越来越多的人开始追求艺术、哲学、科学等“自为的”对象化领域中的事物，制度层面也正朝着有利于引导人们走出日常生活的方向迈进。但我们还是应该看到，传统日常生活的结构和图式是异常沉重和强大的，文化转型将是一个异

① 学界有不少人对微观社会分析方法存在误解，其实，微观社会分析作为一种方法是中性的，我们不能因为后现代主义运用了这种方法，就认定该方法与马克思主义无缘，甚至是反动的、错误的。就像实证分析方法一样，绝不能因为实证主义成功运用了该方法，就认定它是一种反马克思主义的、有害的方法。

常艰巨和漫长的事业。

第二节　赫勒的激进需要理论

在完成《日常生活》一书后，赫勒便开始思考人的需要问题。1974年，《马克思的需要理论》一书出版，这是一部深受1968年"五月风暴"影响的新左派著作。在这部著作中，赫勒详细探讨了马克思的需要理论，既有肯定褒扬之意，也有指摘质疑之辞。此书令赫勒名声大噪，从此步入国际学术舞台。[①] 这部著作的核心观点是：马克思的需要概念是一个本体论的范畴，暗含着对个体需要的肯定，反对的是社会（集体）对需要的专政。由此出发，赫勒一方面对资本主义社会的异化需要展开批判，另一方面从哲学人类学角度重新解读马克思的需要概念，以恢复其革命性和批判性。在《日常生活》中，赫勒遇到了一个理论难题：如果通过"自为的"对象化领域（哲学、艺术和科学）可以扬弃特性，实现向个体的转变，这也不过是那些有可能接触该领域的社会精英们的事，而对那些远离精英教育且对哲学、艺术和科学知之甚少的大众来说，如何实现从特性到个体的跃迁呢？在《马克思的需要理论》中，赫勒试图走一条"亲民"的路线。按照她的设想，需要的满足问题是当前社会的根本问题，革命不再源于无产阶级阶级意识的成熟度，而是源于激进需要在当前社会实现的不可能性，革命主体也不再仅仅局限于无产阶级或那些有机会接触科学、哲学和艺术的知识分子，而是扩大到一切对剥削和异化感同身受且拥有激进需要的人。

一、对马克思需要概念的人类学解读

鉴于人们通常从经济学角度研究马克思的需要理论，赫勒也由此入手。她首先列举了马克思政治经济学的三点原创：第一，工人出卖给资本家的不是劳动，而是劳动力；第二，阐明了剩余价值的一般范畴，揭示出利润、利息和地租是剩余价值的表现形式；第三，强调了使用价值的重要性。赫勒认为，需要概念是马克思政治

① 根据赫勒自己的说法，这部著作获得了巨大的成功，被译成八种文字，仅意大利文译本就出了六版。参见 Agnes Heller, *A Short History of My Philosophy*, Lanham, Md.: Lexington Books, 2011, p.37。

经济学的核心范畴,其重要性不亚于劳动力、使用价值和剩余价值等概念,后者反而以前者为鹄,并建立在前者的基础之上。按照马克思的描述,商品首先是"一个靠自己的属性来满足人的某种需要的物"[①],这就意味着,需要的性质和满足方式无关紧要,关键是物具有一种满足人的需要的属性,"物的有用性使物成为使用价值"[②]。赫勒认为马克思是在满足人的需要的意义上谈论使用价值的,这不无道理,但若认为马克思的使用价值概念建立在需要概念之上,就有问题了。其实,马克思最关心的问题并不是某物是否具有满足人的需要的特性,即某种有用性(使用价值),而是关注商品(物)如何在使用和消费的过程中实现自身的价值。只有阐明了价值的实现过程,才能拨开资本主义社会拜物教的迷雾,透视出其背后隐藏的人与人的剥削关系。马克思决不会从纯粹的"自然属性"出发谈论使用价值,他只是更多地从历史角度出发,研究使用价值如何与人类劳动相结合,形成交换价值和价值。仅仅强调使用价值与人的需要的关联,是无法揭示需要的本质和发展规律的。

马克思告诉我们,工人出卖给资本家的不是劳动而是劳动力,劳动力的价格由再生产劳动力所需要的商品的价值决定。可见,劳动力的价格与人的需要确实存在联系。工人需要什么样的商品来维持自身及家人的正常生存和发展,完全由工人多元化的需要决定,这种需要具有历史的性质,一方面,它有最低的限度,低于该限度工人及其家人就无法生存和发展,另一方面,需要受到传统、文化和各种社会历史因素的影响,呈现出逐步扩大的趋势。赫勒强调需要与劳动力价格的关联,这是正确的。但必须看到,当她认为工人用劳动力的使用价值换取交换价值是一种合理的社会行为时(至少对此不加批判),便站到了保守的资产阶级立场上了。按照这一逻辑,工人能够获得多少工资,由他们的需要水平决定,工人的工资水平之所以低,不是因为资本家的剥削,而是因为工人就需要这么多东西。对资本主义社会的剥削关系缺乏深刻的认识和批判,将批判视线移至其他领域,这是20世纪新马克思主义的一个理论通病。

---

① 《马克思恩格斯文集》第5卷,人民出版社2009年版,第47页。

② 《马克思恩格斯文集》第5卷,人民出版社2009年版,第48页。

最后来看剩余价值生产与需要的关系。首先,剩余价值生产是为了满足资本增殖的需要;其次,需要使剩余价值的生产成为可能,因为剩余价值生产的前提是给定社会必须生产出超出自身“基本需要”的产品。但我们也应看到,剩余产品的出现仅仅是剩余价值生产的必要条件,前者并不能保证后者必然在社会中盛行开来,作为资本主义社会的一种特有现象,剩余价值生产更多地与资本主义的剥削制度直接相关。赫勒的高明之处在于,将需要概念与劳动分工联系在一起,认为劳动分工的发展不仅创造了物质财富,还创造出丰富多样的需要,导致了需要的分化,决定了需要的结构和限度,最终以社会需要和生产的张力使资本主义社会垮塌。从需要概念及其无法解决的悖论出发得出资本主义社会必然灭亡的结论,这是值得肯定的。

赫勒认为,国民经济学家误读了马克思的需要理论。一方面,对需要概念的分析和评价均建基于资产阶级的立场上,另一方面,对马克思的需要概念做了纯粹经济学的解读,将经济价值视为不可超越的、唯一的、最高的价值。从本质上看,国民经济学的需要概念是工具主义的,需要沦为经济发展的工具,工人的需要(无论是消极的享受还是积极的活动)成为一种奢侈品。对于这种目的与手段的颠倒,康德有过经典的批判,“不论是谁在任何时候都不应把自己和他人仅仅当作工具,而应该永远看作自身就是目的”①。马克思在《1844年经济学哲学手稿》中更是一针见血地指出:“在国民经济学家看来,社会是市民社会,在这里任何个人都是各种需要的整体,并且就人人互为手段而言,个人只为别人而存在,别人也只为他而存在。”②赫勒强调,如果社会生产的目的不是满足人的需要,而是为了实现资本增殖,社会就一定是异化的,这就将批判的矛头指向了资本主义社会。

与资本主义社会异化的需要结构相对应,未来社会(联合生产者的社会)的需要结构是非异化的、真正人道主义的。赫勒反复强调,人们绝不能以生产力的持续增长来区划联合生产者社会和资本主义社会,而是应该注意到,在联合生产者的社会中,生产力的

① [德]康德:《道德形而上学原理》,苗力田译,上海人民出版社2005年版,第53页。

② 《马克思恩格斯文集》第1卷,人民出版社2009年版,第236页。

增长伴随着使用价值数量和质量的增长，物质财富增长的同时也产生并满足了新的需要。与人们必要劳动时间直接相关的价值(交换价值)的生产并不是最重要的，真正关系到人的全面自由发展的是非劳动时间(自由时间)人类需要的满足。赫勒对生产力范畴采取了一种淡化的处理方式，这一方面与卢卡奇在《历史与阶级意识》中开启的生产力批判路径有关，也与她自身的经历有关。作为东欧社会的持不同政见者，赫勒发现，无论是德国法西斯主义社会还是苏联社会主义社会，生产力都得到了相当程度的发展，但异化却普遍存在，人性受到了巨大的摧残和压制。与西方马克思主义思想家一样，赫勒认为马克思带有一种乐观的理性主义和启蒙主义倾向，“问题不仅在于马克思假定在联合生产者的社会里精神和意识的结构将完全异质于当前社会，还在于他从不质疑这种可能性和过程本身，更不会对精神领域这一变化的快慢提出疑问。他相信，只要人们不断改造社会，他们就能彻底改造自身，并认为这是一个自然过程，其结果绝不会遭到质疑”[①]。必须承认，马克思和恩格斯确实继承了理性和启蒙的思想遗产，但他们绝不是启蒙主义者，更不是宣扬线性进步论的旗手。正如恩格斯分析的，“永恒的理性实际上不过是恰好那时正在发展成为资产者的中等市民的理想化的知性而已”[②]，他清醒地意识到，由“理性的胜利”建立起来的社会制度和政治制度竟是一幅令人极度失望的讽刺画[③]。伊格尔顿(Terry Eagleton)分析得非常正确，“马克思并非一味兜售进步的无知者。他很清楚实现共产主义所必须付出的可怕代价”[④]。那就是，“个性的比较高度的发展，只有以牺牲个人的历史过程为代价”[⑤]。因此，共产主义尽管是一个异质于当前社会的美好社会，却需要历代人不断努力才能实现，否则，历史的终点也可能是奥斯维辛或古拉格。马克思从不关心充满诗情画意的和睦景象，他关心的是，如何为未来共产主义社会扫清制度上的障碍，如

---

① Agnes Heller, *The Theory of need in Marx*, London: Allison & Busby, 1976, pp. 43-44.

② 《马克思恩格斯文集》第9卷，人民出版社2009年版，第272页。

③ 参见《马克思恩格斯文集》第9卷，人民出版社2009年版，第273页。

④ [英]特里·伊格尔顿:《马克思为什么是对的》，李杨、任文科、郑义译，新星出版社2011年版，第49页。

⑤ 《马克思恩格斯全集》第34卷，人民出版社2008年版，第127页。

何发展生产力，为共产主义的实现提供必需的物质保障。马克思对资本主义社会的批判之所以科学，就在于他从未希图去根本否定属于人类自身发展进程的现代性和工业生产创造的物质财富，他深知，富足的物质财富乃是人类实现解放的社会历史前提。马克思并不否认人的需要及其实现的重要性，而是强调应该将生产力的发展与人的需要的满足结合起来。

与国民经济学家不同，赫勒更倾向于"将需要概念作为非经济学范畴，作为历史－哲学的以及人类学的价值范畴看待"①。在她看来，马克思的文本中至少有三种需要概念：第一种按照对象化将需要分为物质需要和精神需要；第二种按照历史－哲学－人类学将需要分为自然需要和由社会生产出来的需要；第三种按照经济学将需要分为自然需要和社会生产的需要。为了详细阐明这个问题，赫勒引述了马克思的三段话：

> 资本作为孜孜不倦地追求财富的一般形式的欲望，驱使劳动超过自己自然需要的界限，来为发展丰富的个性创造出物质要素，这种个性无论在生产上和消费上都是全面的，因而个性的劳动也不再表现为劳动，而表现为活动本身的充分发展，而在这种发展状况下，直接形式的自然必然性消失了；这是因为一种历史地形成的需要代替了自然的需要。②
>
> 奢侈是自然必要性的对立面。必要的需要就是本身归结为自然主体的那种个人的需要。生产的发展既扬弃这种自然必要性，也扬弃那种奢侈——当然，在资产阶级社会里，这只是以对立的形式实现的，因为这种发展本身又只是规定一定的社会标准来作为必要的标准，而同奢侈相对立。③
>
> 由于一个国家的气候和其他自然特点不同，食物、衣服、取暖、居住等等自然需要本身也就不同。另一方面，所谓必不可少的需要的范围，和满足这些需要的方式一样，本身是历史的产物，因此多半取决于一个国家的文化水平，其中主要取决于自由工人阶级是在什么条件下形成的，从而它有哪些习惯和生活要求。因此，和其他商品不同，劳动力的价值

① Agnes Heller, *The Theory of need in Marx*, London: Allison & Busby, 1976, p.28.

② 《马克思恩格斯文集》第8卷，人民出版社2009年版，第69～70页。

③ 《马克思恩格斯全集》第46卷(下册)，人民出版社1980年版，第20页。

规定包含着一个历史的和道德的要素。[①]

赫勒想表明两层意思：一是自然需要是一个历史范畴；二是奢侈需要与必要需要的对立是相对的。她发现，马克思对自然需要的看法从未发生改变，但对于必要需要前后期思想却发生了变化。在《1857—1858年经济学手稿》中，必要需要与自然需要基本上是一样的，而在《资本论》中，必要需要变成了一种社会－历史需要。赫勒认为马克思思想的这一变化非常重要，标志着他对需要概念的理解更加成熟。随着马克思对资本主义社会的理解日益加深，他越发意识到，抽象探讨必要需要是有害的，显而易见的事实是，相同时期美国工人和德国工人的必要需要完全不同，不同时期相同国家工人的必要需要也完全不同。必要需要作为一个社会－历史范畴，将随着文化背景、风俗习惯、经济状况等因素的变化而变化。将必要需要等同于自然需要，相当于主张工资应该始终保持在最低水平线上，这恰恰是一种资产阶级的意识形态。赫勒提醒我们，马克思的必要需要概念仅仅表达了需要的平均数，仍与物质生产紧密相连，且停留在必然性的领域，而真正的需要是一种个体的需要，尽管它也离不开物质生产，却主要是一种精神的、道德的需要，并且屹立在自由王国之上。赫勒非常清楚，真正的个体的需要在资本主义社会是无法实现的，一方面，需要的满足违背了资本增殖的逻辑，资本一定会为劳动时间的减少设置障碍，另一方面，资本主义社会缺少合理的需要结构，这使得人们无法在自由时间满足丰富的需要。因此，必须进行一场关于需要结构的革命，推翻资本主义社会，建立联合生产者的社会。赫勒对马克思需要概念的类型学梳理非常深刻，与某些理论家仅仅将马克思的需要概念归为经验实证的经济学范畴不同，她凸显和强调了需要概念的哲学人类学内涵和批判向度。在赫勒看来，马克思的需要概念具有两个层面：一是对资本主义社会的价值批判，二是对资本主义社会的科学实证分析，两者紧密相连，“没有价值悬设，马克思的著作将不过是对资本主义的盲目批判，而缺乏对资本主义本质的内在研究，将会陷入一种反资本主义的浪漫主义”[②]。赫勒最大的优点在

① 《马克思恩格斯文集》第5卷，人民出版社2009年版，第199页。

② Agnes Heller, *The Theory of need in Marx*, London: Allison & Busby, 1976, p. 39.

于,能够将马克思早期著作和晚期著作通盘考虑,既强调马克思的人道主义哲学批判,又注重马克思对资本主义社会的客观实证分析。

接着,赫勒具体探讨了需要的哲学内涵。首先,分析了人的需要与需要对象的辩证关系:需要总是同某个具体的对象物或对象化的行动有关,一方面对象产生出需要,另一方面需要制造出对象。正如马克思所言,"已经得到满足的第一个需要本身、满足需要的活动和已经获得的为满足需要而用的工具又引起新的需要,而这种新的需要的产生是第一个历史活动"①。与卢卡奇对对象化(物质生产)的批判不同,赫勒承认"生产的要素占据着首位,正是生产制造出了新的需要"②。她还认为生产、需要以及需要的满足不是固定不变的,而是历史的、不断变化的动态过程,"人类需要的最高目标是他人,……这个测度决定了人类需要的人道化程度"③。其次,揭示了人类需要和动物需要的本质区别。动物的需要虽然也指向一个对象,却来自动物的生理构造,动物只会沿着原有物种的需要前进,人则会制造和使用工具,创造出新的需要。最后,区分了需要和欲望。欲望也具有自己的对象,但它是以生物学动机为基础的,是某种固定的、无法根除的东西。马克思否弃了生物学(本能)意义上的需要概念,欲望在他那里是被打上叉的。

从马克思的劳动异化论出发,赫勒提出了需要异化论。如何判定一个社会是否存在需要的异化呢?赫勒认为标准只能是人的需要的丰富性,需要的异化即是需要丧失了丰富性。在古代社会,人的需要的丰富性是受到限制的,人们还没有同自然共同体的脐带斩断联系,但此时的需要结构却是合理的,这主要表现为需要的质相对于需要的量占据着支配地位。资本主义社会颠倒了一切,人们割断了同自然共同体的联系,制造出丰富的需要,但需要的量却压倒了需要的质。在这种情况下,人的需要的丰富性无法真正实现。论述至此,赫勒突然发问道:"如果人的类本质以及未来丰富需要的人的观念,其实现的必然性只能源于一个名叫卡尔·马

① 《马克思恩格斯文集》第1卷,人民出版社2009年版,第531~532页。

② Agnes Heller, *The Theory of need in Marx*, London: Allison & Busby, 1976, p. 40.

③ Agnes Heller, *The Theory of need in Marx*, London: Allison & Busby, 1976, pp. 40-41.

克思的私人哲学家或私人批判者,那么,谁来推翻资本主义?他们为什么要推翻资本主义?"[①]这一诘问振聋发聩。如果整个资本主义社会是异化的,谁来推翻资本主义社会呢?马克思的奋臂疾呼有用吗?卢卡奇借助于总体性的方法,将无产阶级视为历史主客体的统一,认为无产阶级阶级意识的觉醒可以摧毁物化的堡垒,解放人类。面对东欧社会的历史与现状,赫勒不愿相信这一乐观论断,在她看来,一种理论要想掌握群众并成为物质力量,就必须能够满足人的丰富需要。正是那些拥有激进需要的人(不一定是无产阶级),最终成为社会革命的主体。

二、资本主义社会需要异化的四个维度

赫勒的需要理论具有强烈的批判意识,其矛头直指资本主义社会,在结束对马克思需要概念的一般性探讨后,她具体分析了需要异化的四个维度。

(一)手段-目的关系的颠倒

在正常的人类条件下,人的主要目的是他人。然而在资本主义社会,异化将这一目的置换为手段,他人反而成为人类满足自己私欲的工具,目的和手段的"颠倒"已经渗入人类本质的方方面面。就具体劳动和抽象劳动的关系而言,具体劳动本应生产出满足人们需要的使用价值,但现在情况恰恰相反,使用价值的生产不再用于满足工人的需要,而是用于满足资本家的需要,抽象劳动反而成为目的,劳动沦为谋生的工具。就生产力的发展而言,目的本应是减轻工人的劳动强度和减少劳动时间,为人们实现丰富的个性创造条件,但在资本主义社会却变成了赚取更多的剩余价值,工人的痛苦非但不能减轻,反而加重了。就社会关系领域而言,社会共同体本应承担满足人的需要的功能,但在资本主义社会真正的共同体却消失了,社会的整体目的让位于个体私利。手段-目的关系的颠倒彻底阻塞了人的需要的实现。资本主义社会越是不断制造出新的需要,需要就越是陷入异化的境地。资本主义社会异化需要最集中的体现便是"对需要的专政",主要表现在:第一,新的需

① Agnes Heller, *The Theory of need in Marx*, London: Allison & Busby, 1976, pp.47-48.

要对象和新的需要不断出现，一切特殊商品的生产最有利于资本增殖。第二，真正的目的是满足一种本质上异己的力量的需要。第三，一系列被决定的需要类型得以长足发展，塑造人类个性的需要却由于不能满足资本增殖而得不到发展。第四，个体的自由仅仅是表象，个体选择需要的对象不是以个性为标准，而是由其在劳动分工中的地位决定。第五，就某方面看，个体变得更加丰富，但这种丰富是单向度的，个体的人变成了单向度需要发展的奴隶。①

赫勒关于目的－手段关系的论述切中了资本主义社会的要害。黑格尔曾说过："事情并不穷尽于它的目的，而穷尽于它的实现，现实的整体也不仅是结果，而是结果连同其产生过程；目的本身是僵死的共相，正如倾向是一种还缺少现实性的空洞的冲动一样；而赤裸的结果则是丢开了倾向的那具死尸。"②马克思非常强调手段和目的的相互作用：一方面，手段离不开目的，否则将陷入异化状态；另一方面，目的也离不开手段，否则将会堕入主观伦理学。赫勒的分析有过分强调目的的嫌疑，这与她对康德伦理学的笃信有关。

(二)质与量的分离(颠倒)

资本主义社会需要的质和需要的量的分离(颠倒)主要表现为，与商品占有相关的需要正无限扩张开来，占有与人们对物品的享用毫不相关，且表现出一种量化的特征，人们不再关心商品具体的质的属性，也不再发展出新的需要。正如马克思所描述的，"经营矿物的商人只看到矿物的商业价值，而看不到矿物的美和独特性"③，因为他们根本不想发展出一种异质的需要。对于"占有"关系，马克思批判道："私有制使我们变得如此愚蠢而片面，以致一个对象，只有当它为我们所拥有的时候，就是说，当它对我们来说作为资本而存在，或者它被我们直接占有，被我们吃、喝、穿、住等等的时候，简言之，在它被我们使用的时候，才是我们的。"④赫勒发

① Agnes Heller, *The Theory of need in Marx*, London: Allison & Busby, 1976, pp. 51-52.

② ［德］黑格尔：《精神现象学》(上卷)，贺麟、王玖兴译，商务印书馆 1979 年版，第 2 页。

③ 《马克思恩格斯文集》第 1 卷，人民出版社 2009 年版，第 192 页。

④ 《马克思恩格斯文集》第 1 卷，人民出版社 2009 年版，第 189 页。

现,马克思在论述这个问题时前后期思想有所变化,在《1857—1858年经济学手稿》中,他着力揭示的是资本主义社会的矛盾特征,对需要量化的分析采取了双重价值标准,在术语上用了"一般"这个中性概念。而在《1844年经济学哲学手稿》中,马克思却用"抽象"这个带有否定意味的术语来形容货币的功能及其异化特性。以劳动为例,抽象劳动意味着劳动最极端的异化形式,"劳动一般"(尽管仍未扬弃异化)则意味着一种必要的财富增长形式。赫勒的分析是正确的,她揭示了马克思前后期思想的差异,如果说异化是马克思早期思想的主题,那么发展则是他后期思想的核心,尽管这时他并不否认异化,却更多地强调了异化的历史合理性,即为人类提供物质财富这一基本事实。

赫勒虽然正确描述了马克思思想的转变,却对转变的深层原因不甚了解,即没有把握住马克思思想总问题的变化。马克思早期的异化思想主要建立在人道主义价值批判这一总问题之上,这是一种不成熟的抽象话语体系,唯物史观创立后,马克思的总问题发生了转变,他不再一味地批判资本主义,而是首先肯定其作为人类社会历史进程的合理性,对异化也不再一味地否定,而是首先承认异化为人类创造出大量的生产力(物质财富),为人类解放提供了物质保证。赫勒强调马克思思想的连续性,试图用人道主义的总问题统摄马克思的整体思想,甚至认为"《1844年经济学哲学手稿》中的所有主题在《1857—1858年经济学手稿》中都再次出现了"①,这表明她仍处于人道主义批判的总问题之中。

(三)需要的贫困(缩减)

资本主义社会的异化需要还突出表现为需要的同质化。就资产阶级而言,同质化的需要表现为实际的占有,它直接指向私有财产和货币量的增长,对工人阶级而言,需要仅仅是为了生存,"工人只能拥有他想活下去所必需的那么一点,而且只是为了拥有这么一点,他才想活下去"②。在资本主义社会,需要的贫困主要表现在工人的需要被归结为维持最必需的、最悲惨的肉体生活,工人的活动被归结为最抽象的机械运动,"人无论在活动方面还是在享受方

① Agnes Heller, *The Theory of need in Marx*, London: Allison & Busby, 1976, p.56.

② 《马克思恩格斯文集》第1卷,人民出版社2009年版,第227页。

面都没有别的需要了;因为他甚至把这样的生活宣布为人的生活和人的存在"[①]。需要的贫困还体现在劳动力上。在资本主义社会,劳动力不再体现为工人需要的满足,而是降格为工人谋生的手段,通过劳动分工,工人的能力不是发展了,而是被限制了。赫勒认为,马克思思想中存在一个悖论:"一方面,资本主义社会被仅仅归结为占有,无论是统治阶级还是工人阶级的需要体系均被同质化为'贪欲';另一方面,资本主义社会又造就了超越其自身的对抗性的'激进需要',具有这种需要的人要求推翻资本主义。"[②]这个悖论还可以表述为:"人的本质只能被归结为这种绝对的贫困,这样它才能够从自身产生出它的内在丰富性。"[③]其实,这并不是悖论,而是马克思的哲学智慧,他要告诉我们,需要的丰富性与需要的贫困是同体共生的,离开了需要的贫困,需要的丰富性就无法实现。

(四)各类利益矛盾的凸现

赫勒认为"利益"概念在马克思那里是一个负性概念,作为个人行动的动机,它不过是人的需要降格为贪欲的一种表达,异化需要的扬弃意味着消除利益。就个体利益、普遍利益和阶级利益的关系而言,赫勒认为马克思和恩格斯的理解有差别,恩格斯倾向于用阶级利益和普遍利益代替个体利益,马克思则正好相反,更注重个体利益。赫勒的基本观点是:第一,普遍利益和阶级利益不仅作为人的代表和自身私人利益的反面而存在,更是由社会力量所控制的社会结构范畴,这些社会力量独立于人并同个体意愿相抵牾。普遍利益的存在折射出社会关系的"拜物教化"。第二,私人利益同普遍利益、阶级利益紧密相连。第三,无论在理论上还是实践上选择哪种利益,人们始终处于商品生产(资本主义)社会中,这就必然带有拜物教的特征。[④] 赫勒引用《德意志意识形态》中的一段话来论证这一观点:

共产主义者既不拿利己主义来反对自我牺牲,也不拿自

① 《马克思恩格斯文集》第1卷,人民出版社2009年版,第226页。

② Agnes Heller, *The Theory of need in Marx*, London: Allison & Busby, 1976, p.58.

③ 《马克思恩格斯文集》第1卷,人民出版社2009年版,第190页。

④ Agnes Heller, *The Theory of need in Marx*, London: Allison & Busby, 1976, p.62.

> 我牺牲来反对利己主义……只有他们才发现了“共同利益”在历史上任何时候都是由作为“私人”的个人造成的。他们知道,这种对立只是表面的,因为这种对立的一面即所谓“普遍的”一面总是不断地由另一面即私人利益的一面产生的,它决不是作为一种具有独立历史的独立力量而与私人利益相对抗,所以这种对立在实践中总是产生了消灭,消灭了又产生。①

赫勒的意思是,阶级利益由于具有拜物教的特征,因此绝不能凌驾于个体私人利益之上。对于反对极权主义来说,该论断具有积极意义。但如果无视资本主义社会的特殊性,抽象谈论阶级利益在本质上具有拜物教特征,进而将个人利益置于阶级利益之上,就走向了谬误。马克思和恩格斯通常能够辩证地看待私人利益,他们非常清楚,“利益被升格为人类的纽带——只要利益仍然正好是主体的和纯粹利己的——就必然会造成普遍的分散状态,必然会使人们只管自己,使人类彼此隔绝,变成一堆互相排斥的原子……只要外在化的主要形式即私有制仍然存在,利益就必然是单个利益,利益的统治必然表现为财产的统治”②。由此出发,他们得出批判和变革资本主义社会的革命主张。从另一个角度看,马克思和恩格斯从来没有否认过个体利益。一方面,他们深知人的谋利动机是白手起家积累财富的最有效方式,没有这种野蛮方式,共产主义社会所必需的物质基础就不能被生产出来;另一方面,共产主义社会是一个没有阶级的社会,它以个人的全面自由发展为鹄,根本上是要捍卫个体利益,因为“每个人的自由发展是一切人的自由发展的条件”③。换言之,个人隶属于阶级乃是现代社会强加给人们的一种不幸,个人之所以要联合成阶级,目的正是为了彻底消除阶级本身。赫勒只看到了个体利益与普遍(阶级)利益的对立,无视其内在的统一,说明她仍囿于资产阶级的意识形态。

三、马克思思想中的两类矛盾与激进需要

在对马克思的需要理论进行一番梳理后,赫勒开始正面阐释

① 《马克思恩格斯全集》第3卷,人民出版社1960年版,第275~276页。
② 《马克思恩格斯文集》第1卷,人民出版社2009年版,第94页。
③ 《马克思恩格斯文集》第2卷,人民出版社2009年版,第53页。

自己的激进需要理论。她强调,马克思总是将肯定的价值赋予共产主义社会,而将异化特征用于刻画人类前史(尤其是资本主义社会)。按照这一逻辑,共产主义便是一种“应该”实现之物。为了消除“应该”的主观特征,马克思采取了两种方式:

> 第一条道路是主体向集体的转变。“应该”本身是集体的,因为在资本主义异化的最高点上,它引发了某种需要(尤其在无产阶级中);这些包含在“应该”中的激进需要,就其本性而言,试图超越资本主义,朝着共产主义方向迈进。第二条道路是“应该”向因果必然性的转变。在这种情况下,“共产主义应该实现”就成了这样一条原则,它与这样一种观念相似,即认为它必然在经济的内在规律之下实现。①

赫勒认为两种方式意味着两条不同的道路,“有时候,是一种费希特学派的概念在马克思思想中打转,而另一些时候,又是黑格尔学派的概念在里面徘徊”②。我们不认同赫勒将马克思比附为黑格尔和费希特的做法,但她确实正确揭示了马克思思想中存在的两条异质的发展逻辑:一条是主体的逻辑,即将共产主义的实现寄托在某一集体主体(无产阶级)身上;另一条是客体的逻辑,即将共产主义的实现与一种必然论(客观历史规律)联系在一起。成熟时期的马克思意识到了这种差异,力图在唯物史观的基础上将主体逻辑和客体逻辑结合起来。

赫勒认为,客体逻辑初现于《资本论》第1卷的“序言”中,代表性观点是将“经济的社会形态的发展理解为一种自然史的过程”③。长期以来,学术界对马克思的这句话一直存在误解,即以为马克思是想强调人类社会和自然界一样,具有不以人的意志为转移的客观规律性。这恰恰表明,理解者仅仅是从客体向度出发理解马克思的,主体向度被严重遮蔽了。按照马克思的理解,“经济的社会形态”意指人类社会发展过程中的某个特殊历史时期,这个时期最大的特征是经济关系和盲目的经济力量占据主导地位,社会表现出对抗的特征。具体说来,“经济的社会形态”包含亚细亚的、古代的、封建的和资本主义的生产方式。可见,马克思通常是在否定的

---

① Agnes Heller, *The Theory of need in Marx*, London: Allison & Busby, 1976, p. 74.

② Agnes Heller, *The Theory of need in Marx*, London: Allison & Busby, 1976, p. 74.

③ 《马克思恩格斯文集》第5卷,人民出版社2009年版,第10页。

意义上谈论“经济的社会形态”的，因为这个时期人仍然是异化的。马克思指出：“一个社会即使探索到了本身运动的自然规律——本书的最终目的就是揭示现代社会的经济运动规律——，它还是既不能跳过也不能用法令取消自然的发展阶段。但是它能缩短和减轻分娩的痛苦。”[①]这段文字是马克思用客体逻辑分析人类社会的佐证，但这只是一个方面，马克思并没有说在这个过程中历史主体可以毫无作为，更没有说共产主义的实现只有一条道路、一种方案。马克思主义绝不是一种纯粹客观主义的经济决定论。马克思的高明之处在于，在探讨具体的历史问题时，他总是能够一方面强调历史的多样性和偶然性，另一方面坚持历史的必然性，因为历史必然性正是通过偶然性开辟道路的。

赫勒认为，要弄清“激进需要”的核心问题，必须理解马克思的“社会总体性”概念。与卢卡奇在《历史与阶级意识》中强调“总体性”不同，赫勒并不认为“总体性”是马克思主义的核心范畴，更没有将它看成是一个本体论的概念，而是强调“所有的社会组织是一个完整的总体，其结构紧密地相互联系在一起，同时又相互独立地被构造出来”[②]，强调“社会总体性”为的是引出“激进需要”。按照赫勒的理解，“社会总体性”的概念可以让集体“应该”在现实中获得可能性的根基。关于激进需要和资本主义的关系，赫勒说道：“为了能够作为一种社会形态存在下去，在资本主义的需要结构内部就必然具有某种自身无法满足的需要。按照马克思的说法，激进需要是资本主义需要结构的内在方面，离开了它们，正如我们说的那样，资本主义将无法运行，因此资本主义每天都再造着它们。”[③]总之，赫勒认为“激进需要”可以解决前面提到的集体“应该”面临的困境，正是拥有激进需要的人充当了集体“应该”的载体。

赫勒认为在马克思的思想体系中存在着两类不同性质的矛盾：一种是生产力和生产关系的矛盾，另一种是资本主义社会发达商品生产的矛盾。第一种矛盾的经典表述是：“社会的物质生产力发展到一定阶段，便同它们一直在其中运动的现存生产关系或财

① 《马克思恩格斯文集》第5卷，人民出版社2009年版，第9～10页。

② Agnes Heller, *The Theory of need in Marx*, London: Allison & Busby, 1976, p.75.

③ Agnes Heller, *The Theory of need in Marx*, London: Allison & Busby, 1976, p.76.

产关系(这只是生产关系的法律用语)发生矛盾。于是这些关系便由生产力的发展形式变成生产力的桎梏。那时社会革命的时代就到来了。随着经济基础的变更,全部庞大的上层建筑也或慢或快地发生变革。"①上述论断表明,马克思试图阐明人类社会的一般发展规律和基本矛盾运动,这是对黑格尔矛盾概念的颠倒和改造。《资本论》沿用了这一分析方法,在描述资本主义积累的历史趋势时,马克思一方面展示了资本主义如何发展生产力,另一方面揭示了这一过程中的矛盾(对立)如何发展。马克思的结论是,资本主义一方面极大地促进了生产力的发展,另一方面也使社会矛盾达到了它的顶点,当生产力和生产关系的矛盾不断激化最终达到不可调和的地步时,社会化大生产将冲破资本主义体制这一外壳,资本主义就灭亡了。也就是说,资本主义一定会否定自己,走向自己的反面,这个过程是自然历史进程,具有历史的必然性。赫勒认为马克思关于资本主义社会矛盾的分析是对黑格尔公式的进一步展开,她反对将"应该"对象化为一种社会(经济)必然性,认为这样做有损于"应该"的特性,更重要的是,将会封杀"激进需要"概念,"如果否定之否定是一个自然规律,那么便没有任何一种激进需要可以保证资本主义必然灭亡了"②。

第二类矛盾是资本主义社会发达商品生产的矛盾。赫勒认为,这种矛盾与认为联合生产者社会的实现是自然历史过程的观点相抵牾,"经济运行披着自然规律的外衣,作为一种商品拜物教的表现,实际上隶属于商品生产,并且只能隶属于商品生产。因此,私有财产的积极扬弃无论如何都不能以自然必然性的方式进行;这个过程的本质是对拜物教的扬弃以及对社会存在成为类似自然规律存在这一现象的革命性清除。尽管该过程具有经济方面的外观,转变却不是纯粹的经济过程,而必须是总体的社会革命,并且只有这样才是可以想象的"③。具体说来,第二类矛盾有四个方面:第一,自由与必然的矛盾。一方面,生产者在商品生产和交换过程中是自由的,另一方面,生产者从属于经济的似自然性,个体处于异化和拜物教的控制之下。第二,必然与偶然的矛盾。一

① 《马克思恩格斯文集》第2卷,人民出版社2009年版,第591~592页。

② Agnes Heller, *The Theory of need in Marx*, London: Allison & Busby, 1976, p. 79.

③ Agnes Heller, *The Theory of need in Marx*, London: Allison & Busby, 1976, p. 81.

方面，以理性生产为特征的经济规律以自然规律的面目出现，另一方面，生产和需要以供求关系的纯粹偶然的形式进入市场，个人成为偶然的个体，命运从属于特定的社会分工。第三，目的论与因果论的矛盾。资产阶级个体的目的是获取更多利润，无产阶级个体的目的是维持生存，两者均无法在社会中实现自己的目的。一方面，资本家不断增加固定资本的投入，工人生产出更多的商品，另一方面，社会平均利润率不断下降，工人日益陷入赤贫而不能自拔。第四，富裕与贫困的矛盾。一方面，资本主义生产方式极大地促进了生产力的发展，为人类社会创造了丰富的物质财富，另一方面，富裕是以牺牲大多数个人甚至阶级的利益换来的，个人最终成为历史的牺牲品。

马克思思想中的两类性质的矛盾是否存在冲突呢？换言之，马克思关于"人的类本质力量的全面发展"的论述与关于"生产方式的集中化"和"劳动社会化"的论述是否一致呢？从人道主义的立场出发，赫勒认为是有矛盾的。在她看来，"人的类本质力量的全面发展"具有更为广泛的内涵，绝不能仅仅将之视为"生产方式的集中化"和"劳动社会化"的必然结果，"向未来社会转变的必然性并非由任何自然规律保证的，而是由激进需要来保证的"①。赫勒还认为，马克思成功颠倒了黑格尔和费希特，使自由与必然、偶然与必然、因果论与目的论、主体与客体的矛盾不再体现在观念中，而是体现在现实社会存在中，矛盾不再是普遍的人类社会的一般矛盾，而是商品生产社会（尤其是资本主义社会）特有的矛盾，这些矛盾"密不可分地属于现实本身的本质，属于资本主义社会的本质"②。赫勒正确揭示了马克思思想的复杂性和异质性，尤其揭示了马克思思想的转变，即由对一般人类社会发展规律的客观描述转向对资本主义社会商品生产特殊规律的具象分析。但她对马克思矛盾理论的理解存在问题。首先，两类矛盾并不是完全对立的，当马克思意识到唯物史观的一般规律（即第一种矛盾）无法解剖资本主义社会这个复杂"人体"时，他自然而然地转向了对资本主义社会商品生产矛盾的分析。第二种矛盾非但没有否定第一种矛

① Agnes Heller, *The Theory of need in Marx*, London: Allison & Busby, 1976, p.84.

② ［匈］卢卡奇：《历史与阶级意识——关于马克思主义辩证法的研究》，杜章智、任立、燕宏远译，商务印书馆1992年版，第58页。

盾，反而将之深化和发展了。其次，必然和偶然的关系并不是僵化对立的，当马克思强调历史规律的客观必然性时，他并未因此陷入宿命论。例如，他从未说过共产主义社会的实现只有一条道路，而是看到了历史发展道路的多样性和偶然性。

从本质上看，赫勒对第二种矛盾的倚重是其激进需要理论的必然结果。依她之见，必须进行一场总体的革命，"只有借助于激进需要和革命实践，集体主体（工人阶级）的革命斗争才能保证向未来社会的转变，并创造出未来社会"①。赫勒认为，激进需要概念在马克思思想体系中处于核心地位。在《〈黑格尔法哲学批判〉导言》中，当论及理论与实践的关系时，马克思指出："批判的武器当然不能代替武器的批判，物质力量只能用物质力量来摧毁；但是理论一经掌握群众，也会变成物质力量。理论只要说服人[ad hominem]，就能掌握群众；而理论只要彻底，就能说服人[ad hominem]。所谓彻底，就是抓住事物的根本。而人的根本就是人本身。"②赫勒认为，马克思在这里试图将主观抽象的"应该"对象化到一种现实的社会主体身上，关键是"应该"能否满足人的需要，彻底的革命只能是关于基本需要的革命，只有拥有激进需要的人，才能掌握彻底的理论。

马克思认为无产阶级是"一个被戴上彻底的锁链的阶级，一个并非市民社会阶级的市民社会阶级"③，该阶级不要求享有任何特殊的权利，它同资本主义制度的前提是彻底对立的，它的解放就是人类的解放。对此赫勒质疑道："即便说工人阶级只有解放了全人类才能解放自己是正确的，无论如何也不能得出这样的结论，即认为从历史现实上看，工人阶级确实希望解放自己，其需要确实是激进需要，甚至更不能得出结论说工人阶级在资本主义社会没有自己可以满足和实现的特殊目的（需要）。"④显然，赫勒批判的是那种认为无产阶级具有某种先天革命特权的理论，这时她还没有转向后马克思主义，仍然信奉马克思的阶级理论和社会主义理论，与卢卡奇一样，她只是强调工人阶级不一定先天就具有激进需要，只

① Agnes Heller, *The Theory of need in Marx*, London: Allison & Busby, 1976, p. 86.

② 《马克思恩格斯文集》第1卷，人民出版社2009年版，第11页。

③ 《马克思恩格斯文集》第1卷，人民出版社2009年版，第16～17页。

④ Agnes Heller, *The Theory of need in Marx*, London: Allison & Busby, 1976, p. 89.

有唤起他们对激进需要的意识，才能使他们成为社会革命的主体。

赫勒认为，马克思和恩格斯在《德意志意识形态》中进一步展开了激进需要理论。这时，马克思已经开始强调“必然性”这个范畴了，但“必然性”并不是“客观化的自然经济规律”，而是主观的行动、集体活动和实践。在某种意义上，激进需要是从劳动中生产出来的，确切地说，是在剩余劳动和自由时间中生产出来的。在《哲学的贫困》和《资本论》中，马克思彻底抛弃了“应该”范畴，他发现资本主义的劳动分工恰恰是阻碍人类普遍性实现的力量，只有掌握政权，废除资本主义社会的劳动分工，人类才能真正获得解放。成熟时期的马克思并没有放弃“激进需要”概念，他坚信资本主义是一个充满矛盾和异化的社会，正是这个总体性的社会实体，不断制造出激进需要。总之，只有到了共产主义社会，资本主义社会商品生产的矛盾才能从根本上得到解决，因为共产主义是“人和自然界之间、人和人之间的矛盾的真正解决，是存在和本质、对象化和自我确证、自由和必然、个体和类之间的斗争的真正解决。它是历史之谜的解答，而且知道自己就是这种解答”①。

对需要概念的研究和阐释一般分为两派：“一种流派认为，需要的普遍特征——正是由于这种特征，需要在很大程度上是客观的——是预先设定的。另一种流派认为，需要的历史特征和主观特征是决定性的。”②赫勒强调人的需要的社会性和历史性，属于后一种流派。马克思把需要看成是人的本性，一方面，他认为“私有制不懂得要把粗陋的需要变为人的需要”③，在异化劳动中，“人不仅没有了人的需要，他甚至连动物的需要也不再有了”④。另一方面，资本主义社会与封建社会相比，又为人们多元需要的发展和实现创造了条件。共产主义社会就是要“培养社会的人的一切属性，并且把他作为具有尽可能丰富的属性和联系的人，因而具有尽可能广泛需要的人生产出来”⑤。与马克思一样，赫勒也强调人的需

① 《马克思恩格斯文集》第1卷，人民出版社2009年版，第185～186页。

② ［东德］凯特琳·勒德雷尔主编：《人的需要》，邵晓光等译，辽宁大学出版社1988年版，第3页。

③ 《马克思恩格斯文集》第1卷，人民出版社2009年版，第224页。

④ 《马克思恩格斯文集》第1卷，人民出版社2009年版，第225页。

⑤ 《马克思恩格斯全集》第30卷，人民出版社1995年版，第389页。

要的丰富性和多样性,但两人却有本质的差别。从动机上看,马克思强调人的需要的丰富性和多样性,为的是实现人的自由全面发展,赫勒则主要是为了保证个体不受集体的戕害,重获启蒙意义上的个体自由。从前提上看,马克思强调个体需要的实现离不开人类解放和社会解放,更离不开集体(共同体),“只有在共同体中,个人才能获得全面发展其才能的手段,也就是说,只有在共同体中才可能有个人自由”①。赫勒则孤立地强调个体需要的满足,并将它看成是康德意义上的绝对命令。从实现途径上看,马克思强调个体需要必须依靠无产阶级推翻资本主义制度来实现,赫勒则诉诸个体对自身需要的直观以及合理的哲学价值讨论。

赫勒的需要理论有着明显的政治指向性,即反对资本主义社会和苏联社会主义社会“对需要的专政”。在《能假设“真实的”和“虚假的”需要吗?》一文中,她明确反对在“真实需要”和“虚假需要”之间进行界划,因为“这种姿态本身就迫使理论家置身于将判断赋给社会需要体系的神的位置”②。此外,这种界划还有实践上的危险,“当僭称具有区别实际需要与想象需要的权利不是孤立的理论家而是社会机构的体制,那么这时就产生了对需要的专断”③。赫勒认为,每一种需要都应该得到满足,因为如果有人认为非实际的需要可以不得到满足,他就促成了独裁和专断。只有一种需要不应得到满足,那就是“将他人作为手段而不是目的”的需要。至于何种需要应优先予以满足,可以通过合理的哲学价值讨论来衡量。

在某种意义上,赫勒批判“对需要的专政”是有道理的,但她忽略了苏联社会主义社会与发达资本主义社会不仅在生产关系上存在质的差别,更是在社会物质基础方面存在较大的差距。这就意味着,不能以后者为标准要求前者。就国家对需要的调控而言,苏联由于可供分配的社会物质财富不多,社会建设耗资又过大,对需要的控制自然会更苛刻些。正如伊格尔顿所言:“如果人民穷困得

① 《马克思恩格斯文集》第1卷,人民出版社2009年版,第571页。

② [东德]凯特琳·勒德雷尔主编:《人的需要》,邵晓光等译,辽宁大学出版社1988年版,第229页。

③ [东德]凯特琳·勒德雷尔主编:《人的需要》,邵晓光等译,辽宁大学出版社1988年版,第231页。

连鞋子都穿不起，那么这一切就都是空谈。而要让上百万人都能穿上鞋子，就需要一个中央集权的官僚政府。”①当然，随着生产力水平的逐步提高，“对需要的专政”必须被“满足人民群众日益增长的物质文化需要”所代替，这也是我们在建设中国特色社会主义过程中总结的一条基本经验。

尽管赫勒的需要理论与马克思的需要理论存在差别，但这个时期布达佩斯学派的总问题是超越资本主义，实现人道主义的社会主义。赫勒的激进需要理论直接将矛头对准了资本主义制度，她将自己的哲学称为激进哲学，并将这种哲学引向实践，“激进哲学必须成为激进运动的哲学，它必须‘打动群众’，必须‘变为物质力量’，以便有一天可以说：它确实发生了”②。可以看出，赫勒深受马克思早期激进民主主义思想的影响，与马克思将革命主体锁定在无产阶级身上不同，她将希望寄托在具有激进需要的个体身上。这一区别是本质性的，它意味着赫勒理性的乌托邦注定会失去现实的根基，走向抽象的乌托邦。从根本上看，赫勒继承了康德－黑格尔一脉的理性主义传统，相信哲学理性之芒定会摧毁资本主义社会的异化之幕，她反复声称，必须要推翻资本主义社会的依附和统领关系，但她却忘记了，资本逻辑才是这种异化关系的现实支撑，无论哲学批判还是民主辩论，如果不触及和破坏资本逻辑，就始终只能停留在抽象的层面。

第三节　激进哲学：一种合理性的乌托邦

完成《马克思的需要理论》后，赫勒开始撰写《激进哲学》，这是一部用新左派的语调写成的著作，与《日常生活》一样，全书几乎没有什么注释，这也是赫勒“个人哲学”的一大特色。从思想内容上看，《激进哲学》是一部承前启后的著作。一方面，该书紧接着《马克思的需要理论》继续探讨“激进需要”概念，并将之与合理性的乌托邦关联在一起；另一方面，该书探讨了哲学与价值选择以及哲学

① ［英］特里·伊格尔顿：《马克思为什么是对的》，李杨、任文科、郑义译，新星出版社2011年版，第22页。

② ［匈］阿格妮丝·赫勒：《激进哲学》，赵司空、孙建茵译，黑龙江大学出版社2011年版，第119页。

与道德的关系，提出要以康德道德哲学的绝对命令作为人们日常行为的准则，为后来的“道德哲学三部曲”打下了基础。

一、对哲学的基本理解

在《日常生活》一书末尾，赫勒言明自己渴望“把地球变成所有人的真正家园”[①]。如何实现这一美好愿望呢？我们知道，她把希望寄托在个体身上，期冀个人通过“自为的”类本质对象化活动（艺术和哲学）克服特性，意识到自己的类本质。那么，究竟什么样的哲学可以充当这一中介（工具）呢？这种哲学必须是一种激进哲学。与人们对哲学的传统理解一样，赫勒也认为哲学是一门爱智之学，“哲学的概念意味着对真实的人类知识与善的人类行为的统一体的爱：对真与善的统一的爱”[②]。在追求真与善相统一的过程中，哲学总是表现出谦虚的姿态，声称自己什么也不知道，却又不断地追逐终极。哲学总是从应然的角度安排实然，在这里，“应然不是幻想的错觉，不是仅仅存在于我们的主观愿望中的纯粹梦想，相反，‘应然’恰恰是紧要的东西，是标准，是‘真’或者‘最真实的实在’”[③]。“应然”是一种“一般”，特殊绝不可能成为哲学关注的“应然”。“应然”与“实然”之间存在着张力，没有这种张力，也就没有哲学。实然与应然相互依存，实然由应然引导，应然则从实然中推演出来。从根本上看，赫勒更强调应然的重要性，借用布洛赫的术语，她把哲学称为“乌托邦的精神”，并认为乌托邦并非乌有之邦，而是合理性的乌托邦，即一种能够实现的人类理想。赫勒认为，哲学最大的功能就是让人们从教条主义的睡梦中苏醒过来，哲学源于“惊异”，哲学家总是提出一些幼稚的问题，正是这种对自明之物的质疑精神，能够拨开教条主义的迷雾，拒绝将一切视为理所当然的。

赫勒认为，哲学不仅仅是哲学家们需要专注的事物，更是与普

---

① ［匈］阿格妮丝·赫勒：《日常生活》，衣俊卿译，黑龙江大学出版社2010年版，第258页。

② ［匈］阿格妮丝·赫勒：《激进哲学》，赵司空、孙建茵译，黑龙江大学出版社2011年版，第7页。

③ ［匈］阿格妮丝·赫勒：《激进哲学》，赵司空、孙建茵译，黑龙江大学出版社2011年版，第10页。

通人的日常生活须臾不可分离的。她指出:“学生不必成为哲学家,但是必须积极地拥有哲学——拥有的可能性对所有的哲学学生都存在,不论他们的职业是什么。哲学家不是只想训练未来的哲学家,而是想训练每个人。因为每个人都像他们一样,是一个合理性的存在者。”[①]赫勒的意思是,作为合理性的存在者,每个人都应该学哲学、懂哲学、用哲学,因为哲学关乎你应该如何思考、如何行动、如何生活。作为合理性的乌托邦,哲学总是与一种生活方式联系在一起,“所有的哲学家都必须将他们自己的哲学转变为他们自己的生活态度”[②],“每个哲学家一定是在实践着自己的哲学,没有被生活所体现的哲学就不再是哲学”[③]。按照这个标准,苏格拉底是一位真正的哲学家,这位年逾七旬的哲人曾遣退妻儿,在众弟子面前饮下毒鸩从容就死,为的是追求哲学真理。赫勒的父亲也是一位道德上的“好人”(尽管不是哲学家),在奥斯维辛集中营中,他有过一个活命的机会,前提是放弃自己的信仰转信基督教,但父亲一口回绝了这个无理要求,为自己的哲学信仰献出了生命。卢卡奇也是一位将哲学与生活紧密结合在一起的人,在致情人伊尔玛(Irma Seidler)的信中他写道:“我想要完成的东西只有不被束缚的男人才能够完成。我越来越强烈地感受到,真正重要的东西发生在孤独中。”[④]这里“重要的东西”指的正是个体的自由创作。为了哲学上的自由创作,卢卡奇最终放弃了伊尔玛,使她在痛苦中毁灭,以自杀而告终。赫勒认为,卢卡奇对哲学的爱并非出于自我保全的目的,如果那样的话,他一定会选择和伊尔玛在一起,毋宁说这是一种对整个人类个性自由的爱,一种基于心灵深处的对文化家园的深刻承诺。事实上,赫勒自己又何尝不是一个视哲学如生命的哲学家呢?作为大屠杀的幸存者,她坚定地选择了哲学,目的是为了对那些死者偿还债务。赫勒一生都在反抗压制,追求个性

① [匈]阿格妮丝·赫勒:《激进哲学》,赵司空、孙建茵译,黑龙江大学出版社2011年版,第17页。

② [匈]阿格妮丝·赫勒:《激进哲学》,赵司空、孙建茵译,黑龙江大学出版社2011年版,第18页。

③ [匈]阿格妮丝·赫勒主编:《卢卡奇再评价》,衣俊卿等译,黑龙江大学出版社2011年版,第38页。

④ [匈]阿格妮丝·赫勒主编:《卢卡奇再评价》,衣俊卿等译,黑龙江大学出版社2011年版,第57页。

自由,当纳粹要求犹太人集体迁移时,她拒绝登上火车,正是这种不顺从的个性挽救了她的性命。当自己信奉的哲学理念与官方意见相左时,赫勒毅然两次退党,即便是在生活最黑暗、最艰难的时刻,她也没有选择屈服,正是对心中哲学的信奉使她成为生活中的强者。

既然哲学就是生活,而生活是多元的,因此哲学一定是多元的。哲学的多元性并不意味着人们可以今天信奉这种哲学,明天信奉那种哲学,而是一旦选择了某种哲学,就应该从一而终,不论这种哲学可能会受到怎样程度的批判,不论它的支持者终将会失去什么,都要支持并继续忠于它。怎样才算拥有了某种哲学呢?赫勒认为哲学的接受主要有两种类型:一种是完全的接受,即对哲学的三个方面(如何思考、如何行动、如何生活)统统接受;另一种是部分的接受,即只接受三方面中的某个方面。完全的接受是一种理想状况,在当前社会不可能彻底实现。

总之,"哲学是一种合理性的乌托邦。它根据应然的标准,即真和善来安排实然。它建构其真和善,即它的最高价值。这最高价值被要求去指导人们:他们应该如何思考,应该如何行动,以及应该如何生活"[①]。这就是赫勒对哲学的整体理解。在当前这个物化横行的社会里,哲学是不可或缺的,它之所以必要,不是因为它是科学的科学,也不是因为它为我们制定了"铁一般的规律",而是因为它为我们提供了某种生活方式,并告诉我们如何付诸行动,从而让世界成为人类真正的家园。

二、哲学、价值选择与交往

当我们承认哲学是一种合理性的乌托邦时,便暗含一种主体价值选择关系,《激进哲学》第二章探讨的便是这个问题。众所周知,实证主义哲学一贯以价值中立的姿态宣扬自己的立场和观点,而将道德和价值问题统统视为虚妄之谈。与马克思一样,赫勒对实证主义持一种批判的态度,在她看来,"所有形态和形式的实证主义都从所有哲学那里扯掉了它们的王冠——最高的善。在这个

① [匈]阿格妮丝·赫勒:《激进哲学》,赵司空、孙建茵译,黑龙江大学出版社2011年版,第43页。

哲学中，不再有任何最高的善，并因此不可能有合理性的乌托邦。它不提供应然去反对实然，它不建议新的或可供选择的生活方式。因此，不论它是否想，它都恰恰证实和巩固了实然"[①]。卢卡奇在《历史与阶级意识》中曾专门批判过量化（可计算性），他发现，随着"合理化不断增加，工人的质的特性、即人的一个体的特性越来越被消除"[②]。从人道主义的马克思主义立场出发，赫勒认为实证主义的量化原则是非常有害的，从这一原则出发，一切质性的事物都将是不科学的，一切善的理想都将是不科学的，一切价值取向和道德判断都将是不科学的，进而一切合理性的乌托邦（真正的哲学）也都将是不科学的。剩下的只有新实证主义宣扬的"语言""逻辑""事实"，这些东西反而成为无所不在的空洞的神。

赫勒对实证主义哲学的批判意在强调哲学与价值的关联，那么，哲学究竟与何种价值相关呢？韦伯曾专门区分过价值合理性和目的合理性，前者主要指由价值意识（宗教、伦理、道德、审美等）决定的行为，后者主要指内含预期目的及实现手段的工具性行为。韦伯认为，在现代社会价值合理性与目的合理性是割裂的，理性行动较少受到价值观念的引导，由此引发了现代性的悖论。赫勒完全认同这一观点，她发现在当代资本主义社会目的合理性不仅"吞并"了价值合理性，还制造出一种后者是"非理性"幻觉的意识形态。要破解这种意识形态，人们必须回到亚里士多德那个时代。我们知道，亚里士多德曾用技艺来描述目的合理性行为，用实现描述价值合理性行为。目的合理性行为关注给定目标是否实现，价值合理性行为关注社会行为（交往）本身的特征，并不关注目标是否能够实现。在亚里士多德那个年代，目的合理性和价值合理性并未完全分化，所谓的"吞并"现象就更谈不上了。但到了韦伯时期，两种合理性彻底分化开来，价值合理性明显处于下风。赫勒强调哲学是合理性的乌托邦，主要是想借哲学之手挽救奄奄一息的价值合理性，但她并未因此否定目的合理性，而是深刻地意识到："没有目的合理性或没有目的合理性的行为方式从价值合理性中

---

① ［匈］阿格妮丝·赫勒：《激进哲学》，赵司空、孙建茵译，黑龙江大学出版社2011年版，第60页。

② ［匈］卢卡奇：《历史与阶级意识——关于马克思主义辩证法的研究》，杜章智、任立、燕宏远译，商务印书馆1992年版，第149页。

的分化，人类的未来甚至只能被想象为混乱和饥荒的景象。”[①]赫勒的这一辩证立场与卢卡奇形成了鲜明对比，正是后者在《历史与阶级意识》《理性的毁灭》中对工具理性进行了彻底否定。当然，卢卡奇这样做有其内在的原因，正如国内学者指出的，卢卡奇从青年时代开始，就在内心深处确立起拒斥资本主义的罪恶和物化、重建完整的文化的心理定式。这是一种建立在关于文化的两极对立结构之上的历史哲学：一端是完整的文化和自由的人所代表的总体性（整体性），一端是分裂的文化和异化的人所遭遇的现实物化。这种“善”和“恶”的对立与冲突构成了卢卡奇全部思想的内在文化动因。[②]

一旦恢复了哲学的价值本性，哲学与道德的关系就容易摆正了。赫勒认为，价值合理性本身就是内含道德的，而且“一个价值的等级越高，在我们与它的关系中道德的作用就越大，并且因此我们为它所作出的自觉的决定的重要性就越大”[③]。一个人选择了某种价值目标，就意味着要对目标担负一定的道德责任，任何试图剔除个人责任的做法只会令行为丧失合理性。个人在做出选择时，总会不可避免地陷入道德悖论，以康德的那个著名例子为例，如果一个人被追杀，跑到我的房间，当杀手赶到问及被追杀者的去向时，我应该如何回答？是遵循“不得说谎”的原则讲真话，还是遵循“挽救无辜的人的生命”的原则说假话？赫勒认为，要走出道德困境必须引入情境恰当的原则，主体必须学会判断，此时此刻哪种道德原则应该居于“主导性价值”的地位。

《激进哲学》的第三章是交往。赫勒试图回答这样一个问题，既然价值原则和道德原则是人们行动必不可少的指导性原则，那么如何把不同的个体统一到某种特定的原则（如康德的道德律令）中来呢？赫勒在这里引入了哈贝马斯的交往行为理论，试图凭借一种真正的哲学价值讨论让人们聚集在某种价值理念之下。哈贝

① ［匈］阿格妮丝·赫勒：《激进哲学》，赵司空、孙建茵译，黑龙江大学出版社 2011 年版，第 71 页。

② 参见衣俊卿：《一位伟大思者孤绝心灵的文化守望——布达佩斯学派成员视野中的卢卡奇》，载《求是学刊》2011 年第 5 期。

③ ［匈］阿格妮丝·赫勒：《激进哲学》，赵司空、孙建茵译，黑龙江大学出版社 2011 年版，第 72 页。

马斯曾预设了一个“理想的言语情境”,在这种情境中,人们可以平等地进行交往。赫勒对这种“理想化的交往”表示怀疑,她发现在当代资本主义社会一种不对称的依附和统领关系正大行其道,尽管对称关系仍然存在(如占据相同地位的人彼此间就保持着对称的关系),却无法被推广到整个社会领域。赫勒进一步区分了个人依赖关系与依附统领关系。首先,前者并不一定来自后者,例如,儿女在长大成人前对父母保持着一种个人依赖关系,但却不能说这是一种依附和统领关系,人们可以设想一个没有依附和统领关系的社会,却不能想象一个没有个人依赖关系的社会。其次,在一种目的合理性的行为中,相对权威必不可少。任何目的合理性的行为都是围绕具体目标展开的,解决问题需要有专业知识,通常只有专业技术人员才拥有专业知识,相对权威便形成了。赫勒认为,专业人士必须要有道德责任感,绝不能滥用手中的权力。例如,学生对老师有一种个人依赖关系,老师具有更多的专业知识和相对的权威,如果老师在课堂上力图纠正学生文章中的语法错误,这就是一种恰当的目的合理性行为,但如果老师运用自己的权威去影响和左右学生的观点,他(她)就将个人依赖关系转变成了依附和统领的关系,其行为就是不得当的。赫勒对依附和统领关系占支配地位的社会(即资本主义社会)持批判的态度,因为在这样的社会里,价值讨论必然以利益为引导且包含意识形态的要素,哲学价值讨论根本无法被普遍化,真正的哲学价值讨论必须排除各种利益的干扰,以整个人类的需要为指导。赫勒对资本主义社会的批判固然是正确的,但她却陷入了循环论证:一方面,认为只有废除以依附和统领关系为基础的社会,真正的哲学价值讨论才有可能,另一方面,将哲学价值讨论视为废除依附和统领关系的手段,认为一旦人们将哲学价值讨论普遍化,以依附和统领关系为基础的社会便不复存在。赫勒的结论是:既然当前资本主义社会是一个以依附和统领关系为基础的社会,这就表明人们需要哲学,确切地说,需要一种内含合理性乌托邦指向的激进哲学。

三、激进哲学与合理性的乌托邦

直到《激进哲学》的最后一章,“激进”概念才进入我们的视野。赫勒认为,马克思的哲学显然是一种激进哲学。激进主义意味着

“对于一个以依附和统领关系以及‘自然分工’为依据的社会的总体批判。激进的行动者是已经厌恶资产阶级的生活方式并决定支持另一种生活方式的那些人”①。与马克思一样，赫勒强调理论和实践相结合，她意识到仅仅依靠理论形态的哲学还不足以使世界成为人类的家园，因此，“哲学的应然必须变成人的意志，以便有一天可以说：它确实发生了。激进哲学必须成为激进运动的哲学，它必须‘打动群众’，必须‘变为物质力量’”②。更进一步，赫勒区分了右翼激进主义和左翼激进主义，前者不把人类视为最高的社会价值目标，拒不接受哲学价值讨论的规范，也不反思价值的意识形态本性，甚至否认其他群体价值的真实性；后者则视所有人为同等合理的存在者，主张通过集体合理的价值讨论决定价值规范。从本质上看，右翼激进主义是精英主义的，在它眼里，群众不可能具有独立的思考能力，只是被操控的客体；左翼激进主义则是民主的，尽管有时带有贵族气息，却一直致力于使主体意识到自己的本性。右翼激进主义由于不是民主的，所以不可能是真正激进的，尽管它会对以依附与统领关系为基础的社会进行总体批判，但“除了新的依附与统领关系之外，它无法推举任何事物来取代它们；它所做的只不过是用另一种形式复制了原有的混乱，因为，以依附与统领关系为基础的社会是无法通过一种新的依附与统领结构而得到克服的”③。按照这一界定，赫勒认为马克思属于左翼激进主义哲学的先锋。

赫勒认为激进哲学主要有四项基本任务：首先，承担哲学的功能，发展出体现合理性乌托邦的理想。赫勒并不认为激进哲学必须为未来社会绘制一幅精确的地图，因为对未来进行彻底详尽的描述是不可能的，“合理性的乌托邦始终是为现在而构想的，它的理想表明人们现在应该在前进方向上所朝向的——相对的——目

---

① ［匈］阿格妮丝·赫勒：《激进哲学》，赵司空、孙建茵译，黑龙江大学出版社2011年版，第119～120页。

② ［匈］阿格妮丝·赫勒：《激进哲学》，赵司空、孙建茵译，黑龙江大学出版社2011年版，第119页。

③ ［匈］阿格妮丝·赫勒：《激进哲学》，赵司空、孙建茵译，黑龙江大学出版社2011年版，第121页。

标,以及人们现在应该为之行动的目标”[①]。但是,“激进哲学必须批判依靠依附与统领关系的社会:它必须用一种新的生活方式取代其原有的生活方式。其批判必须是总体的;它必须通过这样的方式规划其乌托邦,即必须经由一种总体的社会革命来实现它”[②]。其次,激进哲学必须关注激进乌托邦的可能性问题,必须:(1)提出人类学的问题;(2)是一种批判的社会理论;(3)研究现存社会结构的起源。再次,激进哲学必须为人们推荐一种生活方式,教会人们应该如何生活,即必须是一种生命哲学。与卢卡奇和弗洛姆等人一样,赫勒发现现代人正经历着深层次的文化悖论,一方面,人们比以往任何社会的人们都享有更多的自由,但另一方面,个体变得越来越“原子化”,越来越孤立,由于经验现实与期望的裂痕越来越大,个体的个性日益分裂,恐惧和痛苦应运而生。要对抗这种分裂,人们必须重新获取生活的意义,这正是激进哲学要完成的一项重要任务。最后,激进哲学要告知人们“应该如何行动”,为最广义的政治行动制订计划。这就必须以可能性为基础,重视每一项具体的行动,并与所有试图解决具体冲突的人共同思考。[③]

什么是激进的乌托邦呢?赫勒的描述非常接近马克思对共产主义的刻画。在她看来,激进的乌托邦总是面向未来,指向一种社会结构(运动),并对现存社会结构持一种批判态度。激进的乌托邦不将未来视为历史的最终目的,而是将之视为史前史的结束以及真正人类历史的开端。与社会学、政治学和经济学等具体学科对未来社会的“结构 - 功能”刻画不同,激进乌托邦主要对未来社会进行价值陈述,其基本原则是:社会物质财富和精神财富的无限发展,每个人都有可能占有社会财富,劳动的社会分工被废除,人类可以控制他自己的社会生活,个体的创造性得到普遍发展。一言以蔽之,激进乌托邦指向一种非异化的动态社会。

激进乌托邦没有特定的社会模型,也不对未来社会做任何具

① [匈]阿格妮丝·赫勒:《激进哲学》,赵司空、孙建茵译,黑龙江大学出版社2011年版,第130页。

② [匈]阿格妮丝·赫勒:《激进哲学》,赵司空、孙建茵译,黑龙江大学出版社2011年版,第131页。

③ 参见[匈]阿格妮丝·赫勒:《激进哲学》,赵司空、孙建茵译,黑龙江大学出版社2011年版,第130~134页。

体的描绘，其基本要素是“应该”。赫勒区分了两种“应该”：一种是“应该是”（ought - to - be），激进乌托邦并非虚幻不可实现的，只有那些无视实践且与激进主义丧失联系的“应该是”才不属于激进哲学的范畴；另一种是“应该做”（ought - to - do），激进乌托邦必然内含激进的行动理论，激进行动具有超越当前资本主义社会的潜能，作为一种集体行动，它指向某个社会阶级（阶层）在当下无法满足的需要（即激进需要）。激进乌托邦有三种理想模型。第一种是阿佩尔（K. O. Apel）和哈贝马斯提出的交往社会理想型，其中“理性的对话”是关键，作为平等的个体，每一个人都可以参与到哲学价值讨论中来。第二种是阿佩尔的一个补充，即将道德因素（善）加入进来，善就是承认和满足所有需要。第三种来自康德。即康德在《道德形而上学》中概括的两种基本价值：自身的完美与他人的幸福。三种模型分别代表了哲学对真、善、美的追求，“真”关注的是人（人作为“理性人”存在）与社会的关系，“善”关注的是人（人作为“移情人”存在）与他人的关系，“美”关注的是人（人作为“创造/享乐人”存在）与共同体的关系。同时拥有三种身份的个人便是自由的个体。赫勒并不指望建立一种同一化的共同体，而是主张根据人们多元化的需要建立不同的共同体，在共同体中，人们能够摆脱个体利益的束缚，按照需要自由自主地选择生活。总之，从哈贝马斯和阿佩尔的理论出发，赫勒认为非异化的理性乌托邦应该建立在理想言语社区的本真交往基础之上，并认为激进乌托邦的合法性不能从科学、经济学、社会学或社会现实中得到证明，而只能从人类自身寻找答案。

第四节　对家庭变革与社会变革关系的再思考

赫勒在《日常生活》中提出了一个明显不同于传统马克思主义的观点：人的改变先于社会变革，对人的考察不能局限在工作场所，而应扩大到工厂以外的一切领域。我们知道，在工厂之外对个人成长影响最大的就是家庭。可见，家庭批判是日常生活批判的题中应有之义和逻辑延伸。黑格尔将家庭视为“直接的或自然的伦理精神”[1],认为它内在地包含着市民社会和国家的矛盾。马克思将目光转向市民社会内部的矛盾,同时对资本主义私有制的家庭形式展开了批判。恩格斯根据马克思的笔记整理出版了《家庭、私有制和国家的起源》,进一步丰富和发展了马克思的家庭批判理论。从根本上看,马克思和恩格斯倾向于认为家庭变革依附于社会(生产关系)变革。他们认为,资本主义社会的家庭形式与资本主义制度(生产关系)是紧密相关的,正是后者的剥削性质使得前者必然具有某种压迫属性,要废除不合理的家庭形式,必须推翻资本主义社会制度,代之以社会(共产)主义制度。布达佩斯学派对家庭变革和社会变革的逻辑关系进行了再考证,赫勒和瓦伊达在《共产主义与家庭》一文中提出,家庭变革应先于或至少与社会变革同步发生,资本主义社会的丧钟应该在家庭领域率先敲响。在新时代深入反思社会变革与家庭变革的关系,是坚持和发展马克思主义必须面对的一个问题。

一、问题的提出

如前所述,赫勒在《日常生活》中开启了社会批判理论的微观视域。依她所见,一场政治革命虽然可以建立一个不同于资本主义社会的新社会,却不足以改变人本身,尤其当新社会的主体(新人)缺位时,社会主义的人道化是不可想象的。让我们姑且假定这个论断是正确的,但随之而来便会遇到一个问题:既然资本主义社会已经蜕变为单向度的社会,新人又如何产生呢?卢卡奇诉诸教育、启蒙和艺术品的净化作用,但我们不禁要问,既然教育者一定是受教育的,资本主义社会体制之内又何来“纯净”的教育者呢?既然整个社会已经被物化意识所浸染,又何来知识分子的启蒙呢?在仿制品大行其道的现代社会,赝品与真品实现了“内爆”,还能有真正的艺术品存在吗?即便是有,还有欣赏艺术的人吗?上述理论困境促使布达佩斯学派将目光转向家庭,他们希望通过变革资产阶级旧家庭,建立共产主义新家庭,实现丰富的人性,塑造具有共产主义倾向的新人。这就喻示着,社会变革将无法仅仅在宏观

① [德]黑格尔:《法哲学原理》,范扬、张企泰译,商务印书馆1961年版,第173页。

尺度上得以实现，人的态度的改变成为社会变革的前提和关键。于是，如何在家庭内部完成个体的再生产，令家庭沿着人道主义的、民主的和社会主义的方向得以改变，就成为布达佩斯学派理论家最关心的问题。

众所周知，马克思和恩格斯从来没有描绘过共产主义社会的具体细节，他们“不想教条地预期未来，而只是想通过批判旧世界发现新世界”①。恩格斯在晚年的一封通信中写道：“在将来某个特定的时刻应该做些什么，应该马上做些什么，这当然完全取决于人们将不得不在其中活动的那个既定的历史环境。”②马克思和恩格斯非常清楚，“人类始终只提出自己能够解决的任务，因为只要仔细考察就可以发现，任务本身，只有在解决它的物质条件已经存在或者至少是在生成过程中的时候，才会产生”③。因此，马克思和恩格斯只是对未来社会进行了大致的规划和勾勒。布达佩斯学派认为共产主义社会有一个基本的价值指向，即消除私有财产、异化和集体权威。从这一价值理想出发，革命的目标就“绝不仅仅是用新的社会形式取代现存的社会形式，而是更充分地实现人类个体和社会关系。消除：(1)人的关系变为物的关系的拜物教；(2)人从属于他人；(3)人与他人的关系仅仅表现为手段”④。布达佩斯学派的这种观点基本上符合马克思的设想，前面我们曾讨论过政治解放和人类解放的关系，在马克思那里，革命的确不是夺取政权这么简单，作为一种必要的手段，它始终围绕人类解放这一根本目的展开。在这个意义上，我们赞同如下说法，“革命的根本含义正在于根本改变人受制于自己的活动结果和自己的社会关系的异化状态，真正发挥人的自由的创造性的本质”⑤。既然“马克思不仅把革命看成是无产阶级夺取政权，而且把它看成是积极扬弃私有财产和异化这一过程的前提条件”⑥，这就预示着推翻资本主义社会并

---

① 《马克思恩格斯文集》第10卷，人民出版社2009年版，第7页。

② 《马克思恩格斯文集》第10卷，人民出版社2009年版，第458页。

③ 《马克思恩格斯全集》第31卷，人民出版社1998年版，第413页。

④ Andras Hegedüs [et al.], *The Humanisation of Socialism: Writings of the Budapest School*, London: Allison & Busby, 1976, p. 7.

⑤ 衣俊卿：《衣俊卿自选集》，学习出版社2012年版，第70页。

⑥ Andras Hegedüs [et al.], *The Humanisation of Socialism: Writings of the Budapest School*, London: Allison & Busby, 1976, p. 43.

建立无产阶级专政，还不是真正的社会主义，只有消除了异化，实现了人的自由全面发展才是社会主义。沿着这一思路往下走，布达佩斯学派提出了尖锐的问题：总体的社会变革必然伴随着一种真正的人类关系的实现吗？仅仅凭借政治活动和经济活动，能够实现自由民主的社会主义社会吗？赫勒等人更愿意相信，只有日常生活（尤其是家庭关系）朝着人道化的方向改变了，社会变革才能发生，共产主义才会实现。

二、对资本主义社会家庭形式的批判

恩格斯在《家庭、私有制和国家的起源》中描绘了三种婚姻形式：群婚制、对偶婚制和专偶制。在他看来，私有财产的废除以及国家的消亡同资产阶级专偶制家庭的瓦解紧密相连。一方面，从人类历史发展的角度看，专偶制的形成是文明时代的标志，由于其"明显的目的就是生育有确凿无疑的生父的子女"①，确立财产继承人的身份，为财产的继承奠定基础，这种婚姻关系往往比以往所有的婚姻关系都更加牢固。另一方面，专偶制是建立在丈夫的统治之上的，"从一开始就具有了它的特殊的性质，使它成了只是对妇女而不是对男子的专偶制"②。专偶制下绝不可能存在真正的爱情，它"决不是个人性爱的结果，它同个人性爱绝对没有关系，因为婚姻和以前一样仍然是权衡利害的婚姻"③。不难想象，专偶制下定会出现如下情形：男子用金钱或其他社会权力手段去买得妇女的献身，而妇女则会出于某种考虑而委身于男子，或由于担心经济后果而拒绝委身于她所爱的男子。专偶制还是一种建立在公开或隐蔽的妇女家务奴隶制之上的家庭形式，这就使得丈夫占据了一种特权统治地位。在谈到未来社会的家庭形式时，恩格斯特意强调，专偶制并不会消亡，而是会真正地实现，但"只有在消灭了资本主义生产和它所造成的财产关系，从而把今日对选择配偶还有巨大影响的一切附加的经济考虑消除以后，才能普遍实现"④。这就表明：在无产阶级革命推翻资本主义社会并废除私有制之后，资本

① 《马克思恩格斯文集》第4卷，人民出版社2009年版，第73~74页。
② 《马克思恩格斯文集》第4卷，人民出版社2009年版，第75页。
③ 《马克思恩格斯文集》第4卷，人民出版社2009年版，第77页。
④ 《马克思恩格斯文集》第4卷，人民出版社2009年版，第95页。

主义社会的专偶制家庭形式将自行瓦解，共产主义的家庭形式(真正的专偶制)将自行出现，“我们现在正在走向一种社会变革，那时，专偶制的迄今存在的经济基础，正像它的补充物即卖淫的经济基础一样，不可避免地都要消失”①。从恩格斯关于专偶制家庭形式的论述中我们可以得出两点：一是专偶制是人类社会历史发展特定阶段的产物，它有一个产生、发展和灭亡(真正地实现)的过程。二是专偶制家庭形式的瓦解必须以资本主义生产关系的废除为前提，这就暗示了社会变革的优先性。布达佩斯学派对这两个方面提出了质疑：首先，他们并不认为资本主义的专偶制家庭形式会随着生产关系的变革自动消失；其次，他们认为如果不培养出拒斥资本主义私有制的个体，不仅专偶制家庭形式不可能瓦解，就连社会革命也不会发生。总之，布达佩斯学派主张将恩格斯的逻辑颠倒过来，首先从家庭出发，弱化和废除资本主义社会的专偶制家庭形式，建立共产主义特征的新的家庭形式，然后以此为基础再生产出具有共产主义价值理想的新人，由他们去推翻资本主义社会，建立共产主义社会。

有人认为，马克思主义没有相关的家庭变革理论，这种说法不确切。众所周知，在马克思那个时代，工人劳动非常辛苦，每天基本上要工作十几个小时，恩格斯曾这样描绘道：他们“在低矮的房子里劳动，吸进的煤烟和灰尘多于氧气，而且大部分人从6岁起就在这样的环境下生活，这就剥夺了他们的全部精力和生活乐趣”②。可以想象，在这种恶劣的工作条件下，工人不可能有充裕的时间管理家庭事务，他们的孩子只能在大街上和工厂里长大。另外，当时资本主义社会政治和经济领域的矛盾异常尖锐，工人运动此起彼伏，家庭矛盾问题并未完全凸显出来。上述原因导致了马克思不可能过分关注家庭变革问题。但到了20世纪70年代，资本主义社会的形势发生了重要变化，经济危机和政治危机的破坏力由于垄断和国家宏观调控政策的出台大大减弱了，工人运动陷入低潮。资本主义社会的这些新变化成为马克思和恩格斯研究人类学和家庭问题的契机，马克思撰写出大量笔记和手稿，恩格斯则依据这些

① 《马克思恩格斯文集》第4卷，人民出版社2009年版，第89页。

② 《马克思恩格斯全集》第2卷，人民出版社2005年版，第44页。

材料撰写了《家庭、私有制和国家的起源》。可见,家庭问题并非为马克思和恩格斯所忽视,反而在他们的理论体系中占据着重要的地位。

布达佩斯学派认为,随着资本主义社会的发展,尤其是消费社会的出现,资产阶级家庭在结构和功能上发生了重要的转变,具体说来,现代资产阶级社会的家庭具有四个特征:第一,严格意义上的专偶制已经终结。离婚在法律上和事实上被普遍接受,尤其在瑞典和丹麦,人们认为婚姻制度应该在法律上被废止。第二,在法律上,男性在婚姻中的权威几乎被彻底清除,事实上也的确被削弱了,这与"妇女解放"、妇女工作范围的扩展、妇女政治平等的实现等有关。第三,与性有关的道德规范发生了转变,这既改善了妇女的境况,也令离婚率不断攀升。第四,大家庭在事实上正逐渐被核心家庭取代。① 必须承认,现代社会的离婚率的确有不断攀升的趋势,人们追求自由性爱的意识也越来越强,闪婚闪离、非婚同居、独身丁克等现象已不再罕见。一方面,随着女权主义运动在西方的勃兴,妇女越来越意识到家庭压迫的根源在于资本主义制度和男权统治,在争取平等地位的同时,她们更多地将批判的矛头指向资本主义私有制。另一方面,随着生产力水平日渐提高,人们越来越注重生活质量,三口之家逐渐成为基本的家庭结构模式,独生子女性格的培养以及老人晚年孤独等问题也随之出现。这足以表明,家庭问题绝不可小觑。但我们也应看到,布达佩斯学派描述的这些特征并不具有典型性,尤其对我国而言,恐怕更是如此。前面我们曾提到,中国社会是一个日常生活异常强大的"乡土社会",这就意味着前现代、现代和后现代的要素是交错共生的。且不说我国大部分农村地区的人们仍然固守着传统的家庭观念,家庭结构并未发生根本性改变,就是在一些现代化程度较为发达的地区,传统文化设置的藩篱也未必完全被打破。

布达佩斯学派认为家庭能否塑造出具有共产主义潜质的个体,将直接影响到资本主义私有制的废除。然而,目前实现家庭变革的形势并不乐观,这主要表现在,资本主义社会的家庭结构仍然

---

① Andras Hegedüs [et al.], *The Humanisation of Socialism: Writings of the Budapest School*, London: Allison & Busby, 1976, p. 10.

是压迫的、权威主义的和剥削的,基本功能仍是确保个人在成长过程中形成一种迎合资产阶级社会的性格机制。要实现资本主义社会家庭形式的彻底变革,必须颠覆这种家庭关系,而这就需要注意两点:首先,资产阶级家庭并非共同体(community),而是独裁主义的,这就使得它在教育孩子的过程中,尤其在告知他们如何在共同体中生活和行动时明显乏力。即使在一个妇女享有平等权利、家庭民主气氛浓厚的家庭,这一点也不会有任何改观。因为孩子仍然和父母生活在一起,一切事务仍然受到父母的干涉,最重要的是,由孩子自由结合且相对独立的共同体是不存在的。按照福柯(Michel Foucault)的理论,规训与惩罚来自一种权力的压迫,在现代家庭中,年龄的大小通常会形成一个自然的等级序列,年长的孩子相对于年幼的孩子拥有一种特权,压迫就在这里滋生出来。在这样一种等级森严的家庭环境中成长起来的孩子,成年后必然会具有一种权力欲和压迫欲,这对于塑造共产主义的新人来说极为不利。其次,资产阶级家庭是在财产私有制的基础上建立起来的,孩子在这样的家庭中成长,必然会产生一种自私的自我保护本能,为争夺物质财产而出现内部矛盾和斗争,这种斗争还会蔓延到家庭与家庭、家庭与社会之间。布达佩斯学派认为,即使是在一个有意拒斥私有观念的家庭里,这种境况也不会出现根本性的逆转。因为无论父母心胸多么宽广,他们也绝不会允许自己的孩子把所有的玩具都拱手送人,而是一定会强调这些玩具是“你的”。在这个意义上,赫勒认为“正是现代家庭再生产出所有权意识和自然共同体重要的‘我们意识’”①。

布达佩斯学派对资本主义社会家庭形式的批判可谓入木三分,对我们塑造和建设中国特色社会主义的家庭形式也有一定的启发意义。资本主义社会发展至今,的确与马克思那个时代有所不同。恩格斯曾对无产阶级的家庭形式寄予厚望,认为“无产者的家庭……不再是严格意义上的专偶制的家庭了。……无产者的婚姻之为专偶制,是在这个名词的词源学意义上说的,决不是在这个名词的历史意义上说的”②。布达佩斯学派认为恩格斯的论断忽略

① Andras Hegedüs [et al.], *The Humanisation of Socialism: Writings of the Budapest School*, London: Allison & Busby, 1976, p.15.

② 《马克思恩格斯文集》第4卷,人民出版社2009年版,第85~86页。

了现代社会无产阶级家庭结构资产阶级化的趋势。所谓资产阶级化，并不是说无产阶级变成了资产阶级，也不是说无产阶级开始认同资产阶级，而是表明，在无产阶级的家庭中出现了资产阶级家庭的部分因素和特征。布达佩斯学派要质疑的是，一个资产阶级化的无产阶级家庭有可能培养出推翻资本主义社会的个体（共产主义的新人）吗？囿于时代的局限性，马克思和恩格斯未能详细阐明他们的家庭变革理论，在家庭变革与社会变革的关系问题上，他们主要强调的是后者的决定性作用。第二国际理论家无限夸大了社会变革的作用，将家庭问题放置一旁不予理会，他们"将总体社会进程和个体心理特征的塑造看成是直接关联的，并坚信前者的转变将自动引发后者的变革"[1]。西方马克思主义理论家普遍关注个体和家庭问题，他们反复强调，"'新人'的塑造不仅仅是'意识形态影响'的结果，其目标也不是社会结构转变的机械应答，而是瞄准一种与社会生产单位的民主转变相关的心理特征的培育"[2]。就这一点而言，布达佩斯学派与西方马克思主义是一致的。

总之，布达佩斯学派认为马克思主义围绕物质生产对资本主义社会所做的阐释并不足以揭示资本主义社会的全貌。他们坚信以下三点：第一，社会越发达，个体进入生产领域的阶段就越滞后，年轻人就越容易以一种固定的心理道德特征开始他们的工作生涯。第二，社会越发达，人们用于生产的时间就越少，减少工作时间成为社会的目标，单纯在生产领域形成全面的关系是不可想象的。第三，即使人们可以自由地选择职业和技术，从个体的立场看，他们却不能决定生产。[3] 一言以蔽之，只要人们的心理特征没有发生质的转变，任何政治民主和社会变革都是无法实现的，而任何心理特征的转变必须通过资产阶级家庭内部的激进变革才能实现。

---

① Andras Hegedüs [et al.], *The Humanisation of Socialism: Writings of the Budapest School*, London: Allison & Busby, 1976, pp. 16-17.

② Andras Hegedüs [et al.], *The Humanisation of Socialism: Writings of the Budapest School*, London: Allison & Busby, 1976, p. 18.

③ Andras Hegedüs [et al.], *The Humanisation of Socialism: Writings of the Budapest School*, London: Allison & Busby, 1976, p. 18.

三、公社：共产主义社会的家庭形式

布达佩斯学派认为共产主义社会应该具有一种全新的家庭形式，其基本特征有四个方面：第一，必须是一个民主结构的共同体，个体早期可以在里面习得民主倾向。第二，必须确保全面的人际关系，包括成人与孩子的关系。第三，必须确保个体的发展和实现，其基本前提是，甚至在孩童时代，人际关系也可以自由反复地选择。第四，必须消除专偶制以及专偶制废除后所引发的冲突。[①]这种新的家庭形式被称作公社（commune）。布达佩斯学派认为，公社作为资本主义社会家庭形式的替代形态，并不是共产主义社会最基本的经济（政治）细胞，而是集体日常生活的组织中心，整个社会组织是完全独立于公社的。公社与共产主义之间是相互影响的关系：一方面，"由于公社仅仅是作为一个家庭发挥作用，它的实现不可能脱离社会政治状况，独立于共产主义在全球范围内实现"[②]；另一方面，"通过塑造具有共产主义需要的人，公社将有助于实现共产主义的转变"[③]。至于社会转变（社会主义革命）和家庭变革（建立公社）的先后关系，布达佩斯学派强调后者的优先性："这绝不意味着公社的组织必须'等到'共产主义转变开始后才可以出现，恰恰相反，这两个进程必须同时启动，并且如果形势喜人，家庭向公社的转变可能在整个进程实现之前就会到来。"[④]布达佩斯学派认为公社的日常运行必须具备四个条件：第一，工作是强制性的，公社中所有健全的成员必须工作，参与社会劳动分工。第二，任何人不能免除公社的集体任务。第三，公社中的每位成员必须以某种方式介入孩子们的共同体，无论该共同体中是否有"自己的"孩子。第四，公社不能干涉成员的生活、工作、自由时间和人际交往，公社范围也不能太大，要保证内部能够实行直接民主。

---

① Andras Hegedüs [et al.], *The Humanisation of Socialism: Writings of the Budapest School*, London: Allison & Busby, 1976, pp. 18-19.

② Andras Hegedüs [et al.], *The Humanisation of Socialism: Writings of the Budapest School*, London: Allison & Busby, 1976, p. 20.

③ Andras Hegedüs [et al.], *The Humanisation of Socialism: Writings of the Budapest School*, London: Allison & Busby, 1976, p. 20.

④ Andras Hegedüs [et al.], *The Humanisation of Socialism: Writings of the Budapest School*, London: Allison & Busby, 1976, p. 20.

布达佩斯学派对公社寄予了厚望，他们坚信现有的资产阶级家庭形式无法让人们从家务劳动中解放出来，只有公社可以彻底改变人们的日常生活方式，实现根本性的变革。我们知道，大家庭要比核心家庭运行起来更经济，因为人们可以同时照看多个孩子，年长的孩子可以照顾年幼的孩子。同理，公社要比大家庭更经济，因为在由孩子组成的共同体中，他们可以互相照顾，只需少量成人在旁指导即可。人们还可以在公社中普遍使用大机器，进一步提高工作效率。如果说在资产阶级的传统家庭形式中，人们在空闲时间常常围坐在电视机旁或徜徉在商品世界中，那么在公社中则是另一番景象，人们可以自由地发展自己和孩子们的个性，从事一些更积极、更有文化内涵的创造性活动。

布达佩斯学派认为，公社最明显的优势体现在对孩子的护理上。在公社中，孩子并不是被集体带大的，而是属于一个真正的共同体。这并不是说，公社中成人和孩子的关系不可能是亲密的、广泛的，而是说他们的关系绝不能是独裁的。孩子在共同体中可以自由地决定自己的命运，可以更快更好地成长起来。在公社中，传统的家庭亲情关系被打破，父母对子女固定的感情偏爱被彻底消除。在这种环境下成长起来的孩子将会倾向于选择更具魅力且与他们内在相关的成人作为“榜样”，成人也会自由地选择中意的孩子。这是一个没有强制和胁迫的双向选择过程，如果一切进展顺利，公社成员的个性将沿着最合理的方向发展，私有制将会被彻底扬弃，“我的”和“你的”的二分将不复存在，一种真正的和谐社会（家庭）将会出现。更重要的是，“孩子的心理特征在这样一种环境下成长起来，将会支持一种民主的生活方式，因为他们绝不会接受这样一种境况：即认为他们无法决定自己的命运是正常的”①。

人们或许会顿生疑惑，既然布达佩斯学派描述的公社具有如此多的优点，是否表明这是一条现实可行的道路呢？换言之，家庭变革的星星之火能否最终燎燃社会主义革命的熊熊烈火呢？我们认为，做出肯定的回答显然还为时过早。首先，布达佩斯学派的公社是在资本主义社会内部形成的，这与马克思主义经典作家关于

---

① Andras Hegedüs [et al.], *The Humanisation of Socialism: Writings of the Budapest School*, London: Allison & Busby, 1976, p. 24.

未来共产主义社会家庭形式的论述存在根本性差别，后者始终认为，私有制的废除是未来家庭形式生成的基本前提。恩格斯曾这样设想："随着生产资料转归公有，个体家庭就不再是社会的经济单位了。私人的家务变为社会的事业。孩子的抚养和教育成为公共的事情；社会同等地关怀一切儿童，无论是婚生的还是非婚生的。"①马克思在《法兰西内战》中指出，工人们必须应该知道，"为了谋求自己的解放，并同时创造出现代社会在本身经济因素作用下不可遏止地向其趋归的那种更高形式，他们必须经过长期的斗争，必须经过一系列将把环境和人都加以改造的历史过程"②。显然，马克思同时强调了社会变革和人的改造，在他看来，这两个过程本就是同一个事物，"环境的改变和人的活动或自我改变的一致，只能被看做是并合理地理解为革命的实践"③。

布达佩斯学派则认为，在资本主义私有制下，人们也可以让家庭成为非经济单位，让私人家务成为公共事业，让孩子的抚养成为公共的事务，让一切孩子平等受到关爱，不受任何歧视。这明显忽视了资本逻辑对家庭的渗透和殖民！人们不禁会问，公社运行所需的资金从何而来？如何保证公社成员在分配财产时做到公平公正？如何保证公社中拥有权威的人能够避开资本主义私有制的干扰，做到大公无私？当布达佩斯学派强调人们可以自由选择公社时，如何保证公社成员一定是道德高尚的好人？在一个由道德水平低下的坏人组成的公社中，如何保证孩子健康成长呢？当人们自由选择一个公社过自己喜爱的生活时，如何保证人们不会变心，始终对自己的配偶保持忠诚呢？当孩子可以自由选择公社中的成人作为"家长"时，如何保证孩子的选择是正确的呢？这会不会危及原有的伦理亲情关系？其次，布达佩斯学派的公社具有明显的乌托邦特征，在描述时也充满了矛盾。如其所述，公社中所有健全的成员必须工作和参与社会劳动分工，因此工作是强制性的。这一点颇让人费解。既然人们在公社中从事的是一种强制性的社会劳动，又如何保证个性自由的全面实现呢？如果个体的个性和能力无法全面发展，又怎么能够说这是共产主义社会呢？马克思和

---

① 《马克思恩格斯文集》第4卷，人民出版社2009年版，第89页。

② 《马克思恩格斯文集》第3卷，人民出版社2009年版，第159页。

③ 《马克思恩格斯文集》第1卷，人民出版社2009年版，第500页。

恩格斯清醒地意识到，在未来共产主义社会中，无论是工厂还是家庭，人们的工作都应该是自愿的，“只要分工还不是出于自愿，而是自然形成的，那么人本身的活动对人来说就成为一种异己的、同他对立的力量，这种力量压迫着人，而不是人驾驭着这种力量”①。而在这种情况下，“劳动仍然是最主要的，是凌驾于个人之上的力量；只要这种力量还存在，私有制也就必然会存在下去”②。可见，强制劳动（分工）与私有制紧密相连，任何试图保留前者除去后者的做法均不可能实现。最后，在对共产主义社会家庭形式的理解上，布达佩斯学派更多地停留于一种理想（理论）层面，即将之视为一种应当确立的状况，他们恰恰忽略了，这种状况是需要现实的运动才能实现和改变的。可见，他们仍然在解释世界，而没有改变世界。

问题的症结是资本逻辑。马克思和恩格斯之所以没有花大量笔墨在家庭变革上，是因为他们非常清楚，资本的逻辑不仅控制了市场经济、国家权力等宏观社会场域，同时也渗透到文化、社会心理、日常生活和家庭等微观社会领域，作为一种总体性的存在，资本逻辑的克服必须以总体性的革命为前提，而总体性的革命又必须以推翻资本主义生产关系和社会制度为前提。赫勒等人认为家庭形式的变革可以点燃社会革命之火，是以低估资本逻辑的殖民力量为前设的，这只能是一种乌托邦的幻想。

当然，提出问题有时比解决问题更为重要，布达佩斯学派的家庭变革理论具有重要的理论意义和实践价值。首先，与那些强调宏大叙事、革命铁的必然性和经济决定论的第二国际、第三国际理论家相比，布达佩斯学派更多地将目光投向日常生活和家庭变革，强调社会运动的文化丰富性和复杂性，这无疑有助于丰富和发展马克思主义的资本主义批判理论和革命理论，尤其对我们反思宏观政治革命与微观日常生活变革的辩证关系，反思传统马克思主义偏宏观、轻微观的社会历史表述模式具有重要的启示意义。从实践层面看，我国已经是社会主义社会，布达佩斯学派对未来家庭形式的诸多设想已经具备了实施条件，但这并不是说我们可以拿来就用，而是要根据我国的国情和民情，在逐渐探索的基础上展开

① 《马克思恩格斯文集》第1卷，人民出版社2009年版，第537页。

② 《马克思恩格斯文集》第1卷，人民出版社2009年版，第557页。

试点。例如，布达佩斯学派对家庭内部平等、自由、民主原则的强调，就对我国家庭教育和幼儿教育具有丰富的启发意义。总之，布达佩斯学派理论家从人道主义的马克思主义立场出发，批判了资产阶级社会的家庭形式，对未来共产主义社会的家庭形式进行了勾画，这是值得充分肯定的。但同时，他们对家庭变革作用的过分倚重陷入了乌托邦，使得对马克思主义的"复兴"变成了误读，这是值得深刻反思的。

第五节 马尔库什对马克思"人的本质"概念的解读

马克思主义最重要的理论品质是批判性和革命性，但在马克思主义发展史上，第二国际理论家却将这一重要品质与马克思主义的科学性对立起来，将理性批判蜕变为一种实证研究，彻底"悬置"了价值问题，在方法论上呈现出理论与实践、结论与方法、科学与价值相分离的特征。从表面上看，这样做似乎是在肯定和捍卫马克思主义的科学性，其实不然，声称不含任何价值判断，恰恰是一种资产阶级的意识形态。令人遗憾的是，苏联正统的马克思主义无意识延续了第二国际理论家的这一错误做法，马克思主义被解释为严格意义上的经济决定论和片面强调经济基础决定上层建筑的阶级还原论。西方马克思主义理论家对第二国际和苏联正统的马克思主义提出了质疑，以卢卡奇为首的人道主义的马克思主义者试图通过强调总体性和中介，以审美和教育的方式保持马克思主义的批判性和革命性；而以阿尔都塞为首的结构主义的马克思主义者试图从马克思成熟时期的著作出发，强调意识形态与科学的二分，以此论证马克思主义的科学性。然而，马克思主义的批判性和科学性始终未能真正结合起来。在这个关键问题上，马尔库什对"人的本质"概念的解读为我们提供了一把贯通理解马克思思想的钥匙，从马克思思想的连续性与非连续性的统一出发，他试图证明，无论是马克思早期的人道主义思想还是后期的唯物史观理论，均是一种批判的、科学的理论。

一、围绕马克思"人的本质"概念展开的争论

长期以来，马克思的"人的本质"概念一直是西方马克思主义

理论家争论的焦点。归纳起来,大致有两种观点:一种观点从人道主义的马克思主义出发,把“人的本质”概念视为马克思一生学术生涯的核心,认为资本主义社会下人是普遍异化的,只有到了社会主义(共产主义)社会,人的本质才可以实现(复归);另一种观点从结构主义的马克思主义出发,认为“人的本质”概念和理论上的人道主义是不科学的意识形态,必须把人的哲学神话打得粉碎。上述两种观点分别在弗洛姆的《马克思关于人的概念》和阿尔都塞的《保卫马克思》中有着深刻的体现。第一种观点面临着双重理论困境:首先,如何以“人的本质”概念全面解说马克思的唯物史观,进而说明该概念与生产力和生产关系诸范畴内在旨趣的一致性?其次,“人的本质”概念是否内含一种唯心主义的伦理价值悬设(乌托邦成分)?抑或如阿尔都塞所言,会促成一种自由主义的狂热并令马克思的革命批判精神丧失殆尽?第二种观点难以回答如下问题:一旦宣布“人的本质”概念是一种意识形态,势必会令人顿生疑惑,难道说马克思不再关心人了吗?难道说马克思哲学及其社会主义(共产主义)的理想不再具有人道主义的价值意蕴了吗?将历史视为一个无主体的过程,难道不会跌入命定论的窠臼吗?可见,西方马克思主义理论家并未真正揭示出马克思“人的本质”概念的全部内涵。时至今日,破解这个“谜团”仍是我们理解马克思哲学思想的关键。马尔库什在早期成名作《马克思主义与人类学》中试图解开这个“谜团”,从总体理论逻辑上看,他秉承了卢卡奇人道主义的马克思主义的基本思路,试图将马克思的“人的本质”概念与历史概念缝合在一起,进而阐明马克思的唯物史观。马尔库什的解读在某种意义上契合了马克思主义的真精神,对我们理解马克思思想具有重要的启示意义。

二、马克思“人的本质”概念的三个要素

在《马克思主义与人类学——马克思哲学关于“人的本质”的概念》英文版导言里,马尔库什声称要用“人的本质”概念建构一种“哲学人类学”。那么,什么是哲学人类学呢?赫勒在《人的本能》中曾指出,必须将人的本能的研究置于人类学研究中去,即必须弄清楚社会整体、结构、转变等历史观问题。由于人在本质上是一种社会存在物,人类学只能是社会人类学。可见,这里的哲学人类学

指的是社会人类学。从社会人类学角度理解“人的本质”具有双重优越性：一方面，它强调了“人的本质”的社会性，这是马克思对人的本质的基本规定；另一方面，它暗含人的本质理论与社会历史理论具有内在一致性，这有利于我们从整体上理解马克思的思想。就后一个方面而言，马尔库什指出，如果将两者割裂开来，一定会陷入二律背反，并在理论上出现两种错误倾向：

> 一方面我们发现，马克思的共产主义理论被阐释为从人类的“真正本质”中以人类学的方式推演出来的某种道德公理，或者更糟糕地被当做来世信仰或超验目标；另一方面我们同样频繁地听到这种指斥：马克思把人彻底地消解于历史，把历史从物质和精神两方面彻底地消解于严格决定的事件、时代和社会经济结构的简单的连续性，这使得一切价值都成为相对的，因而不可能对历史现象作出普遍有效的非实用性评判（例如道德评判）。①

上面这段话针对的应该是弗洛姆和阿尔都塞。笔者认为，马尔库什一开始便在方法论上占据了一个高点，他要做的工作是将人道主义的马克思主义和科学主义的马克思主义两种异质的分析理路综合起来。例如，在对马克思的共产主义概念的理解上，马尔库什指出：一方面，资本主义社会发展过程中的矛盾必须到了共产主义社会才能最终解决，共产主义社会是人类发展的“必然”阶段；另一方面，共产主义不仅是资本主义之后的一个必然的“高级”阶段，不仅在因果和时间上与后者存在连续性的关系，两者还存在道德上的矛盾关系，共产主义之所以在道德上值得肯定，主要是因为在这个社会人们最有利于实现自己的本性并和自然实现统一。这一理解是符合马克思主义的。下面，我们来看马尔库什对马克思“人的本质”概念三个要素（劳动、社会性和意识）的具体分析。

（一）劳动

马克思关于“人的本质”概念的论述主要集中在早期著作《1844年经济学哲学手稿》中。要阐明“人的本质”是什么，必须先回答一个问题：人是否是一种自然存在物？如果是，又与动物何

① ［匈］乔治·马尔库什：《马克思主义与人类学——马克思哲学关于“人的本质”的概念》，李斌玉、孙建茵译，衣俊卿校，黑龙江大学出版社2011年版，第2页。

异？马克思是这样回答的："人直接地是自然存在物。……是能动的自然存在物。"[①]同时由于自然界构成了人的无机身体，故而人又是受动的自然存在物。马尔库什指出，在马克思的分析中，作为自然的、生物学意义上的存在物的人不过是一个前提，马克思并不关心人类作为一个生物学物种得以形成的人类起源过程，他的兴趣点是"人的社会历史发展，而非人的自然发展"[②]。由此出发，马克思认为人与动物的区别在于：首先，动物从属于某一个类，而人本身就是类存在物；其次，与动物不同，人能够从事自由的、有意识的活动，即从事一种不同于动物片面生产的全面生产，这种活动（生产）就是劳动。更进一步，马尔库什指出马克思的"劳动"概念具有双重内涵：首先是哲学人类学的内涵，即"把人类生产活动视为一个具有人类学-社会学的特性的过程，视为人类在历史进程中自我创造、自我转化的过程"[③]；其次是经济学的内涵，即"把劳动视为一个具备自然进化特性的过程，视为自然进化的最高级的形式和类型"[④]。不难看出，马尔库什对"劳动"概念采取了一种非自然主义、非技术还原论式的解读，一方面是为了反对阿尔都塞结构主义的马克思主义，另一方面是为了反对苏联教条化的正统马克思主义。

那么，究竟应该如何看待资本主义社会的异化劳动呢？马尔库什认为，这种现实和理想的差异要求人们绝不能将劳动简化为单纯的技术活动，正是劳动在历史中的具体社会形式决定了哲学人类学意义上的劳动的实现形式、程度和限度。按照人们对马克思主义的传统理解，生产力决定生产关系，生产关系反作用于生产力，这似乎是天经地义的公理。然而，马尔库什却反转了生产力和

---

① 《马克思恩格斯文集》第1卷，人民出版社2009年版，第209页。

② ［匈］乔治·马尔库什：《马克思主义与人类学——马克思哲学关于"人的本质"的概念》，李斌玉、孙建茵译，衣俊卿校，黑龙江大学出版社2011年版，第6页。

③ ［匈］乔治·马尔库什：《马克思主义与人类学——马克思哲学关于"人的本质"的概念》，李斌玉、孙建茵译，衣俊卿校，黑龙江大学出版社2011年版，第28页。

④ ［匈］乔治·马尔库什：《马克思主义与人类学——马克思哲学关于"人的本质"的概念》，李斌玉、孙建茵译，衣俊卿校，黑龙江大学出版社2011年版，第28页。在《语言与生产——范式批判》中，马尔库什将马克思的"生产"概念区分为两个方面：一是人与自然之间的技术过程；二是人与人之间的生产关系的再生产过程。在哲学人类学意义上，马尔库什认为"劳动"和"生产"并无实质区别。

生产关系的关系式，在他看来："生产关系不是简单地加速或减速、'促进或阻碍'被假定为不可抗拒的'技术性的'发展过程，而是在总体上确定发展过程得以实现的实际社会条件。"[①]马尔库什之所以强调生产关系的"决定性"作用，一方面是为了反对生产力的唯技术主义阐释，另一方面是为了强调生产关系对人的本质的影响。他清醒地意识到，如果忽略了社会制度因素，一味地强调生产力（技术）的发展，一定会陷入宿命论，且在深层次上沦为资产阶级的意识形态。赫勒也有相似的见解，在《现代性理论》中，她专门批判了海德格尔的"技术座架论"，指出如果任由技术的单方面发展，人类历史将走向灭亡。

（二）社会性

马尔库什意识到，仅仅把劳动视为人的本质，并没有涵盖马克思"人的本质"概念的全部内涵。人还是一种社会性的存在物，正如马克思所言，"人的本质是人的真正的社会联系，所以人在积极实现自己本质的过程中创造、生产人的社会联系、社会本质，而社会本质不是一种同单个人相对立的抽象的一般的力量，而是每一个单个人的本质，是他自己的活动，他自己的生活，他自己的享受，他自己的财富"[②]。在批判费尔巴哈时，马克思旗帜鲜明地指出："人的本质不是单个人所固有的抽象物，在其现实性上，它是一切社会关系的总和。"[③]马尔库什认为，把人的本质归为社会性具有双重内涵："其一，一个人必须与他人保持接触和交往，否则他就不能成为一个真正的人，不能过人的生活。……其次，人之所以为人，正是因为他在一定程度上占有了由前辈或同时代的其他人创造并对象化的能力、需要、行为方式、观念等等，并纳入他自己的生活和活动。"[④]第一个方面体现了人的群体性，第二个方面体现了人的社会历史性。后一个方面表明，即使是一个人独处，他（她）也是社会性的存在物，因为他（她）从根本上说还是离不开前代人留下的

---

① ［匈］乔治·马尔库什：《马克思主义与人类学——马克思哲学关于"人的本质"的概念》，李斌玉、孙建茵译，衣俊卿校，黑龙江大学出版社2011年版，第25页。

② 《马克思恩格斯全集》第42卷，人民出版社1979年版，第24页。

③ 《马克思恩格斯文集》第1卷，人民出版社2009年版，第505页。

④ ［匈］乔治·马尔库什：《马克思主义与人类学——马克思哲学关于"人的本质"的概念》，李斌玉、孙建茵译，衣俊卿校，黑龙江大学出版社2011年版，第31页。

"基业"。

关于人的本质的社会性,马尔库什认为应注意两点:第一,不能把决定具体个人的社会-历史条件理解为与个人相异化的、从外部强加到个人真实的"原始的"冲动和动机之上的、窒息和压抑真实自我的桎梏;第二,不能将每一个具体个人的性格完全消解和还原为一系列社会学的规定性。就第一点而言,马尔库什认为人根本就不存在"原始的"冲动和动机,他强调人的本质的社会性,目的是为了论证人具有"开放性"和"可塑性"。至于第二点,涉及对马克思社会决定论的评价。马尔库什认为,人绝不是一张被动接收信息的白板,唯有通过占有的过程,即个体的选择活动,世界中的各种要素才能转换为他自身的性格成分,在这个意义上,"每一个人的具体的不可还原的个性首先是由这种选择活动及其社会后果直接形成的"①。人们选择的过程没有任何必然性可言,个体总是面临着一个"双重偶然性"(出生的偶然性和成长的偶然性)的世界。尽管马尔库什非常强调个体的能动性和选择性,但他并不认为人们可以任意做出选择,因为任何个体都严格地受到历史的可能性条件的限定。

(三)意识

与人的本质直接相关的第三个要素是意识。人类的劳动行为总是内含目的,正如马克思所言:"劳动过程结束时得到的结果,在这个过程开始时就已经在劳动者的表象中存在着,即已经观念地存在着。他不仅使自然物发生形式变化,同时他还在自然物中实现自己的目的,这个目的是他所知道的,是作为规律决定着他的活动的方式和方法的,他必须使他的意志服从这个目的。"②可见,目的(意识)是劳动(物质生产)得以可能的前提。在《1844年经济学哲学手稿》中,马克思说得更加明白:"一个种的整体特性、种的类特性就在于生命活动的性质,而自由的有意识的活动恰恰就是人的类特性。"③

---

① [匈]乔治·马尔库什:《马克思主义与人类学——马克思哲学关于"人的本质"的概念》,李斌玉、孙建茵译,衣俊卿校,黑龙江大学出版社2011年版,第41页。

② 《马克思恩格斯文集》第5卷,人民出版社2009年版,第208页。

③ 《马克思恩格斯文集》第1卷,人民出版社2009年版,第162页。

在意识问题上，马尔库什极力反对斯大林主义的传统认识论。在他看来，这种认识论总是未加反省地预先假定物质现实与个人意识之间存在着尖锐的对立，进而认定两者之间存在一种相似的反映关系。于是，意识（内在世界）被降格为某种第二性的、不真实的“影子世界”和一种无关紧要的副现象。马尔库什认为这是对马克思思想的严重误读，因为马克思一向把意识视为人类生活活动的本质方面。例如，在《德意志意识形态》中，马克思就把意识视为人类历史关系的一个重要因素。马尔库什甚至认为，意识作为“现实的概念化和价值化，本身就是‘物质力量’，它们不是对社会现实的被动反映，而是现存社会关系的生产与转型的本质因素和决定性因素之一”[①]。反对斯大林主义教条的唯物主义，并不意味着走向唯心主义，马尔库什总能与旧唯物主义和唯心主义保持距离，一方面强调意识的能动作用，另一方面强调意识是社会（历史）的产物，是被人的物质性实践和社会生产决定的。

论述至此，人们可能会产生一个疑问：马克思的“人的本质”概念究竟指的是什么？是劳动、社会性还是意识？抑或三者兼而有之？这个概念能够合理阐明马克思的历史理论吗？要回答上面的疑问，必须弄清什么是“人的本质”。长期以来，社会中流行着这样一种关于“人的本质”的解释，即认为这个概念表示“那些在人类历史发展中保持不变的、与人本身不可分离的、任何社会形式中的人类个体必须具有的特征的集合”[②]。按照这种解释，劳动、社会性和意识作为人类个体在每个时代必然具备的特性，自然属于“人的本质”的构成要素。但在马尔库什看来，这种看似无懈可击的流行见解却是对“人的本质”概念的严重误读。要弄清楚问题所在，首先要把人的本性（human nature）和人的本质（human essence）区分开来。尽管有不少理论家（如弗洛姆）认为人的本性就是人的本质，马尔库什还是认为这是两个不同的概念。按照他的理解，人的本性主要指某个给定时期典型的个人所拥有的“本质力量”、特性和

① ［匈］乔治·马尔库什：《马克思主义与人类学——马克思哲学关于“人的本质”的概念》，李斌玉、孙建茵译，衣俊卿校，黑龙江大学出版社 2011 年版，第 49 页。

② ［匈］乔治·马尔库什：《马克思主义与人类学——马克思哲学关于“人的本质”的概念》，李斌玉、孙建茵译，衣俊卿校，黑龙江大学出版社 2011 年版，第 62 页。

潜能;人的本质则主要表示“人类的真实的历史存在的那些特性”①。一旦人们将一切时代每个人类个体必然具备的特性视为人的本质,这个概念的批判性和革命性就被阉割了。马尔库什的意思并不是说劳动、社会性和意识不是“人的本质”的要素,而是强调,一旦将劳动、社会性和意识视为人类个体共同具有的经验性的不变特征,它们就不再是人的本质的构成要素了。

让我们先来分析劳动。前面提到,从哲学人类学意义上看,劳动意味着人形成、发展和占有自身能力的自由自觉的活动。但在资本主义社会,大行其道的却是异化劳动,个人劳动反而变成了一种被迫的、外部强加的雇佣劳动。劳动反映的不再是人的本质,而是“抽象的劳动”。马克思多次强调共产主义社会要“消灭劳动”,指的就是消灭这种异化劳动。再来看社会性。按照马克思对“人的本质”的界定,个人是社会存在物,个人的存在和本质只能由现存的社会关系决定。但在资本主义社会,个人对社会的依赖关系并不是以一种集体性存在的方式呈现出来,个人存在的社会规定性并不是对全人类历史性创造的需求和能力的全方位占有。正如马克思所言:“人自身异化了以及这个异化的人的社会是一幅描绘他的现实的社会联系,描绘他的真正的类生活的讽刺画。”②最后来看意识。在资本主义社会,随着脑力劳动和体力劳动出现分裂和对立,个人的日常意识同类的自我意识(艺术和科学)逐渐剥离开来,这主要表现在:一方面,日常生活日益成为被社会决定的领域,成为一种新的迷信;另一方面,科学和艺术领域逐渐脱离了实践和现实,蜕变为一种意识形态。

总之,在马尔库什看来,“人的‘真正的本质’,就呈现在人创造和形成自身的主体性的自我行动中”③。马克思的“人的本质”概念并不是要说明所有人类个体在一切时代共同具备的特性,而是要说明真实的人类历史性存在(自由、普遍性、主体性)如何实现。④

---

① [匈]乔治·马尔库什:《马克思主义与人类学——马克思哲学关于“人的本质”的概念》,李斌玉、孙建茵译,衣俊卿校,黑龙江大学出版社2011年版,第68页。

② 《马克思恩格斯全集》第42卷,人民出版社1979年版,第25页。

③ [匈]乔治·马尔库什:《马克思主义与人类学——马克思哲学关于“人的本质”的概念》,李斌玉、孙建茵译,衣俊卿校,黑龙江大学出版社2011年版,第69~70页。

④ 在《人的本能》中,赫勒将“人的本质”归纳为社会性、意识、对象化、普遍性和自由五个要素,马尔库什的观点与此大致相同。

三、“人的本质”概念与历史理论的缝合

在阐明马克思的“人的本质”概念后，马尔库什接下来要回答的问题是：如何用“人的本质”概念有效阐明马克思的唯物史观。这个问题相对比较复杂，涉及马克思的分工概念、社会进步理论、异化理论、社会决定论、社会主义（共产主义）理论等方面。

如何看待社会进步，通常有两种截然相反的观点：一种观点（支持者）倾向于用纯粹经济的观点考虑问题，只关注经济指标，将目前所发生的一切对人类和道德的影响抛在脑后。另一种观点（批评者）总是关注道德因素，缺乏经济上的考虑，沉浸在对现代生活条件的一种幻想的敌视态度中。马克思是这样看待社会进步的：在他看来，资本主义制度和大规模的工业具有相互矛盾的影响，一方面，它的发展可能会给人们带来苦难，另一方面，工业又使普通的劳动人民走进公共场合，登上政治舞台，使他们的眼界和觉悟空前提高，社会关系空前拓展，自由度空前扩大。诚然，马克思经常把生产力的发展视为历史进步的“指示器”，但他并不是唯生产主义者，历史进步还有更重要的指标，那就是人类能力和力量的增长、潜能的实现与自我的发展。当马克思谈及资本主义社会的进步作用时，他并不是说，资本主义社会增加了个人的幸福，他只是强调，人们诸种需求和能力的扩展、社会活动和社会意识水平的提高，离不开资本主义市场和工业的发展。

马尔库什的社会进步观与马克思的上述观点略有不同，他认为，就个体而言，社会可能有时表现为退步，“从个人的视角看，我们不能把历史界定为具有一个单一的确定方向的过程，因为存在着相互矛盾的趋势。也就是说，对于个人而言，不可能找到一个单一的标准把绵延的历史时期明确地判定为‘更加先进的’或‘更加优越’的”①。但就社会整体而言，进步是必然的。以资本主义社会为例，从个体的视角看，同前资本主义社会的人类共同体相比，资本主义社会自身所创造的人类的诸种力量和能力已经发展成为异化的力量，并且压制了人性的发展，在这个意义上，历史的确是退

① ［匈］乔治·马尔库什：《马克思主义与人类学——马克思哲学关于“人的本质”的概念》，李斌玉、孙建茵译，衣俊卿校，黑龙江大学出版社2011年版，第73页。

步了。但同时,今天的文明却为人们拥有范围和种类更广泛的需求以及满足这些需求提供了更充分的可能性,在这个意义上,资本主义社会确实比封建社会“更高级”、“发展更完善”。总之,社会进步的悖论性特征表现为,“从社会整体的视角看来表现为进步,表现为统一过程的东西,从个人的视角看来却表现为退步;从社会整体的视角看来标志‘艺术和科学’的发达的东西,从个人的视角看来却被抱怨为‘道德’的衰退”[①]。

由此出发,马尔库什得出结论:“‘人的本质’的承担者或主体不是单个的人,而是在历史变化和发展的连续体之中的人类社会。”[②]也就是说,不能从单个的人出发,而应从人类社会发展整体的“本质”和内在统一性出发探究人的本质。社会只不过是真实的、具体的、历史的个人所构成的实际关系的总和,它根本不在个人之外或之上,也没有超越个人的价值和目标,超然独存于个人之上的社会恰恰是人的本质异化的表现,即人类社会特定历史阶段的产物。从社会整体的视角看,历史绝不是技术的发展或偶然事件的堆砌,而是表现为人的本质不断展开和实现的统一过程,“表现为社会整体所推动的能力、需求、交往形式和知识的范围不断拓展和深化的发展过程”[③]。

马尔库什认为,马克思的“人类学”(“人的本质”概念)与异化学说紧密相连,异化理论有两种视角:《1844 年经济学哲学手稿》中是个人的视角,1845 年之后的著作中是社会的视角。后一种视角更值得人们关注,例如,马克思的如下论述非常重要:

> 受分工制约的不同个人的共同活动产生了一种社会力量,即成倍增长的生产力。因为共同活动本身不是自愿地而是自然形成的,所以这种社会力量在这些个人看来就不是他们自身的联合力量,而是某种异己的、在他们之外的强制力量。关于这种力量的起源和发展趋向,他们一点也不了解;

① [匈]乔治·马尔库什:《马克思主义与人类学——马克思哲学关于“人的本质”的概念》,李斌玉、孙建茵译,衣俊卿校,黑龙江大学出版社 2011 年版,第 74 页。

② [匈]乔治·马尔库什:《马克思主义与人类学——马克思哲学关于“人的本质”的概念》,李斌玉、孙建茵译,衣俊卿校,黑龙江大学出版社 2011 年版,第 71 页。

③ [匈]乔治·马尔库什:《马克思主义与人类学——马克思哲学关于“人的本质”的概念》,李斌玉、孙建茵译,衣俊卿校,黑龙江大学出版社 2011 年版,第 72 页。

因而他们不再能驾驭这种力量，相反，这种力量现在却经历着一系列独特的、不仅不依赖于人们的意志和行为反而支配着人们的意志和行为的发展阶段。①

我们知道，马克思在《1844 年经济学哲学手稿》中阐释异化的起源时，曾一度陷入私有制和异化劳动的循环论证。在《德意志意识形态》中，马克思和恩格斯引入分工的概念，用来揭示异化和私有制的起源。马尔库什认为，分工概念在马克思那里绝不是一个纯粹经验层面的经济学概念，而是拥有丰富的哲学人类学意蕴。就单纯的经济学意义而言，分工指的是劳动分工，即社会劳动总量在全体成员之间的分配。在马克思那里，主要体现在对“自然形成的”分工的批判上。按照马尔库什的理解，“自然形成的”分工具有三个特性：第一，个人被归入某个具体的生产分支，这个分支与他们的天赋、兴趣以及一般的个人特质无关，并且由来源不明的社会力量所决定，个人无法有效对其施加影响。第二，体力劳动和脑力劳动形成尖锐的对立，个人的劳动丧失了作为人的发展的特性，沦为摧残人、限制人的发展的力量。第三，脑力劳动和体力劳动的分离同剥削以及阶级社会的形成必然重合。② 马克思曾多次提到消灭旧的分工，指的就是废除“自然形成的”分工。

马尔库什认为，“自然形成的”分工作为异化的一种形式乃是人类社会特定历史阶段的产物，无论它如何肆虐盛行，终究无法将主体性彻底消灭。事实上，正是异化的存在为人类本质力量的实现创造了前提条件，“异化的增长过程同时就是为消灭异化创造和形成主观前提的过程”③。换言之，异化的内部充满矛盾：一方面，个体的本质同他（她）的现实存在是分裂的，在“自然形成的”劳动分工中，人只能从事否定自身的、片面的活动；另一方面，从社会整体的视角看，劳动分工却维持了作为创造和发展新的人类需要和能力的活动的特性。扬弃异化就是要消除异化内部的矛盾，终结个人生活的局限性和片面性，使个体与类实现统一。而要做到这

① 《马克思恩格斯文集》第 1 卷，人民出版社 2009 年版，第 537 ~ 538 页。

② ［匈］乔治·马尔库什：《马克思主义与人类学——马克思哲学关于“人的本质”的概念》，李斌玉、孙建茵译，衣俊卿校，黑龙江大学出版社 2011 年版，第 79 ~ 80 页。

③ ［匈］乔治·马尔库什：《马克思主义与人类学——马克思哲学关于“人的本质”的概念》，李斌玉、孙建茵译，衣俊卿校，黑龙江大学出版社 2011 年版，第 82 页。

一点,仅凭空洞华丽的词句是不够的,必须创造一种新的社会体制,"使以单个人的发展水平为标准衡量社会发展和人类进步的一般水平成为可能,从而使人类的普遍化和自由直接呈现在人的生活的自由和全面性之中"①。可见,只有共产主义社会才能保证人的本质真正实现,才能"使人作为类的自由发展和作为个人的自由发展在相互作用中同时成为可能,并进而使人的本质的'适当的'实现成为可能"②。正是在这个意义上,共产主义在道义上赢得了马克思的充分肯定。马尔库什不仅认为共产主义具有一种道德价值,更是将这种道德优势锚定在历史发展的客观进程中,他非常赞同马克思的如下论述:

> 全面发展的个人——他们的社会关系作为他们自己的共同的关系,也是服从于他们自己的共同的控制的——不是自然的产物,而是历史的产物。要使这种个性成为可能,能力的发展就要达到一定的程度和全面性,这正是以建立在交换价值基础上的生产为前提的,这种生产才在产生出个人同自己和同别人相异化的普遍性的同时,也产生出个人关系和个人能力的普遍性和全面性。③

可见,马克思并非企图在超越原则的基础上设想一种未来的理想社会,他并未将共产主义看成是一种道德理想的现实化,而是将共产主义看成是取代资本主义的一个具体的历史阶段,这个历史阶段将是现今资本主义社会各种力量作用的结果。颇具反讽意味的是,就资本主义社会而言,恰恰是资本这个最大的"恶"发挥着重要的作用:"资本作为孜孜不倦地追求财富的一般形式的欲望,驱使劳动超过自己自然需要的界限,来为发展丰富的个性创造出物质要素,这种个性无论在生产上和消费上都是全面的,因而个性的劳动也不再表现为劳动,而表现为活动本身的充分发展……由此可见,资本是生产的,也就是说,是发展社会生产力的重要的关

---

① [匈]乔治·马尔库什:《马克思主义与人类学——马克思哲学关于"人的本质"的概念》,李斌玉、孙建茵译,衣俊卿校,黑龙江大学出版社2011年版,第83~84页。

② [匈]乔治·马尔库什:《马克思主义与人类学——马克思哲学关于"人的本质"的概念》,李斌玉、孙建茵译,衣俊卿校,黑龙江大学出版社2011年版,第86页。

③ 《马克思恩格斯文集》第8卷,人民出版社2009年版,第56页。

系。”[①]恩格斯更是直接指认了恶的“功绩”，“一方面，每一种新的进步都必然表现为对某一神圣事物的亵渎，表现为对陈旧的、日渐衰亡的、但为习惯所崇奉的秩序的叛逆；另一方面，自从阶级对立产生以来，正是人的恶劣的情欲——贪欲和权势欲成了历史发展的杠杆”[②]。马尔库什说得对，马克思的伟大和勇敢之处恰恰在于，“把异化在历史中最‘进步’最积极的方面与异化最明显（也最令人痛恨）的消极方面，在道德上最受谴责的方面，即剥削的无限膨胀直接联系起来”[③]。

那么，用马克思的“人的本质”概念来解释历史，会不会陷入一种目的论呢？从表面上看，马克思似乎将历史描绘成“一个有联系的交往形式的序列”，历史因此呈现为统一的过程。问题在于，将历史刻画成一个拥有自身发展规律的统一过程，一定是目的论吗？马尔库什分析道：

马克思的历史决定论观念并不意味着社会活动机械地依赖于由先前世代的劳动提供的既定的外在物质条件，因此，它并未假定而是甚至排斥一种总体历史进程的宿命论，它不承认自我肯定的、凌驾于真实人类活动之上的、超越并独立于真实的人类生活的宿命。……历史的未来不是作为某种社会因果性的结果或由某种历史神学而给定的。它只能通过创造性的社会实践得以实现，因而只能被理解为这种实践的一个环节和对象。[④]

马尔库什主要反对的是传统马克思主义教条化的论断，该论断对必然性做了机械化的理解，将人类社会一般的历史发展进程视为铁一般的规律，主体性荡然无存。与否认一切必然性的后马克思主义理论家不同，马尔库什并不一般地反对必然性，而是反对机械地理解必然性，他指出：“马克思所说的一种进步的（在给定的条件下）社会变革（或一种历史性的‘优越’的社会的形式）的历史必然性不是指它无论如何是不可避免的，而是指这样一个事实：为

---

① 《马克思恩格斯文集》第8卷，人民出版社2009年版，第69～70页。

② 《马克思恩格斯文集》第4卷，人民出版社2009年版，第291页。

③ ［匈］乔治·马尔库什：《马克思主义与人类学——马克思哲学关于“人的本质”的概念》，李斌玉、孙建茵译，衣俊卿校，黑龙江大学出版社2011年版，第88页。

④ 参见［匈］乔治·马尔库什：《马克思主义与人类学——马克思哲学关于“人的本质”的概念》，李斌玉、孙建茵译，衣俊卿校，黑龙江大学出版社2011年版，第90～91页。

了真正解决给定的历史形态的内在危机，为了超越它的基本社会矛盾，只能对现存的社会关系进行一种确定的彻底的变革和替换，这种变革的实践可能性由所取得的物质生产和精神生产的水平保障，符合特定的较大社会群体（即阶级）的利益。"[①]马克思并没有给我们提供解决所有社会一切矛盾的"灵丹妙药"，人们的行动和实践总要受到多种具体历史因素的影响，在解决每一种社会矛盾和危机时采用何种方法，走什么道路，主要取决于具体的社会条件，取决于人的行动和阶级的实践。更进一步，马尔库什认为马克思主义是一种方法，"马克思关于历史和社会的理论并不提供通用公式，让我们从中推出历史事件的要旨并进而先验地建构人类发展的未来路径。这种历史观是一种方法，它使我们得以从理论角度把握过去和现在，把握历史统一性中的真实的经验历史内容，把握从具体人类活动的生动的相互作用中生成的历史运动，并在尊重与现存的需求和迫切需要相符合的客观条件和历史运动的实现条件的前提下形成统一理解"[②]。马克思主义不是教条，而是行动的指南，这不仅是马克思主义经典作家反复强调的理论事实，更是我们在实践中应该遵循的基本原则。笔者认为，在确定的意义上，马克思主义是一门历史科学，它主要是作为方法论在场的。马克思根本无意于制造出一个包罗万象的哲学体系来解释世界，他更关心如何改造世界，更关心无产阶级的前途和命运。作为方法论的马克思主义，并不要求我们在实践中拘泥于它的一些具体论断，而是要求我们在掌握其基本理论的同时领会其精神。

毋庸置疑，马尔库什是从人道主义的马克思主义出发的，但他又自觉意识到一切人道主义哲学的限度，其理论的优势主要表现在以下三个方面：第一，有效区分了人的本质和人的本性；第二，文本探讨不局限于《1844 年经济学哲学手稿》，而是扩展至马克思 1845 年之后的著作；第三，具有一种马克思主义的方法论自觉，既拒斥了一切唯心主义的道德说教，又抵制了旧唯物主义对马克思主义的错误理解。当然，马尔库什对马克思"人的本质"概念的解

---

① [匈]乔治·马尔库什：《马克思主义与人类学——马克思哲学关于"人的本质"的概念》，李斌玉、孙建茵译，衣俊卿校，黑龙江大学出版社 2011 年版，第 91 页。

② [匈]乔治·马尔库什：《马克思主义与人类学——马克思哲学关于"人的本质"的概念》，李斌玉、孙建茵译，衣俊卿校，黑龙江大学出版社 2011 年版，第 94～95 页。

读并非十全十美。例如，他认为马克思前后期关于“人的本质”概念的理解仅仅是视角上的差别，这就忽视了马克思转变视角的根本原因。问题的关键并不在于马克思在1845年之后由个人视角转向了社会视角，而在于他实现了哲学上的根本变革，在新的总问题的统领下对“人的本质”概念做出了全新的理解。再如，马尔库什反对抽象地谈论“人的本质”，主张将其置于人类社会历史发展的进程中加以考察，这当然是正确的。问题在于，当他拒绝承认人的本质是人类所有个体在一切社会阶段所拥有的固有特性时，恰恰对人的本质做了一种更为抽象的理解。在马尔库什那里，“人的本质”概念最终落脚于自由问题，而自由又被封存在遥远的未来社会(共产主义社会)。这样一种“人的本质”概念，除了面对资本主义社会的异化现实时能够发出几声喃喃呓语外，又能触动多少现实呢?

第六节　马克思的“生产范式”理论和“意识形态”概念

在布达佩斯学派四位理论家当中，马尔库什最忠实于马克思主义，他不仅重新阐释了马克思的“人的本质”概念，还对马克思的“生产范式”理论和意识形态概念进行了精细的解读。毫无疑问，生产理论是整个马克思主义的拱心石，任何想要驳倒马克思的人，都会质疑和拒斥这一理论，当代后马克思主义者对生产概念的批判就是一例。如果把问题置于马克思主义发展史的语境中进行考察，情况会变得更加复杂。第二国际理论家非常重视马克思的生产理论，但他们仅仅将生产视为人类改造自然的客观物质活动，这就阉割了生产概念的批判性和革命性。以卢卡奇为首的人道主义的马克思主义者，强调生产概念的本质在于劳动(实践)这一主体自我创造过程，恢复了这一概念的批判性维度，但却大大弱化了该概念的客观性和科学性维度。以阿尔都塞为代表的科学主义的马克思主义者，严格区分了意识形态和科学，通过强调马克思成熟时期著作的重要性，将历史视为无主体的过程，生产概念重新成为一个实证化的科学术语，批判性和革命性再度丧失。苏联传统的马克思主义者，亦步亦趋地沿着第二国际理论家开辟的道路往下走，始终未能将生产概念的批判性和科学性统一起来。如何正确理解马克思的生产理论,将批判性和科学性在唯物史观的层面上统一起来,仍是当前马克思主义理论工作者必须思考的重大问题。另一方面,在西方马克思主义哲学发展史上,意识形态概念一直是理论家们争论的焦点,然而人们对这个概念的理解却大相径庭。例如,卢卡奇用意识形态专指某种高级文化形式(哲学、艺术),阿尔都塞则把各种专门化的机构(涉及宗教、教育、家庭、法律、政治、工会、传播、文化等领域)视为意识形态的国家机器。在一些基本问题上,至今人们仍争论不休,例如:意识形态到底是一个消极贬义的概念,还是一个中性的概念?是否存在一种"科学的意识形态"?科学与意识形态的关系是怎样的?细致辨析马克思不同文本中意识形态概念的不同用法,至今仍是意识形态理论研究的一项重要任务。

一、从"实践"到"生产"

1953年,斯大林逝世,匈牙利的政治和社会环境随之发生巨变。党内拉科西和纳吉(Imre Nagy)的斗争日趋尖锐,"斯大林化"和"非斯大林化"的较量不断升级。在意识形态领域,理论家就马克思思想的发展历程以及马克思唯物主义的实质等问题展开了激烈争论,形成了两种对立的观点:一种是"断裂说",该观点初现于20世纪30年代苏联官方意识形态化的传统马克思主义版本,随后在阿尔都塞结构主义的马克思主义的鼓噪下再次萌发出来。"断裂说"认为存在"两个马克思"(青年马克思和老年马克思),主张用意识形态和科学的二分来解读马克思的思想。另一种是"连贯说",该观点以"复兴马克思主义"为名,强调马克思全部著作的基本连贯性,但主要是强调青年马克思思想的重要性。马尔库什试图在两派之间寻找一个平衡点:一方面,他认为马克思不同时期的著作的确呈现出不同的理论特色,就此而论,"断裂说"有一定道理;另一方面,他又认为马克思不同时期的著作存在一致性,这主要表现在"生产范式"的提出和运用上,就此看来,"连贯说"也有一定道理。笔者认为,马尔库什并不是要以一种"中庸的姿态"看待两种关于马克思思想发展的观点,而是要从根本上超越二分对立的思维方式,真正贯通马克思早期人道主义思想和后期科学的历史唯物主义思想。马尔库什的高明之处在于，与卢卡奇等人道主义的马克思主义者不同，他没有将马克思的生产范式简单地人本主义化，而是强调该概念具有一定的科学性。同时，与苏联传统的马克思主义者以及阿尔都塞主义者不同，他强调生产范式具有特定的价值指向，内含一种批判性和革命性。

马尔库什对马克思的唯物主义有自己独到的理解。在他看来，这种学说“本质上具有实践的属性”①。实践不是抽象的认识论范畴，而首先是批判的、革命的概念，意指资本主义向社会主义的根本性转变，“历史唯物主义的主张不是哲学性和理论性的（克服人类的这种局限性），而是实践性的，即阐明在此时此地可以克服这些具体的历史局限——在当前条件下这些历史局限已经转化为对具体的生活个体的‘生命’和‘意识’的阻碍——的基本的社会实践可能性，并进而促进这种可能性的实现”②。马尔库什对实践概念的理解与南斯拉夫实践派是一致的，后者明确提出：“必须把实践（Praxis）同关于实践（Practice）的纯认识论范畴区分开来。‘实践’（Practice）仅指主体变革客体的任何活动，这种活动是可以被异化的。而‘实践’（Praxis）则是一个规范概念，它指的是一种人类特有的理想活动，这种活动就是目的本身并有其基本的价值过程，同时又是其他一切活动形式的批判标准。”③按照这种理解，马克思的历史唯物主义就不再是强调“物质生活条件”和“物质生产活动”第一性的形而上学理论，也不再是单纯描述人类社会基本结构和发展趋势的纯客观化构想，而是意味着一种社会主义转变的“实践立场”，即是“作为以正在到来的彻底的实践性的社会转变为目标的、决定性的社会斗争领域加以设定的”④。

马尔库什认为，要正确理解马克思唯物主义蕴含的实践性转

---

① [匈]乔治·马尔库什：《语言与生产——范式批判》，李大强、李斌玉译，曹荣湘校，黑龙江大学出版社2011年版，第52页。

② [匈]乔治·马尔库什：《语言与生产——范式批判》，李大强、李斌玉译，曹荣湘校，黑龙江大学出版社2011年版，第55页。

③ [南斯拉夫]米哈伊洛·马尔科维奇、加约·彼得洛维奇编：《实践——南斯拉夫哲学和社会科学方法论文集》，郑一明、曲跃厚译，黑龙江大学出版社2010年版，“导论”第19页。

④ [匈]乔治·马尔库什：《语言与生产——范式批判》，李大强、李斌玉译，曹荣湘校，黑龙江大学出版社2011年版，第52页。

变,就必须先弄清楚马克思究竟在哪些方面超越了德国古典哲学。苏联传统的马克思主义认为,马克思通过费尔巴哈的唯物主义对黑格尔的唯心主义实现了颠倒,实现了唯物主义与辩证法的真正结合。这种说法似有两点不妥:一是将费尔巴哈的旧唯物主义与马克思的新唯物主义混为一谈,二是遮蔽了马克思对黑格尔辩证法积极成果——主体原则——的继承与超越。从根本上看,德国古典哲学是要恢复人的主体性。康德通过审视主体的理性能力,划分出现象界和物自体,彻底颠覆了传统的知识论,确立了主体的崇高地位。黑格尔在康德的基础上将形式化的先验理性发展为绝对精神,凸显了超个人理性的绝对价值。马克思面对的问题是,如何既保留德国古典哲学的积极成果(对主体性的强调),又超越康德和黑格尔超个人主体的理性概念。在马尔库什看来,马克思的生产范式理论成功做到了这一点。借助于生产过程的主体间性,马克思将康德的"先验形式"和黑格尔的"绝对精神"转化为"生产力、资金和社会交往形式的总和"①,于是,主体间性获得了社会客观性的外表,它不再是抽象的个人,也不再是超个人的实体,而是具体的、历史的个人。同时,主体的自主性和创造性也不再是形而上学的主观设定,而是具备了一种历史的可能性。最终,马克思实现了如下颠倒,即"人类经验的共同的、有意义的世界的建构,并不表现为(个人的或先验的)意识的成就,而是表现为物质实践活动的社会历史结果"②。正是在超越整个德国古典哲学的过程中,马克思确立了他的生产范式理论。那么,如何让生产范式与实践批判融合在一起呢? 换言之,"如果人是一种实践的存在,而且在全部活动中,实践又首先是劳动和生产,实践的观点怎样才能成为一种批判评价的标准?"③按照苏联传统马克思主义的观点,生产是一个纯客观的历史范畴,这就注定了它不可能带有任何价值观念和批判色彩。问题的关键是如何从实践概念过渡到生产概念,在保

---

① 《马克思恩格斯文集》第1卷,人民出版社2009年版,第545页。

② [匈]乔治·马尔库什:《语言与生产——范式批判》,李大强、李斌玉译,曹荣湘校,黑龙江大学出版社2011年版,第61页。

③ [南斯拉夫]米哈伊洛·马尔科维奇、加约·彼得洛维奇编:《实践——南斯拉夫哲学和社会科学方法论文集》,郑一明、曲跃厚译,黑龙江大学出版社2010年版,"导论"第7~8页。

留实践范畴批判性的同时阐明生产概念的科学性。

马克思历史唯物主义的典型特点是用生产范式解释世界的构成问题,但如何理解生产范式,理论家们的观点却大相径庭。以阿尔都塞为首的科学的马克思主义者、第二国际的马克思主义者以及苏联传统的马克思主义者倾向于将生产范式简化为物质劳动(人和自然的技术过程),以卢卡奇为首的人道主义的马克思主义者倾向于将生产范式哲学性地泛化为"实践活动"(无限的人类自我创造活动)。另外,在马克思主义的理论谱系之外,还有实用主义的"问题－解决范式"和维特根斯坦等人的"语言范式"。马尔库什始终坚持马克思生产范式的正当性,在他看来,这种范式具有双重属性,表现为"人与自然之间的确定的技术过程同人与人之间的生产关系的某种历史性的特定系统的再生产的统一"[①]。通俗地讲,生产范式就是生产力和生产关系的统一。从表面上看,马尔库什似乎抛弃了卢卡奇等人的人道主义的马克思主义,回到了传统马克思主义的立场上来,其实不然,他恰恰正确看到了两者潜在的"危险",即前者有可能滑向抽象的乌托邦,后者可能走向实证主义的意识形态。

马尔库什指出,生产范式两个方面的统一反映在具体生产(消费)活动中就是实用性的使用规则和社会性的应用规范的统一。实用性的使用规则"界定了作为有意义的人类实践的人类行为的模式",具有创建－建构的属性;社会性的应用规范"依据情境中的行动者的社会身份对这些行为予以允许、要求、禁止等等",具有调整－限制的属性。[②] 在实际运用中,两种规则很难严格区分开来,因为"人造对象的生产从目的论来说不仅由对象的实际使用的要求所决定,而且被对象的社会应用的要求所决定"[③]。但这并不意味着在理论上将两种规则严格区分开来毫无意义,恰恰相反,这种区分对于正确理解马克思的唯物主义具有至关重要的意义。

---

① [匈]乔治·马尔库什:《语言与生产——范式批判》,李大强、李斌玉译,曹荣湘校,黑龙江大学出版社2011年版,第65页。

② [匈]乔治·马尔库什:《语言与生产——范式批判》,李大强、李斌玉译,曹荣湘校,黑龙江大学出版社2011年版,第75页。

③ [匈]乔治·马尔库什:《语言与生产——范式批判》,李大强、李斌玉译,曹荣湘校,黑龙江大学出版社2011年版,第84页。

马尔库什进一步追溯了两种规则在人类社会历史进程中的不同运行轨迹。在前资本主义社会，尤其在以“人的依赖性”为基础的社会里，“人的生产能力只是在狭小的范围内和孤立的地点上发展着”①，个体还没有获得真正的独立，任何技术性的使用规则必然受到社会性的应用规范的制约。资本主义社会以“物的依赖性”取代了“人的依赖性”，“人的依赖纽带、血统差别、教养差别等等事实上都被打破了，被粉碎了”②，技术性的使用规则便从社会制度的约束中解放出来，这才有了生产力的飞速发展和个体活动的自由展开。然而，这并不意味着人类获得了真正的解放，因为“这些外部关系并未排除‘依赖关系’，它们只是使这些关系变成普遍的形式”③，人们现在仍然受到抽象的统治。马尔库什认为问题的症结在于：资本主义在为生产的技术方面“松绑”后走向了另一个极端，即实现了生产的技术规定性对生产的社会规则的殖民，“资本主义把社会生产总过程中的技术方面的规定性和要求同社会方面的规定性和要求再次不可分离地融合在一起，但是现在这种融合是通过使得关于社会生产性的生活过程的目的和方向的社会决定从属于自动地行使职能的增殖（Verwertung）机制而实现的”④。笔者认为，马尔库什的这一指认已经触及问题的实质——资本逻辑，但他没有迈出最关键的一步，他所理解的自动增殖机制指的是制度化的市场机制，这就未能看到，资本逻辑作为“一种自为存在、自行倍增、自我中心的逻辑”⑤已经让个人和社会沦为它的手段和工具，资本则表现为个人和社会生活的最高目的。目的和手段已经实现了彻底颠倒，再颠倒的唯一途径只能是破除资本逻辑本身。

马尔库什认为，马克思并不仅仅是要在理论上区分生产的两个方面，而是要在实践层面（社会变革）上做出这种区分，因为马克思相信社会主义社会有能力从制度上把再生产过程的物质性－技

---

① 《马克思恩格斯文集》第8卷，人民出版社2009年版，第52页。

② 《马克思恩格斯文集》第8卷，人民出版社2009年版，第58页。

③ 《马克思恩格斯文集》第8卷，人民出版社2009年版，第58页。

④ ［匈］乔治·马尔库什：《语言与生产——范式批判》，李大强、李斌玉译，曹荣湘校，黑龙江大学出版社2011年版，第87～88页。

⑤ 郗戈：《超越资本主义现代性——马克思现代性思想与当代社会发展》，中国人民大学出版社2014年版，第150页。

术性的前提要件从这些社会目标的设定之中区分出来。[①] 这就是说，在社会主义社会，生产的技术规则和社会规则将真正实现分离，中央机构将变为共同劳动的社会进行记账和计算的部门，只对社会事务进行技术方面的管理，管理者将是自由人联合体中的非固定的成员。正如恩格斯在《共产主义原理》中设想的那样："这种新的社会制度首先必须剥夺相互竞争的个人对工业和一切生产部门的经营权，而代之以所有这些生产部门由整个社会来经营，就是说，为了共同的利益、按照共同的计划、在社会全体成员的参加下来经营。"[②]马尔库什试图寻找一个新的批判性的质点，将生产范式描述成批判的概念，目的是摆脱苏联传统马克思主义决定论和目的论的话语逻辑，在他看来，"资本主义社会的彻底转变的可能性越是采取客观必然的历史趋势的形式，关于社会主义的理论就越是具有终点论的意蕴。把理论的实践目标转换为决定论的理论语言，同时将不可避免地涉及把这种目标的内容界定为目的论的预先决定"[③]。

马尔库什虽然赞同马克思和恩格斯关于社会主义社会的基本设想，却认为真正实现这一理想非常困难。原因在于，马克思关于生产的技术规则方面和生产的社会规范方面相分离的设想离不开"物质产品极大丰裕"这一条件。一旦这个条件不能满足，一旦匮乏和短缺成为困扰社会发展的主要因素，生产的这两个方面就会重新结合在一起，专断和独裁就会出现。这里有两个问题，一是生产的物质内容（技术规则层面）和表现形式（社会规范层面）是否能够实现有效分离，二是如何看待社会主义的前提条件"物质丰裕"。按照马克思的观点，人类社会具有"普遍的物质内容"和"特殊的社会形式"两个方面，生产力及其积极的文明成果是"普遍的物质内容"，资本主义生产关系及其资本的逻辑是"特殊的社会形式"，社会主义就是要扬弃后者，保留前者。"内容"和"形式"何以能够实现分离呢？马克思认为这与它们之间的矛盾运动有关。如前所

① 参见[匈]马尔库什：《语言与生产——范式批判》，李大强、李斌玉译，曹荣湘校，黑龙江大学出版社 2011 年版，第 92 页。

② 《马克思恩格斯文集》第 1 卷，人民出版社 2009 年版，第 683 页。

③ [匈]乔治·马尔库什：《语言与生产——范式批判》，李大强、李斌玉译，曹荣湘校，黑龙江大学出版社 2011 年版，第 97 页。

述，在整个史前时期，生产力和生产关系具有相互融合的趋势，正是由于这个原因，当“形式”不再适合于“内容”的发展时，后者就将冲破“外壳”，抛弃“形式”。可见，“普遍的物质内容”与“特殊的社会形式”之间的关系并不是固定不变的，“内容”和“形式”的矛盾决定了“分离”的历史必然性，那种认为两者始终不可分割地结合在一起的观点恰恰是资产阶级的意识形态。至于物质丰裕是否是社会主义实现的必要条件，回答应该是肯定的。马克思和恩格斯比任何人都清楚，共产主义社会离不开生产力的高度发展，“因为如果没有这种发展，那就只会有贫穷、极端贫困的普遍化；而在极端贫困的情况下，必须重新开始争取必需品的斗争，全部陈腐污浊的东西又要死灰复燃”①。但是，马克思并没有否认社会主义在一国胜利的可能性，他关于跨越“卡夫丁峡谷”的设想表明，人类社会发展具有多种可能性，在几个主要的发达资本主义国家同时革命建立社会主义制度是一条道路，在生产力不甚发达的一个国家先取得政权，再进行社会主义建设也是一条道路。以生产发展尚不充分为由拒绝向社会主义过渡恰恰是一种机会主义思想。不过马尔库什有一点是正确的，那就是真正的社会主义必须建立在物质产品丰裕的基础之上，只不过这里的丰裕是相对丰裕，而不是绝对丰裕。

总之，马尔库什认为无论是鲍德里亚(Jean Baudrillard)的符号政治经济学批判还是哈贝马斯的交往行为理论，都不能与马克思的生产范式理论相媲美。但同时他指出生产范式理论具有两个缺陷：“其一，导致物质内容趋向于‘自然化’(naturalization)；其二，导致社会形式趋向于‘现象化’(phenomenologization)。”②第一个问题表现在将劳动范畴自然化为人与自然之间的物质变换过程(纯粹的技术过程)。第二个问题表现在区分本质与现象，并认为现象依附于本质。马尔库什认为马克思的生产范式理论有时含混不清，但他不得不承认：“马克思给出并留给我们的许多答案可能是错的，但我们根本不能确定，我们在面对自身的问题和环境时，是否能够像马克思一样如此多面地陈述问题、如此清晰地观察这些问

① 《马克思恩格斯文集》第1卷，人民出版社2009年版，第538页。

② [匈]乔治·马尔库什：《语言与生产——范式批判》，李大强、李斌玉译，曹荣湘校，黑龙江大学出版社2011年版，第99页。

题的各个方面。”[①]与赫勒一样，马尔库什最终诉诸一种激进哲学，并认为从事激进运动的主体必然是多元的，“对于批判理论来说，激进理论的多样性并非一个有缺憾的、需要克服的经验事实，而是解放的前提条件”[②]。要把不同的主体结合在一起，就需要以实践中的团结一致和创造性的宽容为基础，同时在不同主体之间展开平等对话。但悖论在于，“在一个以依附和统领关系为基础的社会中，哲学的价值讨论是不可能的”[③]。如果上面讲的是经验事实，平等对话又何以可能？

二、马克思批判理论的四种形式

我们知道，马克思主义哲学发展史上长期存在着“断裂说”和“连贯说”的对立。“断裂说”源于20世纪30年代苏联官方版本的马克思主义，依据列宁对马克思思想发展的历史分期，该学说认定1847年是马克思思想发展史上的一个重要转折点，尤其是1848年《共产党宣言》的发表，标志着马克思学说走向成熟。[④] 20世纪50年代，“断裂说”遭到了“复兴马克思主义”理论运动的冲击，布达佩斯学派积极参与了这场运动。“复兴马克思主义”主要是为青年马克思正名，证明马克思全部著作的基本连贯性。20世纪60年代，“断裂说”出现了新的版本，以阿尔都塞为首的结构主义的马克思主义者宣称：在马克思思想内部存在一种“认识论的断裂”，早期思想属于人道主义的意识形态，后期思想才是真正的历史科学。阿尔都塞等人反对抽象人道主义，恢复马克思主义科学性的做法是正确的，但由于武断地否定了马克思早期思想的意义和价值，阉割了马克思思想的批判性和革命性，马克思思想的科学性最终也无

① ［匈］乔治·马尔库什：《语言与生产——范式批判》，李大强、李斌玉译，曹荣湘校，黑龙江大学出版社2011年版，第215页。

② ［匈］乔治·马尔库什：《语言与生产——范式批判》，李大强、李斌玉译，曹荣湘校，黑龙江大学出版社2011年版，第164页。

③ ［匈］阿格妮丝·赫勒：《激进哲学》，赵司空、孙建茵译，黑龙江大学出版社2011年版，第163页。

④ 在《马克思学说的历史命运》(1913)一文中，列宁明确指出：马克思、恩格斯在1848年问世的《共产党宣言》中对学说“作了完整的、系统的、至今仍然是最好的阐述”。(《列宁专题文集·论马克思主义》，人民出版社2009年版，第61页。)列宁之所以得出这一结论，是因为他没有看到马克思早期的一些重要著作，尤其是《1844年经济学哲学手稿》和《德意志意识形态》。

法得到保证。如何坚持连续性和非连续性的统一,一方面强调马克思思想的基本连贯性,将批判和革命的要素"融入"马克思后期的科学著作,另一方面强调马克思思想发展的阶段性,从哲学–经济学话语转换的角度阐明马克思不同时期思想的内在差异,就成为当前马克思主义理论工作者必须回答的问题。马尔库什在《批判理论的四种形式——对马克思思想发展的几个看法》中对这个问题做了深入的阐发,他将马克思思想分为若干发展阶段,每一阶段代表一种批判理论的新形式,对我们颇具启发意义。

(一)《1844 年经济学哲学手稿》时期

细心的读者不难发现,马克思写于 1844 年的这部手稿在篇章结构上有些古怪。在笔记本 I 的前三个部分(工资、资本的利润、地租),马克思大段引述国民经济学家的话,自己一言不发。按照阿尔都塞的说法,失语是一种症候,代表着作者此时的一种写作状态,与总问题关涉甚密。马尔库什认为,这些令人索然无味的转述不能用马克思经济学观点的"不成熟"来解释,而是表明此时马克思对一般的经济学理论持一种肯定的态度。马克思发现,国民经济学作为一种内在一致的经济学理论是充满矛盾的:"国民经济学从私有财产的事实出发。它没有给我们说明这个事实。"[①]由于国民经济学把私有财产的现实运动归结为抽象的公式,"必然会陷入与事实、与自身以及与相反的理论的矛盾中"[②]。只有超越纯粹的经济学话语,将经济学探讨上升到哲学层面,才能实现对国民经济学和德国古典哲学的双重超越。因此,在这一时期,马克思批判理论的重心是对国民经济学进行哲学批判。

马尔库什认为,马克思哲学批判的方法源于对黑格尔现象学的颠倒和再激进化。在黑格尔那里,现象学就是由现象去寻求本质的一种方法,研究、描述、分析意识由现象达到与本质同一过程的学问就是精神现象学。黑格尔对精神异化的描述映射了资产阶级社会的异化现象,以漫画的方式透视出资产阶级社会生活中特有的经济关系的颠倒性物化本质。费尔巴哈站在唯物主义的立场

① 《马克思恩格斯文集》第 1 卷,人民出版社 2009 年版,第 155 页。

② [匈]乔治·马尔库什:《语言与生产——范式批判》,李大强、李斌玉译,曹荣湘校,黑龙江大学出版社 2011 年版,第 176 页。

上颠倒了黑格尔的精神现象学,用人的本质的异化代替了观念(精神)的异化,精神现象学被替换成人学现象学。但在费尔巴哈那里,现象恰恰是被贬低和抛弃的对象,由于否定了现象的合法性,现象与本质被割裂开来,通过剥离现象(假象)呈现事物本质的道路被彻底阻隔。马克思继承了德国古典哲学的现象学批判方法并做了重要改造,结果是,"作为黑格尔思想出发点的直接可认知的主客体关系('感性确定性')被经验主体同他的劳动产品之间的实践性的物质性的关系所取代;现象学运动的终点不再是'认知'作为意识的外化的世界的理论活动,而是由社会的创造者通过对现存社会的革命性转化,实现对对象化社会的世界的占有的实践方案"①。

马尔库什认为马克思虽然对黑格尔现象学方法进行了成功的唯物主义颠倒,却预设了新的张力。共产主义作为异化的积极扬弃,从根本上解决了社会和个人的矛盾,这就意味着将非异化的标准应用到了社会的异化状态中。马克思必然要面对如下难题:"在这种野蛮的生存状况中,无产阶级占有和实现社会主义理论的动机和实践冲动如何可能出现?"②马克思最终诉诸无产阶级,但在马尔库什看来,现实生活中的无产阶级和马克思预想的无产阶级存在巨大的差距,问题并没有从根本上得到解决。

(二)《德意志意识形态》和《哲学的贫困》时期(1846—1847)

正是《1844 年经济学哲学手稿》中存在的矛盾性张力,决定了马克思的思想必然发展到下一个阶段。马尔库什将这一演进概括为"从对作为资产阶级的基本意识形态的政治经济学的哲学批判,走向以哲学为导向的批判的经济学"③。具体说来,马克思思想的变化表现在三个方面:第一,马克思的批判理论采取了哲学与经验性历史社会科学相融合的方案。正如国内学者张一兵分析的,

① [匈]乔治·马尔库什:《语言与生产——范式批判》,李大强、李斌玉译,曹荣湘校,黑龙江大学出版社 2011 年版,第 178 页。

② [匈]乔治·马尔库什:《语言与生产——范式批判》,李大强、李斌玉译,曹荣湘校,黑龙江大学出版社 2011 年版,第 179 ~ 180 页。

③ [匈]乔治·马尔库什:《语言与生产——范式批判》,李大强、李斌玉译,曹荣湘校,黑龙江大学出版社 2011 年版,第 180 页。

"《德意志意识形态》的前提是走出'哲学'"[①]。在这个时期,马克思人道主义的异化理论被以实践为导向的一般历史理论替代,唯物主义的现象学方法被新的历史科学和经济学批判替代。第二,马克思对国民经济学的态度发生了转变,他开始接受李嘉图的经济学说(如劳动价值论),并称其为"科学体系"。这时,一种独立的、批判的经济学体系还没有建立起来,"此时还不可能从经济学事实中科学地弄清楚资产阶级社会经济生活中本质与现象的关系,具体说,也就是资本关系在发生学意义上的历史形成"[②]。第三,马克思创立了批判性的工资理论。在《雇佣劳动与资本》中,马克思总结道:"生产资本越增加,分工和采用机器的范围就越扩大。分工和采用机器的范围越扩大,工人之间的竞争就越剧烈,他们的工资就越减少。"[③]关于工资水平必然下降的观点,就为无产阶级绝对异化的思想提供了具体的、经济学的、实证的内容。另外,马克思还看到了雇佣劳动的积极面,人们即将从封建关系的束缚中解放出来,为自由人的联合体提供基础。

(三)《大纲》和《资本论》时期

马尔库什认为马克思在《大纲》和《资本论》中创立了独特的批判的经济学体系,批判理论过渡到新的形式,即"以哲学为导向的、基于历史定位的资本主义政治经济学的批判系统"[④]。接着,他分析了马克思在《大纲》和《资本论》中的思想差异,具体有三个方面:首先,对社会主义历史观的理解不同。在《大纲》中,马克思将资本主义社会的基本矛盾归于生产过程偏离了劳动的本来方向,转化成了对自然科学的技术应用。与之对应,社会主义社会废除了根据必要劳动支出来调节再生产的物质生产原则,以自由时间来衡量社会财富,劳动重新成为一种自由的创造性的人类活动形式。而在《资本论》中,马克思将自然科学和技术的应用视为社会主义

---

① 张一兵:《回到马克思——经济学语境中的哲学话语》,江苏人民出版社 1999 年版,第 441 页。

② 张一兵:《回到马克思——经济学语境中的哲学话语》,江苏人民出版社 1999 年版,第 489 页。

③ 《马克思恩格斯文集》第 1 卷,人民出版社 2009 年版,第 741 页。

④ [匈]乔治·马尔库什:《语言与生产——范式批判》,李大强、李斌玉译,曹荣湘校,黑龙江大学出版社 2011 年版,第 185 页。

社会物质生产的基本前提,并主张在必要时间和自由时间之间实现真正的分离。马克思关于自由王国和必然王国关系的经典论述表明,他并不打算将社会主义视为一个历史的断裂,社会必要劳动时间仍然是衡量生产费用的普遍标准。也就是说,社会主义与资本主义的本质区别恰恰在于经济原则不再是支配社会的主导逻辑,“社会主义在历史上第一次把劳动简化为单纯的自然的技术的必然性,劳动一方面完全摆脱了传统的角色,另一方面完全摆脱了支配的影响”①。其次,对资本主义下的主观先决条件的理解不同。在《大纲》中,马克思倾向于论证无产阶级具有一种超越资本主义社会的激进需要,这种需要只能通过推翻资本主义制度才能实现。而在《资本论》中,马克思着重论证了需要的历史性,强调在资本主义周期性经济危机的影响下,工人任何稳定的需要都不可能得到满足。最后,在研究思路和研究方法上存在差异。《大纲》主要依据“从抽象到具体”的原则,《资本论》则主要依据“从本质到现象”的原则。总之,马尔库什认为马克思在《大纲》中预设了一种根本性的历史转变,该转变将彻底消灭必然和自由的根本对立。而在《资本论》中,资本主义成为历史进步的一个阶段,社会主义将成功分离劳动的自然技术方面和社会应用方面。正是在这个意义上,马尔库什认为马克思走向了一种目的论。问题在于,作为一种批判理论的马克思主义哲学,如何凭借一种实践的态度超越当前历史状况,同时又不陷入历史目的论的窠臼呢?马尔库什提出的这个问题值得我们深入思考。

三、马克思的意识形态概念

要理解马克思的思想,必须理解他的意识形态概念。马尔库什认为,人们之所以在对马克思这一概念的认识上陷入混乱,主要是因为这个概念在马克思的文本中具有不同的理论内涵。因此,对马克思的意识形态概念进行一番类型学的梳理非常必要。

在《历史与阶级意识》中,卢卡奇将马克思主义的根本方法归为“总体性”,并将之与意识形态概念联系在一起。在他看来,意识

① [匈]乔治·马尔库什:《语言与生产——范式批判》,李大强、李斌玉译,曹荣湘校,黑龙江大学出版社2011年版,第187~188页。

形态绝不是一种谬误或幻想，尽管具有一定的虚假性，但这并非是因为它的内容不符合事物的真实状况，而是因为意识形态总以一种有限的、表面的方式反映现实，因而对事物的深层本质一无所知。也就是说，正是意识形态的非总体性特征导致了它的虚假性。因此，破除意识形态虚假性的最佳方法就是恢复总体性的理论原则，使其处于整个理论的中心位置。卢卡奇的这个观点非常深刻，他并没有简单地从阶级利益的角度判定资产阶级意识形态的非法性，而是指出资产阶级意识形态由于缺乏总体性的观照必然陷于片面，任何批判如果“不能超出只是对局部的否定，如果它不能做到至少以对总体的批判为目标，它就不能超过被否定的东西”①。卢卡奇的高明之处在于，他并不是简单将意识形态视为一种理论欺骗，而是将之视为一种与资产阶级社会的物化结构相认同的物化意识，正是物化意识让主体完全听命于外在规律和命运的摆布，进而丧失了一切批判和超越的维度。物化意识的根本宗旨是，让人们接受资本主义社会的现有秩序，相信资本主义制度是永恒不变的。

在《马克思的意识形态概念》中，马尔库什区分了三种意识形态概念的不同用法：第一种用法常见于马克思批判的、论战的作品中。这种意识形态的概念带有负性色彩，具有否定性的含义。该用法经典的表述是关于照相机成像的比喻：“如果在全部意识形态中，人们和他们的关系就像在照相机中一样是倒立成像的，那么这种现象也是从人们生活的历史过程中产生的，正如物体在视网膜上的倒影是直接从人们生活的生理过程中产生的一样。”②一方面，马克思认为意识形态总是与唯心主义相连，是一种不科学的思想观念；另一方面，他又认为意识形态总是与社会资源和权力不公平分配相连，必然倾向于掩盖事实和真相。正因为如此，马克思才多次声称意识形态是一种虚幻形式、虚假意识和错误观念，但同时他又认为这个虚幻物建立在真实社会历史进程之上，是一种由经济基础决定的上层建筑。马克思的主要用意是，“把思想体系还原为它们所表达的有意识或无意识的社会利益。由此发现在思想超凡

① ［匈］卢卡奇：《历史与阶级意识——关于马克思主义辩证法的研究》，杜章智、任立、燕宏远译，商务印书馆1992年版，第137页。

② 《马克思恩格斯文集》第1卷，人民出版社2009年版，第525页。

力量或永恒统治傲慢的话语背后，隐藏的明确的——但是完全尚未主题化的(unthematized)——少数阶级或群体利益的支配，从而从根本上驳斥它们的有效性”①。

马克思意识形态概念的第二种用法带有系统的－解释的含义。这种用法又可以分为两种形式。第一种形式出现在《〈政治经济学批判〉序言》中，意识形态概念以中性化的面貌出现，马克思将法律、政治、宗教、艺术和哲学称为“意识形态的形式”，强调其变革依赖于经济基础。第二种形式出现在对黑格尔、斯密和李嘉图的批判中，马克思超越了基础－上层建筑的二分，虽然上述理论家的观点被视为“资产阶级社会的意识形态”，却没有被简单归于某种特殊的利益。马克思意在揭露那些尚未被主题化的、想当然的假设，这些假设构成了上述理论家理论学说的方法论前提，同时也是他们的理论盲区。用阿尔都塞的话语系统来表述，系统的－解释的意识形态概念旨在弄清楚“一定的思维方式是怎样导致排除一定问题的”②。例如，李嘉图的经验主义使他无法提出价值形式的社会历史起源这样的问题；黑格尔的唯心主义自我意识哲学必然导致他在最后的分析中将异化与对象化混为一谈；费尔巴哈的人本学唯物主义由于误解了实践，一定会以抽象的人和抽象的自然告终；如此等等。

以拜物教为例，马尔库什进一步阐释了马克思对系统的－解释的意识形态概念的运用。在马克思那里，拜物教不过是“人们自己的一定的社会关系，但它在人们面前采取了物与物的关系的虚幻形式”③。马克思要表明，资本主义社会人与人的关系采取了物与物的关系的形式，社会关系采取了商品拜物教的虚幻的形式，真实的人类社会历史进程被深深地掩藏了，这些正是我们应该着力批判的意识形态。可见，马克思这时的批判重心已经发生了偏移，他不再一味地关注意识形态的虚假本性，因为他明白，正是资本主义社会不断制造着意识形态的幻象，要彻底清除意识形态，必须推

① ［匈］乔治·马尔库什：《马克思主义与人类学——马克思哲学关于“人的本质”的概念》，李斌玉、孙建茵译，衣俊卿校，黑龙江大学出版社2011年版，第124页。

② ［匈］乔治·马尔库什：《马克思主义与人类学——马克思哲学关于“人的本质”的概念》，李斌玉、孙建茵译，衣俊卿校，黑龙江大学出版社2011年版，第134页。

③ 《马克思恩格斯文集》第5卷，人民出版社2009年版，第90页。

翻资本主义制度。麦克莱伦(David Mclellan)发现了马克思思想的这一变化,并正确地指出:"《资本论》中不太强调幻象,因为意识形态在这里被认为反映某些真实(虽然明显是部分的)事物,而且其本身也被看做一种真实的力量。"[①]马尔库什清醒地意识到,"'颠倒'了现实关系并使它们变得'无形'的拜物教范畴不仅表达了非反思性接受既定社会世界的那些思想,而且这些自发性日常理解的荒谬的'范畴错误',还系统地排除了一种总体化反思的可能性"[②]。而一旦离开了总体性的理论观照,"大多只能产生一些零碎不全的东西:一些无联系的'事实'或抽象的局部规律"[③]。

马尔库什把马克思意识形态概念的第三种用法称为批判的-哲学的意识形态概念。该概念指向一般意义上的特定的文化类型[④],是一种理解文化对象化的方式。按照这种理解,来自社会生活的高级文化的自律性就是意识形态的幻觉。正如马尔库什所言:"意识形态批判在这个意义上是一种对文化对象化的批判,使这些文化对象化正视它们的现实生活基础,这种批判反对它们自身主张的自律性,并且反对对它们来说仍然是隐藏的和非反思的,外部强加给想象和思想的屏障。"[⑤]

总之,马尔库什关于马克思意识形态概念的论述是深刻的。首先,马尔库什在一定意义上超越了卢卡奇的意识形态理论。卢卡奇尽管正确意识到意识形态并不总是虚假的,并把它视为物化意识的产物,但他毕竟受黑格尔影响太深,以至于用无产阶级置换了黑格尔的绝对精神,制造了新的神话,这使得其意识形态理论也不幸沦为经济主义和唯心主义的混合物。其次,马尔库什对意识

① [英]大卫·麦克里兰:《意识形态》,孔兆政、蒋龙翔译,吉林人民出版社2005年版,第21页。

② [匈]乔治·马尔库什:《马克思主义与人类学——马克思哲学关于"人的本质"的概念》,李斌玉、孙建茵译,衣俊卿校,黑龙江大学出版社2011年版,第129页。

③ [匈]卢卡奇:《历史与阶级意识——关于马克思主义辩证法的研究》,杜章智、任立、燕宏远译,商务印书馆1992年版,第78页。

④ 马尔库什在《马克思主义与文化理论》一文中区分了两种类型的文化:一种是广义的、人类学意义上的文化,一种是狭义的、价值标示的文化。意识形态属于第二种类型的文化。赫勒在《现代性理论》中区分了三种文化类型:高级文化、文化话语和人类学的文化,其中高级文化对应于马尔库什的价值标示的文化。

⑤ [匈]乔治·马尔库什:《马克思主义与人类学——马克思哲学关于"人的本质"的概念》,李斌玉、孙建茵译,衣俊卿校,黑龙江大学出版社2011年版,第138~139页。

形态概念的理解超越了审美救赎论。法兰克福学派的某些批判理论家将希望寄托在某种高雅文化（如审美艺术）中。如霍克海默（M. Max Horkheimer）把“真正的艺术”视为高雅文化的典型形式，认为它是个体性、幸福和批判意识的根源，“人类，就其没有屈从于普遍的标准而言，他们可以自由地在艺术作品中实现自己”，“反抗的要素内在地存在于最超然的艺术中”。[①] 阿多诺也有类似的观点，他认为勋伯格（Arnold Schoenberg）的无调音乐（某种高雅文化）是一种否定的、解放的、进步的“好音乐”，因为它拒绝与社会同一。从卢卡奇到阿多诺，西方马克思主义的意识形态理论从人本主义的伦理批判走向了审美救赎，最终陷入了悲观主义。马尔库什对审美自律性的反思则有助于我们走出这一理论怪圈。

本章主要阐述了布达佩斯学派早期从事的一些富有创见的理论工作。通过对日常生活、激进需要、家庭变革以及马克思的“人的本质”“生产范式”“意识形态”概念的批判性反思，布达佩斯学派意图“复兴马克思主义”，发展出一种同西方马克思主义紧密相关的人道主义的马克思主义。从根本上看，布达佩斯学派人道主义的马克思主义旨在实现社会主义的人道化，让人们彻底摆脱异化。日常生活批判将人们的目光由社会物质再生产移至个体再生产，通过个人—特性—个体的逻辑跃升，叩响社会革命之门。激进需要理论从哲学人类学的角度开启了一条批判资本主义社会的新通道，在一定程度上克服了精英救赎论的弊病，在本体论层面论证了资本主义社会的非法性以及革命的必要性。对家庭变革和社会革命关系的思考，将目光聚集在资本主义社会家庭形式的批判上，通过营造一种共产主义性质的家庭形式（公社），为社会革命提供现实的革命主体——新人。对马克思“人的本质”“生产范式”“意识形态”概念的解读，在一定程度上弥合了马克思主义发展史上普遍存在的马克思学说科学性和批判性二分的理论困局，将马克思早期的人道主义批判与后期的科学实证分析嵌接在一起。

在正式结束本章内容前，我们还要回答一个问题，即布达佩斯学派人道主义理论的性质。学界有一种观点，认为人道主义是不

① ［德］马克斯·霍克海默：《批判理论》，李小兵等译，重庆出版社1989年版，第259页。

科学的,甚至是一种意识形态。笔者对这种观点持保留态度。马克思的确批判过人道主义,但批判的是作为资产阶级意识形态的抽象的人道主义,他并不是要反人道,而是认为资产阶级的人道主义不人道。苏联传统的马克思主义以客观历史发展规律掩盖了马克思思想中的人道主义意蕴,以至于萨特惋惜地宣称马克思主义存在一个"人学空场"。把马克思描绘成一个无视人的经济学家和社会学家,这是不符合事实的。人道主义有多种类型:既有资产阶级的、抽象的、不科学的人道主义,也有无产阶级的、科学的、真正的人道主义。必须弄清楚布达佩斯学派是何种人道主义?谁之人道主义?

笔者认为,布达佩斯学派的人道主义与波兰马克思主义理论家沙夫(Adam Schaff)在《人的哲学》中阐发的人道主义具有家族相似性。沙夫认为,哲学必须关注人的命运和生活的意义,尤其要弄清楚自由和决定论的关系到底怎样。长期以来,传统马克思主义过分强调社会的发展规律,在一定程度上忽视了个人自由。相反,唯心主义(如存在主义)却发展了个人的能动方面,对传统马克思主义展开了批判。必须指出,大屠杀和苏联的"非人道主义"统治是布达佩斯学派走向人道主义的现实原因,正是现实中人道主义的"缺席"导致了理论上人道主义的"突进"。沙夫指出,社会主义的人道主义必须遵循三个理论前提:个人是社会的产物;历史唯物主义关于个人与社会关系的理解;理想只能在适当的社会条件中得到实现。赞成社会主义的人道主义的人相信,个人幸福只有在社会幸福的方式中才能实现。赞成社会主义的人道主义的人懂得:为了实现他的要求,就必须要斗争,而他的事业是受社会制约的,这就要求改造社会关系。他们还明白:人既是社会条件的产物,又是社会条件的创造者。① 不难看出,社会主义的人道主义与存在主义的人道主义具有本质性的差别,虽然两者都强调个人,但社会主义的人道主义注重的是"社会人",存在主义的人道主义凸显的是"孤立的个人"。在对待自由的问题上,社会主义的人道主义强调社会条件下的相对自由,存在主义的人道主义强调个人的

---

① 参见[波]沙夫:《人的哲学——马克思主义与存在主义》,林波等译,三联书店 1963 年版,第 64 页。

绝对自由。有人抱怨说,社会主义的人道主义对自由进行了“限制”,严重影响了个人自由。沙夫一针见血地驳斥道:“那些抱怨如果存在着历史规律、他们的自由就可能受限制或甚至被取消的人,实际上他们抱怨的不是他们行动的不自由,而是不能以他们的行动取得随心所欲的结果。”①总之,在沙夫看来,客观规律和历史必然性是个人运动的“场地”,人们可以在上面自由活动,发展自己的个性。离开了这个“场地”,便不可能有自由,“所谓自由,仅仅是在一定情况下从各种不同的行动方式中作出选择的可能性”②。沙夫对自由的理解是符合马克思主义的。

有的学者指出,布达佩斯学派关于社会主义的人道主义的论述是抽象的,他们只是从道德层面揭露了资本主义社会的剥削和不公,丝毫没有触动社会现实。我们不同意这种看法。诚然,布达佩斯学派的确从道德层面对资本主义社会进行了谴责和批判,难道马克思没有这样做过吗?问题的关键在于,马克思后来意识到单纯道德谴责远远不够,还必须揭示资本主义社会商品经济发展的矛盾和规律,消除那些阻碍社会主义人道化的历史(社会)因素,他转而研究资本主义社会的具体矛盾,就是为了在制度层面上扫清障碍,实现共产主义的理想。因此,马克思的道德理论是一种制度伦理学,它关注的不是抽象的善,而是善实现的社会条件。正如马尔科维奇(Mihailo Marković)指出的:“真正的问题不是社会主义革命是否是必然的,而是它在历史上是否是可能的,在什么条件下它是可能的,以及为了实现这种可能性应该做些什么。”③在这个意义上,我们说社会主义的人道主义是一场“争取人的个性的最良好发展的条件的运动”④。沙夫还强调社会主义的人道主义是一种理论联系实践的战斗的人道主义,它“不仅要求我们有具体的信念,

---

① [波]沙夫:《人的哲学——马克思主义与存在主义》,林波等译,三联书店1963年版,第74~75页。

② [波]沙夫:《人的哲学——马克思主义与存在主义》,林波等译,三联书店1963年版,第76页。

③ [南斯拉夫]米哈伊洛·马尔科维奇:《从富裕到实践——哲学与社会批判》,曲跃厚译,魏志军校,黑龙江大学出版社2012年版,第183页。

④ [波]沙夫:《人的哲学——马克思主义与存在主义》,林波等译,三联书店1963年版,第118页。

同时还要求我们行动，要求我们进行斗争”[①]。这就表明，马克思主义的人道主义绝不是抽象的、形而上学的，而是具体的、经验层面的；绝不是应当确立的状况，不是现实应当与之相适应的理想，而是消灭现存状况的现实的运动。

总之，布达佩斯学派的人道主义并不是什么抽象的意识形态，在特定历史条件下，他们对苏联传统的马克思主义进行了批判性反思，更新发展了马克思主义的人道主义思想。当然，布达佩斯学派的人道主义与马克思的人道主义还是存在差别的。在《1844 年经济学哲学手稿》中，当谈到无神论与共产主义的区别时，马克思这样说道：

> 正像无神论作为神的扬弃就是理论的人道主义的生成，而共产主义作为私有财产的扬弃就是要求归还真正人的生命即人的财产，就是实践的人道主义的生成一样；或者说，无神论是以扬弃宗教作为自己的中介的人道主义，共产主义则是以扬弃私有财产作为自己的中介的人道主义。只有通过对这种中介的扬弃——但这种中介是一个必要的前提——积极地从自身开始的即积极的人道主义才能产生。[②]

不难看出，马克思区分了理论的人道主义和实践的人道主义，在他看来，实践的人道主义意味着扬弃私有财产和废除私有制。就此而论，布达佩斯学派的人道主义尽管声称是战斗的、实践的，却与马克思主义真正的、积极的人道主义存在一定差距。尽管布达佩斯学派的人道主义没有达到马克思人道主义的批判深度，甚至还存在着一些误区，但却开启了一个新的批判方向。

① ［波］沙夫：《人的哲学——马克思主义与存在主义》，林波等译，三联书店 1963 年版，第 65 页。

② 《马克思恩格斯文集》第 1 卷，人民出版社 2009 年版，第 216 页。

第二章　转向后马克思主义

布达佩斯学派理论家从来没有打算做正统的马克思主义者，他们总是试图“超越”马克思主义，发展一种不同于传统马克思主义经典模式的左翼激进主义。20 世纪 70 年代，布达佩斯学派主要成员相继离开匈牙利，移居西方资本主义社会，理论倾向也由左翼激进主义转向后马克思主义，主要表现在：拒斥历史哲学、否认经济的决定作用、怀疑社会进步和历史必然性、质疑无产阶级的革命主体地位等等。如果说在布达佩斯学派早期著作中马克思主义的“乡愁”还依稀可见，此时马克思主义的眷恋之情则被一种拒斥心理所代替。后马克思主义必然包含对马克思主义核心范畴的解构，但它并不完全是外在于马克思主义的，在某种意义上，它仍然是马克思主义的探索。

第一节　后马克思主义与赫勒的身份定位

后马克思主义研究近年在国内外学界逐渐升温，每年都有大量论著出版和发表。依据研究者对后马克思主义的不同态度，大致上可分为赞同派和反对派：前者认为后马克思主义在各种“后”话语（后资本主义、后工业、后福特制、后社会主义）背景下发展了马克思主义，后者则把后马克思主义视为一种“新修正主义”、反马克思主义、“新社会主义”。托米和汤申德（Jules Townshend）在《从批判理论到后马克思主义的主要思想家》一书中认为，后马克思主义在对马克思的历史理论、革命主体理论、伦理学、实证主义方法、知识分子先驱身份、民主理论的解构方面具有“家族相似性”。正是在这部著作中，赫勒被看作是一个后马克思主义者。

一、后马克思主义的基本内涵

近年来，国内外已有诸多学者关注后马克思主义，但对后马克思主义的产生原因、基本特征和代表人物并未形成一致意见。国内学者孔明安主张从广义和狭义两个视角来划分后马克思主义，前者指“建立在西方后结构主义或解构哲学基础之上，对马克思主义进行分析批判和研究的最新的西方哲学社会思潮”，后者指“由英国著名学者拉克劳和墨菲于 1985 年出版的《领导权与社会主义策略》率先正式提出，并逐渐扩展到其他领域的一种理论思潮”[①]。目前，学界基本上形成了一种较为固定的看法，即认为后马克思主义产生于 20 世纪 60、70 年代，是一股受后现代主义和后结构主义影响的批判理论思潮。例如，麦克莱伦认为后马克思主义是一种“试图将马克思主义的社会主义同后现代主义思想结合起来的思潮”[②]，曾枝盛则给出一个形象的描述：“‘后马克思主义’是 20 世纪 60 年代开始流行的‘后现代主义’的衍生物，若把‘后现代主义’视为一根长长的瓜蔓，那么‘后马克思主义’则是其中的一个‘瓜’而已。”[③]强调后马克思主义在方法和观点上源于后现代主义和后结构主义，这一点得到了后马克思主义的代表人物拉克劳(Ernesto Laclau)和墨菲(Chantal Mouffe)的首肯，在《领导权与社会主义的策略》中，两人多次声称自己的理论和方法深受后现代主义和后结构主义思想的影响。尽管有些后马克思主义的理论家否认自己是后现代主义者(如赫勒就否认这一点)，但却抹不掉两者的内在关联。

台湾学者黄瑞祺将后马克思主义产生的原因归为战后欧美社会的新变化，具体表现在四个方面：第一，休闲及消费在大众生活中变得越来越重要，不同之消费能力或消费品位者形成不同的族群，成为当代社会明显的身份象征。第二，生态问题的凸现和环保运动的兴起，使得“生产至上”的观念遭到质疑，根据生产而划分的

① 孔明安：《“后马克思主义”研究及其理论规定》，载《哲学动态》2004 年第 2 期。

② [英]戴维·麦克莱伦：《当代西方马克思主义流派》，段忠桥译，载《北京大学学报：哲学社会科学版》1997 年第 1 期。

③ 曾枝盛：《“后马克思主义”的定义域》，载《学术研究》2004 年第 7 期。

阶级不再是唯一重要的社会区分。第三,女性运动的盛行使得性别身份越发明显且受到尊重。第四,新兴宗教的产生表明宗教身份认同仍不失重要性。[①] 在黄瑞祺看来,后马克思主义"一定是对马克思主义有所批判及扬弃,此外还要把马克思主义的某些要素整合到另一个新的整体当中,在此一整体中马克思主义的'合理'要素和其他品牌的学术思想整合在一起"[②]。高宣扬反对将后马克思主义简单归结为对马克思主义的一般性否定,在他看来,后马克思主义是一种"极其复杂的社会文化现象,某种表明多多少少与马克思的思想相关的特殊的文化重构或重建的现象……它的出现,不但不表明马克思的思想的'过时'或'死亡',而且还从其复杂的表现形式中呈现出马克思的思想及其影响的复杂性"[③]。国外学者也对后马克思主义与马克思主义的关系进行了深入探讨,例如,伊格尔顿认为后马克思主义者是"那些在某些方面保留着马克思主义、但总体上已经从马克思主义转向了其他学说的人们"[④]。山琦薰认为"'后马克思主义'的战略,就是遵循马克思主义而又将马克思主义向前推进,从马克思主义中去寻找超越马克思主义的东西"[⑤]。霍尔(Stuart Hall)则在一次访谈中明确指出:"在我意识到必须要超越正统的马克思主义、超越由历史规律所担保的马克思主义观念的意义上,我才是一个'后马克思主义者'。不过,我仍然在我所理解的马克思主义立场的话语范围内从事我的理论活动。……'后(post-)'意味着在一套已经确立的问题、在一个问题架构的基础上继续思考。这并不是说要离开这一领域,而是要把它作为参照点来运用。"[⑥]

把握后马克思主义的实质要注意两个问题:首先,不能简单认

---

① 参见黄瑞祺主编:《马学新论——从西方马克思主义到后马克思主义》,"中央研究院"欧美研究所2004年版,"编者导言"第ⅷ—ⅸ页。

② 黄瑞祺主编:《马学新论——从西方马克思主义到后马克思主义》,"中央研究院"欧美研究所2004年版,第24页。

③ 黄瑞祺主编:《马学新论——从西方马克思主义到后马克思主义》,"中央研究院"欧美研究所2004年版,第124页。

④ 王杰、徐方赋:《我不是后马克思主义者,我是马克思主义者——特里·伊格尔顿访谈录》,载《文艺研究》2008年第12期。

⑤ [日]山琦薰:《关于"后马克思主义"的思考》,晓凡译,载《国外社会科学》1989年第12期。

⑥ 周凡、李惠斌主编:《后马克思主义》,中央编译出版社2007年版,第204页。

定后马克思主义是一股反马克思主义的理论思潮。这一点拉克劳说得很清楚:"'后马克思主义(post - marxism)'并不完全外在于马克思主义(ex - marxism),因为,后马克思主义必须积极介入到马克思主义历史中、必须介入到对马克思主义的诸多范畴的讨论中。但是,这种介入并不意味着对马克思主义的同一性和一致性的教条式断定;相反,这种介入是对马克思主义的多重性的详细说明。"①在拉克劳看来,后马克思主义并不是抛弃马克思主义,而是在进行解构,解构与抛弃非常不同。在致《领导权与社会主义的策略》中译者的信中,他说道:"后马克思主义不意味着在马克思之外或反马克思主义,而是重视其他社会斗争形式的马克思主义,这些斗争形式从19世纪以来已经发展了性、性别、民族、种族等等方面的特征。后马克思主义意味着仍然是马克思主义的探索,但是它加入了所有社会构造特性中的多样化方面。"②

其次,不能将后马克思主义与新马克思主义混为一谈。罗斯诺(Pauline Marie Rosenau)严格区分了后马克思主义者和新马克思主义者,在他看来,前者"放弃了马克思主义的许多重要原理:他们修正了他们的马克思主义观点以适应后现代的需要。……新马克思主义者仍然保持着他们与黑格尔主义的马克思主义本质上的密切关系,同时他们又把后现代主义看成是对重振、复兴和发展马克思主义的一种鼓舞力量"③。瑟伯恩(Goran Therborn)在《从马克思主义到后马克思主义》中将当前左派的政治立场分为四种类型:弹性马克思主义、新马克思主义、后马克思主义、非马克思主义。在他看来,后马克思主义者指的是那些"明确具有马克思主义背景,但其近期作品又超越了马克思主义问题,且不公开声称继续致力于马克思主义的人。……'新马克思主义'一词将只用于理论设想方面,既表示严重偏离经典马克思主义,同时又明确保持对马克思

---

① 周凡、李惠斌主编:《后马克思主义》,中央编译出版社2007年版,第86~87页。

② [英]恩斯特·拉克劳、查特尔·墨菲:《领导权与社会主义的策略——走向激进民主政治》,尹树广、鉴传今译,黑龙江人民出版社2003年版,"中译者前言"第4~5页。

③ [美]罗斯诺:《后现代主义是左翼还是右翼?》,高飞乐译,载《国外社会科学》1994年第8期。

主义的忠诚"[①]。笔者认为,区分后马克思主义与新马克思主义的关键不是看是否运用了后现代主义和后结构主义的方法和观点,而是看是否对马克思主义的核心范畴进行了解构。纽曼(Saul Neman)曾将后马克思主义对马克思主义核心范畴的质疑归纳为三方面的内容:"其一,阶级本质主义——工业无产阶级代表资本主义统治下的整个社会并因此成为履行社会革命任务的惟一阶级;其二,经济决定论——资本主义经济决定所有社会的、政治的现象;其三,理性主义的、辩证的确定性——历史是一个合乎理性的进程,它在共产主义那里达到顶点,因为在共产主义社会所有的社会矛盾统统被消除了。"[②]依照这个标准,我们便可以方便地确定后马克思主义和新马克思主义的边界。

在本书中,我们并没有把"后现代主义"视为布达佩斯学派思想发展的一个独立阶段,因为如果将重心放在后现代主义和后结构主义上,就会掩盖和忽略真正导致布达佩斯学派转向后马克思主义的细节。[③] 布达佩斯学派是东欧新马克思主义的一个哲学流派,特殊的社会历史环境使得这些理论家在学术交流方面相对闭塞,后现代主义和后结构主义对其思想发展的影响十分有限。如果说西方资本主义社会的理论家(如拉克劳)转向后马克思主义是因为社会出现了新变化,那么社会主义社会的理论家更多是受到二战和苏联社会主义的影响。二战给人们留下了关于集中营(大屠杀)的文化记忆,但凡经历这场浩劫的人,无一例外会对科学技术和理性表示怀疑,人们不再相信历史的列车将会沿着既定的轨道驶向共产主义,而是普遍走向宗教并诉诸超验的上帝,同时相信碎片化、偶然性和不确定性。苏联社会主义对东欧各国的干预是东欧新马克思主义理论家转向后马克思主义的直接原因。第二次世界大战结束后,东欧各国普遍接受了斯大林的苏联社会主义发展模式,不久该模式的弊病暴露出来,由于片面强调外在规律,忽

---

① [英]戈兰·瑟伯恩:《从马克思主义到后马克思主义?》,孟建华译,社会科学文献出版社 2011 年版,第 183~184 页。

② 周凡、李惠斌主编:《后马克思主义》,中央编译出版社 2007 年版,第 297~298 页。

③ 国内学者周凡注意到了东欧新马克思主义的后马克思主义转向,并简要分析了这一"艰难浮出"的过程,按照他的考证,东欧后马克思主义者的出现甚至早于西欧。参见周凡:《后马克思主义导论》,中央编译出版社 2010 年版,第 50~59 页。

视人的活动及其历史地位,东欧社会出现了官僚化的倾向。从"斯大林化"到"非斯大林化",东欧新马克思主义理论家的思想经历了重大转变,逐渐分化为两类学者:一部分人彻底放弃了马克思主义,投入资产阶级意识形态的怀抱;另一部分人继续坚持和发展马克思主义,但从理论倾向上看,也渐渐由新马克思主义者过渡为后马克思主义者。瓦伊达对东欧思想界的后马克思主义转向有切身的体会,他写道:

> 20世纪60年代,许多东欧坚定的社会主义者都试图寻求马克思主义的革新,并期待着马克思主义的复兴(格奥尔格·卢卡奇)。与此同时——与这种意识形态的确信不无关系——也期待着东欧体制发生一场变革,并愿意去促成这种变革。但到了70年代,这些人意识到要理解他们的社会,就必须逾越马克思主义的教义,而让原初教义远离"教条化曲解"的戕害已经远远满足不了这个目标了。[①]

无论人们如何评价后马克思主义,作为20世纪70年代出现的一股理论倾向(思潮),它在事实层面上确实是存在的。西姆(Stuart Sim)区分了两种后马克思主义:一种是以利奥塔(Jean-Francois Lyotard)和鲍德里亚为代表的更多背叛马克思主义基本原则的后马克思主义,另一种是以拉克劳和墨菲为代表的利用当代后结构主义、后现代主义、女权主义等理论资源修正经典马克思主义的后马克思主义。[②] 事实上,除了少部分极端的后马克思主义者外,大部分后马克思主义者在解构马克思主义的同时也在积极地建构马克思主义,正如拉克劳和墨菲指出的:"回到(重新激活)马克思的范畴必然导致对这些范畴的解构,即置换它们可能性的一些条件,发展那些超越具有范畴应用特征的任何事情的新可能性。"[③]笔者认为,布达佩斯学派转向后马克思主义,并不是要彻底

---

① Mihaly Vajda, *The State and Socialism*, London: Allison & Busby, 1981, pp. 1-2.

② 西姆对后马克思主义的这一界划非常重要,国内学界似乎对后马克思主义存有一种偏见,即认为这股思潮非常蛮横地拒斥和解构了马克思主义的核心观点,因此是反马克思主义的。这种理解并不准确。其实,正如后现代主义可以分为极端派和重建派一样,后马克思主义也可以分为以鲍德里亚为代表的极端派以及以拉克劳和墨菲为代表的重建派,布达佩斯学派显然属于后一个阵营。

③ [英]恩斯特·拉克劳、查特尔·墨菲:《领导权与社会主义的策略——走向激进民主政治》,尹树广、鉴传今译,黑龙江人民出版社2003年版,"第二版序言"第3页。

背弃马克思主义，而是要在新的历史条件下做出一种思想转型和战略调整，以维系马克思资本主义批判理论的当代有效性。2007年，赫勒曾到中国进行为期一周的学术访问，在成都的普洱茶楼，她接受了四川大学冯宪光教授等人的采访，当问及是否还是马克思主义理论家时，她说道："资本主义发展到今天，其中迄今最重要的有效分析资本主义方式的理论仍然是马克思主义，但是在多元发展状态中，这种单一模式是否有效，还有待观察，因为这种单一模式不是不可改变的。现在最好的继承和实践马克思主义，是要使单一的原有的正统的马克思主义吸纳当代思想家资源后成为一种持续有效的解释方式。"①可见，赫勒并不认为后马克思主义一定与马克思主义水火不容，准确地说，后马克思主义的对立面是苏联正统的马克思主义。

二、赫勒的后马克思主义身份定位

在本书中，我们将赫勒定位为后马克思主义者，主要基于以下两个原因：

首先，该称谓得到了赫勒本人的认可。在《激进普遍主义的盛大与黄昏》一书"导言"中，赫勒说道："这本书的作者曾经是批判的马克思主义者，后来变成了后马克思主义者。"②在接受托米的一次采访中，她又说道：

> 我不是一个传统意义上的马克思主义者，因为我没有关于马克思主义是什么的观念，但如果你问我是不是一个马克思主义者，我会回答是。有趣的是党内人士从不认为我是一个马克思主义者，他们经常说我既不是一个共产主义者，也不是一个马克思主义者。后来我意识到在某种意义上他们是对的，我是错的，因为我从来不是一个传统意义上的马克思主义者。③

---

① 阿格妮丝·赫勒等：《关于马克思主义与美学问题的对话》，王晓路译，载曹顺庆主编：《中外文化与文论》（第18辑），四川大学出版社2009年版，第169页。

② Agnes Heller and Ferenc Feher, *The Grandeur and Twilight of Radical Universalism*, New Brunswick, N. J.: Transaction Publishers, 1991, p. 4.

③ Agnes Heller, Simon Tormey: "Interviews with Professor Agnes Heller(Ⅰ)", *Revista de Filosofía*. No. 17, 1998, p. 26.

其次，赫勒思想研究的专家和后马克思主义思潮研究专家认定赫勒是后马克思主义者。托米和汤申德在《从批判理论到后马克思主义的主要思想家》中用整整一章篇幅探讨了赫勒的后马克思主义思想，两位学者认为，赫勒早期是激进的马克思主义者，《历史理论》之后转向了后马克思主义。国内学者周凡在一篇论文中也指出，"赫勒(Anges Heller)80 年代初的写作(*A Theory of History*)也应归于后马克思主义之内"[①]。

那么，赫勒是如何看待马克思主义和后马克思主义的呢？对于前者，她提醒我们："首先，它意味着一个百年前逝去的人所写的著作至今仍持续发挥着巨大影响；其次，它意味着这个人的确在一百多年前就已逝去。"[②]这段话表达了赫勒复杂矛盾的心情，一方面，她意识到马克思主义在当代仍具价值，另一方面，她又认为马克思主义毕竟是百年前的思想，因此必须进行修正和发展。更进一步，赫勒区分了两种不同的马克思主义理解模式：

> 一方面，我们可以不加任何质疑地分析他提出的问题和提供的答案。如果为了某种实践目的，这将导致一种文献学的解释，致使全盘接受或全盘否定马克思的全部作品。另一方面，当我们把他提出的问题及提供的答案视为有问题的时候，一种不同的差异阅读就是必要的。在这里，文本被彻底解读，同时，它将有意识地与我们当下经验域中的问题融合。这样，结果既不是全盘接受也不是全盘否定，而是对那些可被我们当下经验理性中介的问题与答案的信任。[③]

赫勒认为第二种理解模式是我们正确对待马克思主义的科学态度。托米这样评价赫勒与马克思主义的关系："她一直热衷于发展一种左派激进主义的形式，这种形式虽然偏离了经典马克思主义的范式，但却保持了对当前政治形势的批判向度。"[④]这个评价是

---

① 周凡：《后马克思主义：概念的谱系学及其语境(中)》，载《河北学刊》2005 年第 2 期。

② Agnes Heller and Ferenc Feher, *The Grandeur and Twilight of Radical Universalism*, New Brunswick, N. J.: Transaction Publishers, 1991, p. 101.

③ Agnes Heller and Ferenc Feher, *The Grandeur and Twilight of Radical Universalism*, New Brunswick, N. J.: Transaction Publishers, 1991, p. 101.

④ Simon Tormey, *Agnes Heller: Socialism, Autonomy and the Postmodern*, Manchester: Manchester University Press, 2001, p. 2.

中肯的。

对于后马克思主义,赫勒是有所特指的,在她看来:

> 后马克思主义是一个枯燥的、无任何意义的名词,它只有在自传体文献的场合才有意义。我们将自己定位于某种后现代状况之中,我们所说的后现代不是一般的“历史之后”,而是激进普遍主义和宏大叙事这个阶段之后。我们并不认为当前时代是一个短暂的过渡,也不认为通往未来的列车会把我们带向指定的地点。我们仅仅想到处看看,努力理解我们的世界,探寻某种可能性,使我们过得更好。①

可见,赫勒将后现代主义视为一种反对激进普遍主义和宏大叙事的哲学立场。在她看来,马克思主义无疑是一种典型的激进普遍主义,因为它制造出宏大的主体性叙事,认为整个世界沿着同一个方向前进,历史革命的承担者只能是无产阶级。在反对激进普遍主义这个意义上,赫勒是一个后马克思主义者。与拉克劳等人一样,她不认为后马克思主义是一股反马克思主义的思潮。

> 后马克思主义的立场并不一定意味着对马克思充满敌意。只要人们从实践的观点出发探讨马克思,即只要人们以马克思自己的理论自欺作为批判的起点,讨论问题时对马克思充满敌意就不足为奇。但是,如果人们抛弃马克思的激进普遍主义,决定以非马克思主义的方式探讨这位实践哲学家,把他视为19世纪解释世界的一位代表,那么,一切敌视和怨恨就完全是错认。②

赫勒为什么要批判激进普遍主义呢?这与她的生活经历直接相关。我们知道,特殊性和普遍性的关系是现代性的核心论题。按照黑格尔的设想,一方面,一种排斥普遍性的特殊性根本无法维系现代性,因为不受限的个人私利将不断滋生蔓延,最终导致现代性的解体。另一方面,一种不含特殊性的纯粹的普遍性也无法承载现代性的重负,因为它会扼杀个性,变成一种压制主体人的力量。赫勒等人不仅深谙此理,更是在社会现实层面有着切身的体

---

① Agnes Heller and Ferenc Feher: *The Grandeur and Twilight of Radical Universalism*, New Brunswick, N. J. : Transaction Publishers, 1991, p. 4.

② Agnes Heller and Ferenc Feher: *The Grandeur and Twilight of Radical Universalism*, New Brunswick, N. J. : Transaction Publishers, 1991, p. 5.

会。无论是法西斯主义还是苏联社会主义,无一例外都将一种意识形态话语上升为国家意志,特殊性上升为赝普遍性,结果是,个体不得不经历一场噩梦。激进普遍主义尽管看上去很美,但由于它许下了不真的诺言,便极有可能走向反面,变成一种敌视人、压制人的力量。在笔者看来,赫勒等人的后马克思主义反对的是那种将马克思主义视为激进普遍主义的苏联正统的马克思主义,在警示世人关注普遍性潜在的消极因素这个意义上,他们的后马克思主义理论具有一定的合法性。

第二节 历史哲学批判

1971 年,卢卡奇逝世,布达佩斯学派遭受致命一击,这预示着国内最后一个保护伞也丧失了。1973 年,一场针对布达佩斯学派的"哲学审判"拉开了序幕,学派成员固守自己的政治立场,最终丢掉了工作,日益严峻的形势逼迫他们必须离开匈牙利。1977 年,赫勒和费赫尔来到澳大利亚,任教于墨尔本的拉筹伯大学社会学系。澳洲时期是赫勒最多产的理论创作期,新的生活和工作环境激发了她的写作潜能。《历史理论》就是在这样一种宽松的环境下写出的。①

一、从历史哲学到历史理论

《历史理论》一书的核心是批判历史哲学,建构一种关于历史的理论。学界一般认为,维柯(Giovanni Battista Vico)在《新科学》中确立了历史哲学的基本面貌,他将人们的目光由自然转向历史,并告示人们:人类社会(历史)是由人创造的,因此是可以认识的,"民政社会的世界确实是由人类创造出来的,所以它的原则必然要从我们自己的人类心灵各种变化中就可找到"②。德国古典哲学延续了维柯的基本思路,康德把人类历史看作是"大自然的一项隐蔽计划的实现"③,将合目的性和合规律性注入历史哲学当中。黑格

① 严格地讲,《历史理论》一书的草稿是在匈牙利完成的,到澳大利亚后,赫勒试着用英语重新写了一遍。

② [意]维柯:《新科学》,朱光潜译,商务印书馆 1989 年版,第 154 页。

③ [德]康德:《历史理性批判文集》,何兆武译,商务印书馆 1990 年版,第 15 页。

尔把人类历史看作是“理性的狡计”，将历史规律、必然性、历史目的确立为历史哲学的核心要素，在他看来，“各个人和各民族的种种生活力的表现，一方面，固然是它们追求和满足它们自己的目的，同时又是一种更崇高、更广大的目的的手段和工具，关于这一种目的，各个人和各民族是无所知的，他们是无意识地或者不自觉地实现了它”①。在国家和个人的关系问题上，黑格尔强调国家是“普遍理性的化身”和“地上的神物”，认为国家可以对个人行使绝对的权力，如他认为，“特殊的事物比起普通的事物来，大多显得微乎其微，没有多大价值：各个人是供牺牲的、被抛弃的”②。沃尔什(Willian H. Walsh)在《历史哲学——导论》中将历史哲学分为思辨的历史哲学和批判的历史哲学，思辨的历史哲学“把历史过程作为一个整体来理解，是要表明，尽管历史呈现出许多明显的不规则和不连贯，它却可以被看做是形成为体现出一种全面计划的整体；而这个计划，如果我们一旦掌握了它，就既会阐明各种事件的详细过程，又会使我们把历史进程在一种特殊的意义上看做是能满足理性的”③，批判的历史哲学将关注的重心由历史本体论转向历史认识论，“从对历史本身性质的探讨转移到对历史知识性质的分析，转移到对人们认识历史能力的批判”④。按照这一界定，黑格尔的历史哲学显然属于思辨的历史哲学，这正是赫勒要着力批判的。

赫勒首先探讨了历史意识。所谓历史意识，就是人们对自身历史性存在的反思。赫勒将历史意识分为六个阶段：第一个阶段是未经反思的一般性意识。主要体现为关于起源的神话。神话告知人们哪些事情该做，哪些事情不该做。这时的时空概念仍是抽象的，过去、现在和将来并没有被区分开来。第二个阶段是反映在特殊性中的一般性意识。这时人们开始对起源进行哲学反思，个体世界观和历史知识逐渐成形，特殊性的地位日益凸显。第三个阶段是未经反思的普遍性意识。这时人们开始排斥特殊性，推崇历史总体性，并试图将现实理想化。第四个阶段是反映在一般性

① [德]黑格尔：《历史哲学》，王造时译，上海书店出版社2006年版，第23页。

② [德]黑格尔：《历史哲学》，王造时译，上海书店出版社2006年版，第30页。

③ [英]沃尔什：《历史哲学——导论》，何兆武、张文杰译，广西师范大学出版社2001年版，第4页。

④ 杨耕、张立波：《历史哲学：从缘起到后现代》，载《学术月刊》2008年第4期。

中的特殊性意识。这时人们开始关注个体的生存体验,相信自由和理性的人可以通过知识创造一个理性的社会。第五个阶段是经过反思的普遍性意识。这时意识表现为历史哲学,即大写的历史(普遍的世界历史)。现世变得不再重要,一种总体化、可预知的"将来"才值得关注。作为普遍历史主体的人并不是现实的人,他(她)必须服从历史规律。第六个阶段是经过反思的一般性意识。这时意识表现为后现代的意识,它不再是历史哲学,而是历史理论。[①]

赫勒主要批判的是历史意识的第五个发展阶段。在她看来,历史哲学并不是关于整个人类历史的哲学学说,而是人们对现代社会(资本主义社会)这一特定人类历史发展阶段的理论反思,"历史哲学存在的时期并不是始于黑格尔止于马克思,而是过去两个世纪哲学发展的普遍趋势。它是规则不是例外"[②]。具体说来,历史哲学的特征可以归纳为以下九个方面:第一,历史哲学的中心范畴是大写的历史,人类历史受大写历史的支配。第二,大写的历史是不断发展变化的,包含一种普遍的趋势和单一的发展模式。第三,历史哲学是一种普遍性声称,它将历史视为一个整体(总体)。第四,历史哲学认为历史是世界精神的自我发展。第五,历史哲学要求对世界祛魅,试图把自然科学从哲学中解放出来,并使社会科学成为"科学"。第六,历史哲学将"现在"视为"过去"的结果,强调人类存在的历史性,内含一种哲学人类学。第七,历史哲学坚持"应该"与"是"的二分,主张从"是"推出"应该",并将一种终极价值植入"将来"。第八,历史哲学中的历史真理通过"将来"展示自己,历史本身成为理想化的真理化身。第九,历史哲学不关注"过去",将"现在"("过去"的结果和"将来"的起点)视为最重要的转折点。[③] 历史哲学的上述九个特征并不一定同时具备或出现,赫勒只是进行一般性的描述,她对历史哲学的批判就是从上述特征中

① Agnes Heller, *A Theory of History*, London: Routledge & Kegan Paul, 1982, pp. 5-32.

② Agnes Heller, *A Theory of History*, London: Routledge & Kegan Paul, 1982, p. 221.

③ Agnes Heller, *A Theory of History*, London: Routledge & Kegan Paul, 1982, pp. 214-216.

引出的。

首先，赫勒对历史哲学的普遍发展逻辑展开了批判。在她看来，历史哲学总是以大写的历史扼杀具体的人类历史，一种普遍发展逻辑内嵌于人类的本质生活中，这使得历史内在地具有一种无限发展的趋势，即由低级阶段向高级阶段发展。赫勒指出，历史哲学既然预设了某种面向未来的允诺或警告，就与神学无异。柯林武德(R. G. Collingwood)在《历史的观念》中曾对历史进步观进行了批判，在他看来，"关于有一种单一的历史进步导致了今天那一古老的教条和关于历史周期(即一种多重的进步导致了'伟大的时代'，而后又导致衰颓)这一近代的教条，就都仅仅是历史学家的愚昧无知在过去的屏幕之上的投影罢了"[①]。同样，赫勒认为进步必须是无毁损的获益。按照这一标准，历史就没有真正的进步，因为任何进步必定同时伴随着退步(毁损)。赫勒虽然否认了历史进步的可能性，却没有遗弃进步这一概念，在她看来，"以一种历史理论观之，进步并非作为一种事实被接受，但也不能作为幻象被抛弃。它是一种观念，因此是客观存在的"[②]。可见，进步在赫勒那里已经不再是历史的必然，而仅仅是一种可能性，"未来的进步不是一种必然，而是一种我们必须依赖的价值，正是通过实现这种承诺的行动它才成为可能"[③]。赫勒的高明之处在于，她正确地意识到人不能成为历史的玩物，而是应该积极行动起来，只有实践才能实现历史的进步。目前，西方学界有一种反马克思主义的观点，认为马克思与黑格尔一样，预设了一种线性的历史进步观，两者的区别仅在于，黑格尔的目标是绝对精神，马克思的目标是共产主义。这种观点是不正确的。马克思非常清楚，资本主义社会固然可恶至极并且危机四伏，但如果人们不去努力消除资本逻辑对人类社会施加的影响，不去扫清通往共产主义道路上的障碍，历史的列车就极有可能驶向别处，代替资本主义的就很可能是法西斯主义和野蛮。

---

① [英]柯林武德：《历史的观念》，何兆武、张文杰译，商务印书馆1997年版，第450页。

② Agnes Heller, *A Theory of History*, London: Routledge & Kegan Paul, 1982, p. 302.

③ Agnes Heller, *A Theory of History*, London: Routledge & Kegan Paul, 1982, p. 307.

其次，赫勒对历史哲学的普遍规律预设提出了质疑。在她看来，历史哲学将“过去”和“现在”视为“将来”发展的理由，它所悬设的普遍规律无非是想使关于未来的承诺更加有说服力，这其实是一种新的神学。为了说明历史哲学的特质，赫勒举了两个例子：一个鞋匠可能会对顾客说，你的鞋子明天将会完成；一个小伙子可能会对姑娘说：我永远爱你。鞋匠有可能在第二天没能按时完成鞋子，小伙子也可能在将来的某一天宣布不再爱姑娘了。在这种情况下，人们认定鞋匠和小伙子说了谎，因为他们在明知结果具有两种可能性的情况下仅仅指出了一种。进一步看，鞋匠在做出承诺的当天就应该考虑到鞋子有可能无法按时完成，小伙子却可以免于责难，因为他可以声称做出承诺的那一刻自己的感情是真实的（只不过后来情况变化了）。赫勒认为这两个例子是有差异的，第二个例子与人的主观感情直接相关，它的真实性取决于许诺人当时的感情。赫勒举这两个例子目的是为了消解历史哲学的客观性，在她看来，“历史哲学应该被理解为一种价值－理性承诺，尽管它要比‘我将永远爱你’这类陈述复杂得多”[①]。按照这一分析思路，历史哲学由于是一种关于未来的道德承诺，真实性就只能根据承诺人发出承诺当下时刻的感情决定。承诺本身无所谓对错，随着历史的发展，当所有条件都得到满足时，承诺就是真实的，一旦条件发生变化，承诺就不再是真实的。赫勒断言，所有的历史哲学必然内含一种目的论，“所有的普遍发展理论基本上都具有一种目的论的性质，它们将现在和将来视为过去的结果，因此结果一开始就已经在那里了”[②]。因此，历史哲学最大的悖论在于：一方面，历史是人类行动、目的和意志的结果，另一方面，历史将按照其自身的普遍计划、决定论序列和内在发展逻辑前进。必然与自由的矛盾成为历史哲学永恒的话题。

最后，赫勒批判了历史哲学的必然论预设。在她看来，历史哲学的必然论有四种模式：一是逻辑必然论；二是普遍目的论；三是

① Agnes Heller, *A Theory of History*, London: Routledge & Kegan Paul, 1982, p. 239.

② Agnes Heller, *A Theory of History*, London: Routledge & Kegan Paul, 1982, p. 242.

普遍决定论；四是内在逻辑支配下的历史范畴演进论。[①] 其中第四种模式流行最为广泛，这种模式认为，历史要么是拥有相同发展模式的文化序列，要么是人类固有的自我发展范畴，“将来”是某一特定逻辑发展的必然结果，历史是一个自然过程。赫勒认为，这是历史哲学最大的谎言。马克思曾把“经济的社会形态的发展理解为一种自然史的过程”[②]，这是否意味着他的历史哲学内含一种必然论预设呢？必须承认，马克思的确有某种必然论的价值诉求，他清醒地意识到，无论是个体还是整个人类，始终都受到一定时代特定的社会关系制约，“不管个人在主观上怎样超脱各种关系，他在社会意义上总是这些关系的产物”[③]。在这个意义上，人受必然性制约，人类社会必须服从必然性，历史与自然一样，具有不以人的意识为转移的客观规律。但我们还应该看到，马克思这句话特指“经济的社会形态”，粗略地讲，经济的社会形态就是经济占据支配地位的社会形态（奴隶社会、封建社会、资本主义社会、社会主义社会）。在上述几种社会形态下，历史可以被理解为自然史的过程，未来的共产主义社会并不在此列。这就表明，从人的自由全面发展出发，马克思对历史必然论是持保留态度的。早在《博士论文》中，他就强调偏斜打破了“命运的束缚”，代表着“胸中能进行斗争和对抗的某种东西”[④]。

否定了历史必然性，偶然性便进入到赫勒的理论视野之中，如果要想象一个历史现象或一个历史事件的整体，那将是不可比较而又不可通约的一种在此、一种如此和一种自性。……每一个历史事件都是独特和偶然的。[⑤] 强调历史偶然性是后现代主义的逻辑，对此赫勒坦然承认，她正是要以一种后现代的视角重建现代性理论。

> 后现代的心智并不预设一种通过这些偶然事件来实现自身的必然性，因为历史没有“趋势”。这并非只是说这种趋

---

① Agnes Heller, *A Theory of History*, London: Routledge & Kegan Paul, 1982, p. 240.

② 《马克思恩格斯文集》第5卷，人民出版社2009年版，第10页。

③ 《马克思恩格斯文集》第5卷，人民出版社2009年版，第10页。

④ 《马克思恩格斯全集》第1卷，人民出版社1995年版，第34页。

⑤ ［匈］参见阿格尼丝·赫勒：《现代性理论》，李瑞华译，商务印书馆2005年版，第15页。

> 势还不为人知，或者对人类的心智来说仍然是没有发现或不可发现的。不妨这么说或这么想：由于我们不知道是否存在着"一种"历史，也不知道它是否按照某个计划（例如神的计划）或某种趋势（一种自然趋势）向着某个事物前进，因此有没有这样一个计划存在压根就是无关紧要的。因为就人性生物和行动者而言，没有目的、没有目标、没有一般方向，在我们通常用"历史"一词来加以概括的那些事件中也没有必然性。①

否定历史发展的普遍规律和必然性，必然会走向后现代主义。后工业社会的倡导者丹尼尔·贝尔（Daniel Bell）曾指认道："没有单线顺序的社会变迁，也不存在'社会发展规律'。社会科学中最严重的错误是想通过一个凌驾一切的单一概念去观察一个社会的特点，使得人们对现代社会复杂的特征产生误解，或者设想某一社会制度必然不可避免地接替另一社会制度的所谓'社会发展规律'。"②拉克劳则坦承更青睐"历史的偶然性领域"，并主张用领导权的概念来"填充历史必然性中被打开的裂缝"③。由此出发，他反对任何形式的历史决定论，认为"决定的一面，把特殊性建立在必然性之中，限制了不确定性多样性；不确定的一面因此被还原到只是决定性的增补"④。托米一语道破了天机："如果后马克思主义有一种'自我形象'的话，那么它就是这样一种形象：建立在承认历史发展的完全偶然性和境遇性之上，明确地拒绝历史唯物主义的必然论图像。"⑤必须指出，赫勒反对历史决定论和必然论，更多地源自东欧社会特殊的历史背景，正是大屠杀和苏联政治干预的经历让她更容易联想到历史哲学潜在的危险。

---

① ［匈］参见阿格尼丝·赫勒：《现代性理论》，李瑞华译，商务印书馆2005年版，第15页。

② ［美］丹尼尔·贝尔：《后工业社会的来临——对社会预测的一项探索》，高铦等译，新华出版社1997年版，"前言"第8页。

③ ［英］恩斯特·拉克劳、查特尔·墨菲：《领导权与社会主义的策略——走向激进民主政治》，尹树广、鉴传今译，黑龙江人民出版社2003年版，第1页。

④ ［英］恩斯特·拉克劳、查特尔·墨菲：《领导权与社会主义的策略——走向激进民主政治》，尹树广、鉴传今译，黑龙江人民出版社2003年版，第49页。

⑤ ［英］托米：《后马克思主义、民主与激进政治的未来》，载周凡主编：《后马克思主义：批判与辩护》，中央编译出版社2007年版，第285页。

二、马克思主义在何种意义上是一种历史哲学

在批判了历史哲学的一般原则后，赫勒将矛头指向马克思主义。在她看来，马克思主义的"阿喀琉斯之踵"正是历史哲学。那么，马克思主义的唯物史观是不是一种历史哲学呢？如果是，又是否等同于黑格尔的思辨的历史哲学呢？要回答上述问题，就必须对马克思主义与历史哲学的关系进行一番考察，阐明马克思主义究竟在何种意义上是一种历史哲学。

赫勒首先揭露了一个历史哲学的秘密：即总是将某个指标夸大为独立变量，同时宣布其他因素由这个变量决定，"在历史哲学中，独立变量常常被视为原因，所有其他关于发展的因素都是结果"①。这样一来，关于普遍历史规律的学说就建立了。历史哲学的运演逻辑是：首先设立某种关于"将来"的幻象（内含价值观念），然后用各种关于发展的指标勾画轮廓，最后将其中一个指标视为独立变量。历史哲学在当代社会之所以能"深入人心"，主要是因为它找到了"科学"这块挡箭牌。既然自然科学已经证明自然规律是不以人的意志为转移的，那么历史规律也大抵如此，"历史哲学的逻辑不是'如果 X、Y、Z 等现象出现，E 将出现'，而是'必须这样做或那样做，因为我们必须服从规律，如果没有做必须做的事，我们将受到惩罚'"②。"科学"和"技术"一定就是好的吗？赫勒对此深表怀疑。在经历了大屠杀这场人类浩劫后，她更愿意相信马尔库塞的如下论断："技术的合理性展示出它的政治特性，因为它变成更有效统治的得力工具，并创造出一个真正的极权主义领域，在这个领域中，社会和自然、精神和肉体为保卫这一领域而保持着持久动员的状态。"③

赫勒对历史哲学的指责有一定道理，但问题在于，马克思主义是她所批判的这种历史哲学吗？赫勒也意识到这个问题并不简

① Agnes Heller, *A Theory of History*, London: Routledge & Kegan Paul, 1982, p. 243.

② Agnes Heller, *A Theory of History*, London: Routledge & Kegan Paul, 1982, p. 245.

③ [美]赫伯特·马尔库塞：《单向度的人——发达工业社会意识形态研究》，刘继译，上海译文出版社 2008 年版，第 16 页。

单，因为在马克思主义哲学内部存在着历史哲学与历史理论的矛盾性张力。

> 一方面，马克思倾向于将发展看成是一种自觉的意识，这种意识同资本主义－资产阶级社会紧密相连，另一方面，他又倾向于将发展视为整体的大写历史的结果；马克思倾向于仅在现代社会中区分经济基础和上层建筑，但他也将上层建筑对经济基础的依赖看成是大写历史的一种普遍功能法则；尽管他坚持认为生产力范式是无所不包的，“生产力的发展”却不总是被视为贯穿历史“整体”的独立变量。[①]

赫勒认为，“倘若马克思坚持一种历史理论，共产主义就只能被看成是一场运动，绝不能被看成是历史之谜的解决。……这种共产主义的声称不能被看成是一种强有力的承诺，至少在马克思那个年代是这样的”[②]。而“倘若”这个词意味着，马克思主义最终还是不幸倒向了历史哲学。在马克思主义内部，是否真的存在历史哲学和历史理论的矛盾性张力呢？笔者认为，马克思的思想内部的确存在矛盾，但主要不是历史哲学和历史理论的矛盾，而是历史哲学的主体向度和客体向度的矛盾。当马克思从主体（人）的自由全面发展出发考察社会历史时，现代社会（大写历史）恰恰是要超越的对象，“自由王国只是在必要性和外在目的规定要做的劳动终止的地方才开始；因而按照事物的本性来说，它存在于真正物质生产领域的彼岸”[③]。当马克思从客体（物质生产和社会关系）向度出发审视人类社会时，生产力的发展逻辑自然成为关注的重心。因此，历史哲学与历史理论的对立是一个伪命题，它不是建基于“既……又……”的辩证法理解模式，而是建基于“要么……要么……”的形而上学理解模式。马克思的共产主义学说既是一种历史承诺，也是一种对资本主义社会发展规律的科学论证。

历史的主体究竟是集体还是个体？这是历史哲学长期争论的一个核心论题。从东欧社会特殊的历史背景出发，赫勒批判了各

① Agnes Heller, *A Theory of History*, London: Routledge & Kegan Paul, 1982, p. 269.

② Agnes Heller, *A Theory of History*, London: Routledge & Kegan Paul, 1982, p. 269.

③ 《马克思恩格斯文集》第7卷，人民出版社2009年版，第928页。

种集体主体论,凸显了个体的价值。在她看来,当前社会流行的集体主体论主要有三种:第一种观点认为,所有的历史主体在历史进程中的地位和作用是相等的;第二种观点认为,只有精英人士才是真正的历史主体,而精英一般指的是统治阶级;第三种观点认为,被压迫阶级是真正的历史主体,就资本主义社会来说主要是无产阶级。马克思主义是第三种观点。反对集体主体,并不意味着赞同个人主体。赫勒最终接受了阿佩尔的主体理论。站在康德的肩上,阿佩尔试图解决康德哲学"自我中心论"的难题,将"我"转换为"我们"。如果说康德在西方哲学史上发起了一场"哥白尼式的革命",使先验主体性成为整个宇宙的中心,阿佩尔则掀起了另一场"哥白尼式的革命",使世界万物围绕先验主体间性来旋转。在阿佩尔那里,集体主体被转换成交往共同体,在共同体中,每个人都是共同体的真正成员,在交往过程中都会考虑到其他人的利益,人们总能够团结在一起,为共同体做出贡献。

赫勒反对历史哲学用社会财富的多寡衡量历史发展(进步)的做法。马克思主义认为,生产力与生产关系的矛盾运动促进人类社会不断发展,生产力是历史发展最重要的指标。赫勒对此表示怀疑,在她看来,历史进步的指标至少有两个:一个是作为社会整体财富的积累和增长,另一个是财富在社会内部各个成员之间的分配。迄今为止人类历史的悖论在于:越来越多的财富被生产出来,而用于个体分配的财富数量却越来越少。由此出发,赫勒认为马克思关于历史不断发展(进步)的论断是不正确的。在她看来,马克思从人的类本质是自由自觉的活动出发,为我们预设了一个完美的共产主义社会,"将来"蜕变为封闭的体系,自由演变为非历史的超验原则,理论体系沦落为自我论证的目的论。笔者认为,赫勒对马克思主义的发展和实质存在误解。在创立唯物史观后,马克思意识到早期对共产主义社会的设想带有某种伦理价值悬设的特点,于是转而研究政治经济学,通过揭示资本主义社会的经济规律,将历史哲学建立在对人类社会客观规律的认证上。与黑格尔思辨的历史哲学不同,马克思的历史哲学不仅深入到物质生产领域,更是触及资本主义社会的核心——资本逻辑。无论是对资本主义社会的批判,还是对未来共产主义社会的展望,都不含任何超验的价值原则,更不是什么目的论。

赫勒重点批判了马克思主义将生产力视为历史独立变量的做法。她认为，马克思这样做一定会陷入悖论：作为宣扬历史进步论的哲学家，他必须提出支持历史进步论的理由，这就有两种选择，一是生产力（物质财富）的无限增长，二是物质财富在个体中的分配。马克思非常清楚：资本主义社会的物质财富比封建社会增长了数倍，但人类却没有因此获得解放，反而深深地陷入了异化。可见，生产关系的递进并不一定带来人类的进步。赫勒认为，悖论就出在这里。如果马克思选取了历史进步的第一种指标，就无法解释资本主义社会普遍存在的异化和剥削现象，如果他选取了第二种指标，就推翻了自己关于社会发展的论断。笔者认为，赫勒提出的悖论是一个伪问题。她始终不明白，进步并不是纯粹的"善"，它也可能包含"恶"。以资本主义社会为例，一方面它是进步的，因为这种社会制度创造出了大量的生产力，另一方面它又是退步的，因为它让异化扩展至整个社会。马克思的高明之处在于能够辩证地看待历史进步，从而与盲目乐（悲）观的历史哲学家区别开来。

赫勒批判历史哲学的落脚点是历史理论。与历史哲学不同，历史理论是一种未完成的哲学，"在历史理论中，'应该'仅仅作为理念而不是最高的现实被推导出来"①。按照这一逻辑，马克思主义关于共产主义的设想就只能是一种理念，而不可能是一种社会现实。赫勒对历史哲学的批判有点类似于批判的历史哲学对思辨的历史哲学的批判。然而，批判的历史哲学本身是有缺陷的，这主要表现在，"脱离了历史本体来考察历史认识，认为在历史认识中，人的主观意向决定着历史认识的内容和结果，史学家认识历史的行为就是建立历史客体的行为。由此，我们看到了历史虚无主义的幽灵"②。

最后我们来回答一个问题：黑格尔和马克思的历史哲学到底有什么区别？对此，马尔库塞有一段精准的分析：

> 对于客观历史"规律"的信念的确是黑格尔哲学的核心。在他看来，这些规律是理性的表现——在人们的历史活动中和在物质、精神文化中起作用的一种主观的和客观的力量。

① Agnes Heller, *A Theory of History*, London: Routledge & Kegan Paul, 1982, p. 278.

② 杨耕、张立波：《历史哲学：从缘起到后现代》，载《学术月刊》2008 年第 4 期。

于是，历史便同时也就是一个逻辑的、目的论的过程，就是说，是意识和自由的实现中的进步（尽管有沉沦和倒退）。……马克思保留了这种基本概念，同时，又对它进行了决定性的改造：历史的进步通过生产力的发展得以实现，其进步性不在自由的实现中，而是在自由的先决条件的创立中；它们仍然只是维护阶级社会的先决条件。……在黑格尔看来是历史的东西，在马克思看来却还只是史前史。①

笔者认为，黑格尔意义上的历史哲学在马克思那里已经终结了，正像恩格斯所指出的，马克思的历史观"结束了历史领域内的哲学"②。如果非要把马克思的唯物史观称作历史哲学，它只能是对人的实践活动的具体分析和研究，不含任何形而上学的色彩，并且在实质上属于批判的社会理论。

第三节　对马克思阶级和国家理论的反思

无产阶级的解放将导致全人类的解放，这是马克思主义的一个基本观点。该思想初见于《〈黑格尔法哲学批判〉导言》，马克思向世人宣称，无产阶级是实现人类解放的物质武器，"无产阶级宣告迄今为止的世界制度的解体，只不过是揭示自己本身的存在的秘密，因为它就是这个世界制度的实际解体"③。马克思主义认为，无产阶级是先进生产力的代表，它大公无私、富有远见、革命彻底，是一切被剥削被压迫阶级根本利益的代表。无产阶级特殊的阶级地位决定了它只有解放全人类，才能解放自己。20 世纪 70 年代，随着后马克思主义思潮的兴起，马克思主义的这一信条遭到了质疑，如拉克劳声称："工人阶级——像所有其他成分一样——是一种社会作用力，但此一作用局限于它自己的目标及可能性之内，它并非是马克思主义传统中的'普遍阶级'，并非是全世界人类解放

① ［美］赫伯特·马尔库塞：《苏联的马克思主义——一种批判的分析》，张翼星、万俊人译，中国人民大学出版社 2012 年版，第 1～2 页。

② 《马克思恩格斯文集》第 4 卷，人民出版社 2009 年版，第 312 页。

③ 《马克思恩格斯文集》第 1 卷，人民出版社 2009 年版，第 17 页。

的必然代理人。”[1]从反对历史哲学的宏大叙事出发，布达佩斯学派反对传统马克思主义将人类解放视为客观历史过程的做法，认为它排斥了人类主体的能动性，是一种历史命定论。在他们看来，必须恢复马克思人类解放理论的主体向度，以指导当前的激进政治行动。

一、一种民主的自由理论

黑格尔曾说过：“一般所谓‘自由’这个名词，本身还是一个不确定的、笼统含混的名词。并且它虽然代表最高无上的成就，它可以引起无限的误解、混淆、错误。”[2]马克思和恩格斯对自由的基本理解是：自由是对必然的认识；自由是历史发展的产物，文化上的每一个进步都是迈向自由的一步；资本主义社会只有虚伪的自由，社会主义社会才有真正的自由。马克思主义的自由观暗含着两个前提：一是从生产关系的角度看，阶级解放是社会和人获得自由的前提；二是从生产力的角度看，物质产品极大丰富是自由社会的前提。这两个因素缺一不可，强调其一而不及其余的做法是错误的。从理论渊源上看，布达佩斯学派认同西方马克思主义的“马恩对立说”，即认定马克思和恩格斯的思想之间存在根本性的差异，长期以来传统马克思主义中流行的是恩格斯的理论。按照这种理解，人类解放被视为一个可以离开人们的意愿自动发生的客观历史过程，人们要做的仅仅是在车站旁等待一辆通往共产主义的列车，列车将会安然抵达目的地——共产主义社会。布达佩斯学派认为这种盲目的乐观主义是一种神学目的论。从后现代主义对偶然性的强调出发，他们认为列车究竟会驶向何方是无法预先确知的。谁又能保证列车的终点不是奥斯维辛或古拉格呢？布达佩斯学派的质疑有一定道理，但问题在于，他们批判的马克思主义不是马克思和恩格斯的马克思主义，而是第二国际和苏联教条化的马克思主义。

赫勒指出，马克思的自由概念首先是在人类解放的意义上言说的。例如，在《1844年经济学哲学手稿》中，马克思批判异化劳

① ［英］欧内斯托·拉克劳：《阶级“战争”及其之后》，周凡译，载周凡、李惠斌主编：《后马克思主义》，中央编译出版社2007年版，第67页。

② ［德］黑格尔：《历史哲学》，王造时译，上海书店出版社2006年版，第18页。

动，目的是强调人类当前的生存状态是不自由的。赫勒强调，自由有质和量的区别，质高于量，任何标志数量的范畴均不适用于自由概念。自由没有复数，复数形式的自由不是真正的自由；自由不能或多或少地存在，只能要么存在，要么不存在。以资本主义社会为例，资本家通常比工人拥有更多的财富和权力，在行动上拥有更多的自由，但不能说资本家比工人更自由，因为从质上看，两者毫无差别。赫勒认为自由概念有四个要点：第一，自发的活动（voluntary action）不代表自由。马克思多次强调史前时期人类活动的自发性，强调人的主体性，强调人类在特定历史条件下创造自身的历史，但他从来没有说过这种活动就是自由。第二，政治自由不代表自由。由于政治活动总是在国家范围内运作，这就注定了人们始终处于一种不自由的状态，政治解放不等于人类解放，它只能提供复数形式的自由。第三，国家或其他人类共同体的"独立"不代表自由。即便不再有国家（共同体）对其他国家（共同体）的压迫，各个国家（共同体）完全平等、独立，也不意味着人类自由已经实现。马克思的人类自由指的是自由个体在全球范围内的联合，它首先意味着个体的自由，而不是国家的自由。第四，认识了必然不代表自由。

赫勒的论述在某些方面触及到了马克思自由概念的核心。在《论犹太人问题》中，马克思说道："政治解放不是彻头彻尾、没有矛盾的人的解放方式。政治解放的限度一开始就表现在：即使人还没有真正摆脱某种限制，国家也可以摆脱这种限制，即使人还不是自由人，国家也可以成为自由国家。"[①]可见，政治解放不同于人类解放，前者只能带来国家的解放，个体仍然受到某种限制。在《德意志意识形态》中，马克思和恩格斯将这种"限制"具体化为某种物的力量，"各个人在资产阶级的统治下被设想得要比先前更自由些，因为他们的生活条件对他们来说是偶然的；事实上，他们当然更不自由，因为他们更加屈从于物的力量"[②]。在系统地研究了政治经济学之后，马克思意识到这种控制人的"物的力量"是资本逻辑的必然产物，"这不过是在有局限性的基础上，即在资本统治的

① 《马克思恩格斯文集》第1卷，人民出版社2009年版，第28页。

② 《马克思恩格斯文集》第1卷，人民出版社2009年版，第572页。

基础上的自由发展。因此,这种个人自由同时也是最彻底地取消任何个人自由,而使个性完全屈从于这样的社会条件,这些社会条件采取物的权力的形式,而且是极其强大的物,离开彼此发生关系的个人本身而独立的物”①。

赫勒不但区分了政治自由和人类自由,还区分了认识论层面的自由和生存论层面的自由,并对黑格尔－恩格斯的自由概念提出质疑:难道说人们认识了必然,就处于自由状态了吗?赫勒认为,只有自由的活动才能引出真正的自由,认识必然并不代表人们可以自由地活动,因此人们获得的自由也就不是真正的自由。无独有偶,阿伦特(Hannah Arendt)在《人的境况》中也有类似的看法:“劳动的解放和同时发生的劳动阶级摆脱压迫和剥削,的确意味着在非暴力方向上的进步,但并不意味着在自由方向上的进步。”②劳动的解放甚至还是危险的,“它不仅不能把所有人都带入一个自由的时代,而且相反,它第一次迫使全体人类都处于必然性之轭下”③。两位女性哲学家观点类似,这与她们相近的人生经历密不可分。④ 概言之,赫勒认为马克思的自由概念有三个要点:第一,自由在本性上是排他的、绝对的;第二,自由是关于个体的;第三,自由排斥一切必然性和限制。⑤

站在自由主义的立场上,赫勒认为马克思的自由主要指的是个体自由,她甚至认为马克思与自由主义者穆勒(John Stuart Mill)的自由观是一致的。必须承认,马克思的确强调个体自由,他曾警告人们“首先应当避免重新把‘社会’当做抽象的东西同个体对立

---

① 《马克思恩格斯文集》第8卷,人民出版社2009年版,第180~181页。

② [美]汉娜·阿伦特:《人的境况》,王寅丽译,上海人民出版社2009年版,第92页。

③ [美]汉娜·阿伦特:《人的境况》,王寅丽译,上海人民出版社2009年版,第93页。

④ 在《黑暗时代的女性:阿格妮丝·赫勒与汉娜·阿伦特》一文中,马丁·杰伊对两位从未谋面的女性哲学家进行了比较,发现两人有许多相似的经历:第一,都因犹太人身份而遭受歧视和迫害;第二,都在奥斯维辛集中营中痛失至亲和好友;第三,都无法在本国生存,被迫流落他乡(一个去了澳大利亚,一个去了法国),最后都移居美国纽约;第四,导师都是著名的思想家(一个是卢卡奇,一个是海德格尔);第五,在学术和感情上都得到丈夫的大力支持;第六,都信赖和崇拜罗莎·卢森堡。参见 John Burnheim(ed.), *The Social Philosophy of Agnes Heller*. Amsterdam-Atlanta: Rodopi, 1994, pp.41-55。

⑤ Agnes Heller, “Marx and the ‘Liberation of Humankind’”, *Philosophy Social Criticism*, 1982, (9), p.360.

起来”①。在《共产党宣言》中,他和恩格斯指出:“每个人的自由发展是一切人的自由发展的条件。”②但马克思非常清楚,个人是社会存在物,个体自由的获得离不开共同体,“只有在共同体中,个人才能获得全面发展其才能的手段,也就是说,只有在共同体中才可能有个人自由”③。赫勒对马克思自由概念的理解是片面的,她没有看到,个体总是处于一定的社会关系之中,离开了特定的社会关系片面强调个体自由,恰恰是资产阶级的抽象自由观。

那么,如何实现真正的自由呢?当前社会阻碍自由实现的因素又有哪些?对自由概念的不同理解决定了问题的答案。马克思试图在生产方式的演进和变革中寻找自由的踪迹,他深信,随着生产力的不断发展和资本主义生产关系的根本性变革,人类面临的物质匮乏问题将逐步消失,阻碍自由实现的障碍将不复存在。因此,物质产品丰裕是实现自由的根本条件。在物质产品丰裕的条件下,生产不再是一个似自然的过程,人类将精准地掌握社会与自然之间的物质代谢,这就是真正的自由社会——共产主义社会。受休谟主义影响,赫勒对人类历史进步持普遍怀疑的态度,在她看来,人类发展能力与社会-自然资源之间存在着一条无法弥合的鸿沟,匮乏将成为人类永恒的状况,因此自由是根本无法实现的。我们知道,“匮乏”概念具有存在论的意义,萨特在《辩证理性批判》中曾将之视为人类历史可能性的基础,在他看来,“人类的总体发展,至少迄今为止,一向是在同匮乏作艰难的斗争”④。麦克莱伦曾批评萨特的匮乏论“缺乏有经验可凭的历史参照”⑤,这并不为过。赫勒和萨特无疑是悲观主义的,他们预设了一个虚假的人类存在状态——匮乏,忽视了科学技术在节约和创造新能源、新材料等方面的作用。恩格斯在批判马尔萨斯(Thomas Robert Malthus)的“人口论”时曾指出:“人类支配的生产力是无法估量的。资本、劳动和科学的应用,可以使土地的生产能力无限地提高。……这种无法

---

① 《马克思恩格斯文集》第1卷,人民出版社2009年版,第188页。

② 《马克思恩格斯文集》第2卷,人民出版社2009年版,第53页。

③ 《马克思恩格斯文集》第1卷,人民出版社2009年版,第571页。

④ [法]萨特:《辩证理性批判》,林骧华等译,安徽文艺出版社1998年版,第262页。

⑤ [英]戴维·麦克莱伦:《马克思以后的马克思主义》,李智译,中国人民大学出版社2008年版,第306页。

估量的生产能力,一旦被自觉地运用并为大众造福,人类肩负的劳动就会很快地减少到最低限度。”[①]可见,当前社会普遍存在的匮乏是资本主义生产关系造成的,一旦这种人剥削人的社会制度被炸毁,匮乏将作为历史陈列物进入博物馆中。

赫勒认为马克思有两种自由概念:第一种自由概念排除了一切权威和必然性,第二种自由概念强调个体能力的全面发展。物质丰裕与人们的需要结构有关,如果亟待满足的需要多于满足它们的手段,那么无论社会财富积累的量有多大,还是会出现匮乏,反之,如果相对需要满足的手段来说,已无尚未满足的需要,那么尽管社会财富的积累可能并不多,还是会出现丰裕。问题在于,自然资源总是有限的,人们的需要却是无限的,有限与无限的矛盾必然导致匮乏。如果赫勒上面的推理是正确的,那么丰裕社会永远也不会出现,人类自由也永远不会实现。让我们换一个角度,承认相对丰裕的存在,情况又会怎样呢? 在赫勒看来,这就必然有一个前提,即承认需要结构受某种规范权力的制约,同时意味着新权威的出现。可见,相对丰裕也不能引出真正的自由。

尽管赫勒否认了自由实现的可能性,却赞同康德在道德领域保有自由的做法。于是,自由的实现被归于道德权威(原则)的普遍化,即当且仅当人们意识到普遍道德原则的有效性时,自由才是可能的。赫勒将以道德原则为前提的自由称作民主的自由:“民主的自由概念并不与外在道德权威的存在和接受相抵触。它并不拒斥在这里讨论的一切权威,而是对权威的性质以及权威得以产生、观察、检验的过程加以拒绝。”[②]在民主的自由中,丰裕不再是必需的,自由仅仅意味着民主的普遍化和激进化。民主的自由建立在以共同认定的原则为基础的理性辩论之上,人们越是能够平等地参与政策制定的过程,就越是自由。由此出发,赫勒认为人类解放不再是暴力革命的瞬间,而是争取平等政策制定权的漫长过程。笔者认为,强调民主对于自由的重要性是正确的,但认为马克思的自由理论忽略了民主则有失偏颇。马克思的自由概念暗含生产关系解放这一前提,马克思清醒地意识到,无论生产力如何发展,倘

① 《马克思恩格斯文集》第1卷,人民出版社2009年版,第77页。

② Agnes Heller, “Marx and the ‘Liberation of Humankind’”, *Philosophy Social Criticism*, 1982, (9), p.367.

若人对人的剥削关系依然存在，共产主义社会就不可能实现。生产关系朝着民主化的方向发展本就是马克思主义的题中应有之义，很难想象共产主义社会是一个非民主的专制社会。

二、阶级的乡愁与激进的政治规划

对马克思主义的阶级理论进行批判和质疑是后马克思主义的家族通性。后马克思主义认为，马克思的阶级理论反映的是19世纪中叶资本主义社会的基本状况，对我们理解当代资本主义社会提供不了多少帮助。从偶然性的逻辑出发，后马克思主义强调主体的碎片化和斗争的分散化，不相信仅凭固定的、单一的社会代理人（无产阶级）便能够实现人类解放的宏伟规划，如拉克劳认为："历史变化的代理人将是多样的，每种代理人的要求将是有限的，他们间的协商和不稳定的（即动态的）均衡将是政治生活的规则和原则。"①布达佩斯学派转向后马克思主义后，也将批判的锋芒指向了马克思主义的阶级理论。

赫勒并不否认阶级概念的重要性和价值，但却认为这个概念仅代表一种残余的乡愁。按照她对阶级的理解，"社会阶级是一个人类社会总体，通过目的性的活动，在本质上能够自觉引发社会变革，满足自身利益和需要"②。这一理解源于奥索斯基（Stanislaw Ossowski）和韦伯，奥索斯基强调了阶级的二元对抗特性，韦伯将阶级区划为政治阶级（political classes）和社会－经济阶级（socio－economic classes）。我们知道，马克思将阶级区分为自在阶级和自为阶级，自在阶级主要指资本主义生产方式的扩张而产生的劳动者，因其阶级角色和地位由社会体制决定，故称作"自在的"；自为阶级主要指具有一定阶级意识，有可能引发阶级行动的劳动者，因其对自身所处的阶级关系有明确意识，故称作"自为的"。马克思坚信，工人阶级一定会逐步走向成熟，由自在阶级转变成自为阶级。沿着马克思的分析思路，卢卡奇在《历史与阶级意识》中形成了两个基本论点：一是认为在物化的社会环境中，转变（阶级意识的获得）

---

① ［英］欧内斯托·拉克劳：《阶级"战争"及其之后》，周凡译，载周凡、李惠斌主编：《后马克思主义》，中央编译出版社2007年版，第72页。

② Ferenc Feher and Agnes Heller, *Eastern Left, Western Left: Totalitarianism, Freedom and Democracy*, Cambridge: Polity Press, 1987, p.202.

不可能自动出现,必须通过中介实现;二是认为无产阶级具有一种“被赋予的意识”,该意识能够确保无产阶级成为自为阶级。正是在这两个基本论点上,布达佩斯学派与卢卡奇分道扬镳。

先来看中介范畴。众所周知,中介是《历史与阶级意识》的核心范畴,对应于非中介(直接性)概念。卢卡奇认为,资产阶级的思想和阶级意识是直接性的,必然陷入拜物教,对现实也只能采取非历史的静观态度。无产阶级从自身的阶级利益出发,能够以中介性的方法超越直接性,揭示出掩藏在物与物背后的人与人的真实关系。作为方法论,中介范畴并不是从外部主观植入客体的,它不是价值判断,也不是“应该”,而是“自己的客观具体的结构本身的显现”[①]。卢卡奇坚信,资产阶级无论如何都不可能放弃思想中的错误观点,因此不可能掌握和运用中介性的方法。无产阶级则能够“由于自身阶级地位——特有的——辩证法而被迫抛弃这种直接性”[②]。通过引入中介范畴,卢卡奇试图赋予无产阶级某种革命和实践的属性,以摆脱早期美学理论缺失革命主体的理论困境,但正是这一点遭到了自己学生的强烈质疑。瓦伊达在《中介的神话与现实》一文中直言道:“我打算对所谓的‘实践哲学’(尤其是20世纪20年代的卢卡奇和科尔施)的中介范畴进行批判。……我确信,马克思主义的批判者必须超越‘实践哲学’的某些关键环节。”[③]瓦伊达的基本观点是:资本主义社会是由孤立的个体组成的,其中每个人都有自己的个人利益,从个人利益出发,似自然性的历史规律就不可能被打破,直接性就不可能被摧毁。该观点可进一步延伸为:无产阶级的个人利益和阶级利益是矛盾的,无产阶级不是同一的阶级,内部不同阶层和集团间存在着激烈的利益争斗,马克思所谓自为的无产阶级根本不存在。总之,在瓦伊达看来,“卢卡奇的努力始终是不成功的,《历史与阶级意识》的辩证法和黑格尔的辩证法一样,不过是一种非现实”[④]。

---

① [匈]卢卡奇:《历史与阶级意识——关于马克思主义辩证法的研究》,杜章智等译,商务印书馆1992年版,第245页。

② [匈]卢卡奇:《历史与阶级意识——关于马克思主义辩证法的研究》,杜章智等译,商务印书馆1992年版,第255页。

③ Mihaly Vajda, *The State and Socialism*, London: Allison & Busby, 1981, p.2.

④ Mihaly Vajda, *The State and Socialism*, London: Allison & Busby, 1981, p.19.

再来看"被赋予的意识"。简单说来,"被赋予的意识"是一种客观化的意识,即一个阶级在充分意识到自身利益后必然会拥有的意识。卢卡奇强调阶级意识的客观属性,目的是为了摆脱实际心理意识对无产阶级的主观影响。他确信,无产阶级的阶级意识一定能够克服个体利益,"眼前的局部利益可能具有双重的功能:或者是通向目标的一步,或者是把目标掩盖起来。究竟是发挥哪一种功能则完全取决于无产阶级的阶级意识"①。瓦伊达认为,在"被赋予的意识"和"实际经验层面的意识"之间存在着矛盾,阶级意识应该由不同阶级(层)的具体生活状况决定,由诸如生活标准、历史形成的需要、传统等各种具体因素共同决定。因此,即便是存在阶级意识,也只能是多元的,"如果我们从根本上能够言说一种阶级意识,那么它只能是工人阶级内部不同群体的意识的平均数或总和"②。瓦伊达对卢卡奇阶级意识理论的篡改显然是一种修正主义,他多次引用伯恩斯坦(Eduard Bernstein)的论述,强调社会改良的重要性,并坚信资产阶级社会不可超越。其实,卢卡奇在批判机会主义时有先见之明,他这样说道:

> 任何一种机会主义的根子就在于:它是从结果,而不是从原因;是从部分,而不是从整体;是从症状,而不是从事情本身出发;它不是把局部利益和它为之而进行的斗争,看作是为最后的斗争进行的教育的手段(最后的斗争结果取决于心理的意识接近于被赋与的意识的程度),而看作是某些自身有价值的东西,或至少是某些自身就是通向目标的东西;一句话,它混淆了无产者实际的心理意识状态和无产阶级的阶级意识。③

由于将实际心理层面的意识与阶级意识混为一谈,瓦伊达不可避免地陷入了神秘化的拜物教。卢卡奇并非没有看到这两种意识的差别,他只是不想去探讨两者的关系,因为一旦"把一种直接的存在形式赋与阶级意识的话,那就不可避免地会陷入神秘之中:

① [匈]卢卡奇:《历史与阶级意识——关于马克思主义辩证法的研究》,杜章智等译,商务印书馆 1992 年版,第 133 页。

② Mihaly Vajda, *The State and Socialism*, London: Allison & Busby, 1981, p. 30.

③ [匈]卢卡奇:《历史与阶级意识——关于马克思主义辩证法的研究》,杜章智等译,商务印书馆 1992 年版,第 134 页。

一种神秘的类意识(和黑格尔的‘国民精神’一样的神秘)”①。

与瓦伊达一样,赫勒认为马克思并没有给我们提供自在阶级向自为阶级转变的现实论证,只是从社会存在决定社会意识的原理出发,认定阶级结构与阶级形成之间存在某种必然的联系,进而武断地认为工业生产力的发展必将导致工人阶级具备革命的阶级意识,最终,工人阶级被赋予一种先天的革命特权。从韦伯对阶级的划分出发,赫勒认为政治阶级与社会-经济阶级是两个相互独立的实体,两者暗含一种二分的关系,但本质和内涵却根本不同。就政治阶级而言,成员一般具有一定的政治自主性和独立性,甚至可以依从于不同的经济基础;就社会-经济阶级而言,成员的政治状况并不妨碍他们在经济上成为根本对立的阶级。按照这一思路可以引出如下结论:资本家和工人虽然经济基础大不相同,却可以在政治上保持一致,同时,具有相近政治诉求的工人,却经常在经济利益上发生冲突。赫勒对阶级的解读值得人们深思。传统马克思主义将工人阶级视为一个抽象的整体,过分强调了工人在经济利益和政治利益上的一致性,忽略了人们仍然生活在“市民社会”这一基本事实,而在“市民社会”中,“每个人都以自身为目的,其他一切在他看来都是虚无。……其他人便成为特殊的人达到目的的手段”②。资本主义社会最根本的矛盾是市民社会和国家的矛盾,该矛盾由市民社会内部的矛盾(资本逻辑)引发,将在自由人的联合体(共产主义社会)中被根除,但在当前这个人类的史前时期,个体利益总是会在角逐中“占据上风”。这就意味着,工人阶级内部将长期存在异质性的利益矛盾。

赫勒从特征上对政治阶级和社会-经济阶级进行了区划:首先,尽管政治阶级内含层级隶属关系,本质上却并不必然是同一种经济类型;其次,在现实中,政治特权与经济主体的接合异常困难;最后,政治阶级的政治特征表现为权力的直接实施。更进一步,赫勒将阶级意识区分为认同意识(identity consciousness)和渴望意识(aspiration consciousness)。认同意识主要用来重新确立阶级归属,例如,一个破产的资本家虽然在经济上失去了支配地位,却有可能

① [匈]卢卡奇:《历史与阶级意识——关于马克思主义辩证法的研究》,杜章智等译,商务印书馆1992年版,第258~259页。

② [德]黑格尔:《法哲学原理》,范扬、张企泰译,商务印书馆1961年版,第197页。

依然是资产阶级,只要他对这个阶级保持认同。同样,一个工人如果不再对自身所属的阶级表示认同,他可能仍然是工人,却不能算作是工人阶级。赫勒强调认同意识是想表明,当前社会的阶级并不必然受经济状况决定,马克思主义从经济角度界划政治阶级的做法是有问题的。这里涉及"认同政治"的问题。按照凯尔纳(Douglas Kellner)的说法,认同政治是后现代政治的一种表现形式,它试图通过政治斗争和政治信仰建立政治和文化认同,并以此为基础进行政治动员。认同政治可以是消极的,即暗含一种压制性的同一性逻辑,也可以是积极的,即在不同的历史文化背景、性别特点、阶级和种族地位中培育出一种政治认同,以便于实现不同政治群体的联盟。

对于渴望意识,赫勒认为它可能是:第一,零度(zero)。即很少表现为集体聚合,而是表现为个体漠视;第二,对阶级给定现状的认同。尽管存在问题,却是积极的、充满感情的,与零度意识不同;第三,阶级成员对摆脱现有框架、生活方式和生存条件的能动性渴望;第四,对他人不可改变的命运漠不关心,并不期望用一种集体决策(大多数人的态度,很少是个体决策的总和)改变集体状况。[①]赫勒引入"渴望意识"是为了反对"被赋予的意识",强调主体的能动性。在她看来,"被赋予的意识"严重压制了阶级成员的自我意识和个性。赫勒还从黑格尔的主奴辩证法出发强调阶级对立面的转化,这样,阶级就不仅仅是一个代表压迫的负性概念,还具有革命的潜能。在探讨阶级立场与阶级行动的内在关联时,赫勒坚持从功能主义的角度理解阶级,其基本论点可概括如下:第一,阶级不是固定的,而是不断生成的;第二,从来没有哪个历史阶段或总体的社会可以用阶级概念完全说明;第三,阶级概念具有重要的解释价值,却不具有结构主义者认定的那种普遍价值。

其实,赫勒并不是抽象地、一般地否定阶级概念,而是反对闭合的、普遍的、固化的阶级概念,因为这种阶级概念将消除一切可能的社会反抗空间。但赫勒毕竟走得太远,偏离了马克思主义。正如凯尔纳分析的,后马克思主义者抹杀了所有政治力量的差别,

① Ferenc Feher and Agnes Heller, *Eastern Left, Western Left: Totalitarianism, Freedom and Democracy*, Cambridge: Polity Press, 1987, p.217.

将任何事物都等量齐观,这就无法回答这样的问题:“在争取政治霸权、促使资本主义向社会主义转变的过程中,言说中的某些主体或实践是否应该比其他的更为重要?”①依据上述对阶级的理解,赫勒认为人类解放有三个要素:民主的兴起、政治阶级的消亡、工业矛盾与政治冲突的分离。在她看来,随着资本主义社会民主的不断发展和日益完善,政治革命的目标已经由民主变革完成,政治阶级基本消亡,虽然人类解放还没有实现,但已经不再是某个阶级的事情,手段也不再是暴力革命。赫勒的这一观点我们不能认同。按照马克思的理解,政治革命是消除阶级的必要手段,赫勒认为政治革命只能消灭政治阶级,不能消灭社会-经济阶级,这显然忽略了经济与政治之间的内在关联。从本质上看,这种观点是想给政治松绑,或者说是想让政治从经济领域脱域出来。问题在于,任何一个经济上占统治地位的阶级都不可能主动放弃自己的经济地位,而一定会通过各种方式维持自身的统治。资本作为“力图超越自己界限的一种无限制的和无止境的欲望”②,一定会牢牢掌控社会发展的进程。只有通过革命的方式,彻底摧毁资本主义制度,才能真正消灭阶级。

葛兰西(Antonio Gramsci)曾指出,西方社会与东方社会应采取不同的革命策略,东方社会由于缺乏民主基础,革命是最好的手段;西方社会由于具有浓厚的民主传统,民主变革是最佳的方式。赫勒也主张西方应以激进民主变革取代社会暴力革命,为此,她还拟定了一套方案,试图将非雅各宾(布尔什维克)派的政治激进主义与工人所有权的总体化自我管理运动结合起来。这套方案有以下几个要点:首先,激进行动的目标不是集体压制,而是通过总体的自我管理运动确保工人的所有权,实现财产的普遍化。其次,激进方案坚持一种动态的工业发展模式,在考虑生态限制的前提下改变技术发展的模式,以减少工人对工作的不满。再次,新的渴望意识在激进方案中发挥着核心作用。最后,社会-经济阶级是开

① [美]斯蒂文·贝斯特、道格拉斯·凯尔纳:《后现代理论——批判性的质疑》,张志斌译,中央编译出版社1999年版,第263页。

② 《马克思恩格斯全集》第30卷,人民出版社1995年版,第297页。

放的阶级，它坚持一种多元的生活方式。[①] 赫勒的激进政治策略指向了一种激进的行动，她甚至声称，政治阶级消失后便不再有革命，如果有也只能是反解放的。

如何评价赫勒的人类解放论呢？首先从理论性质上看，这无疑是一种后马克思主义。牢记拉克劳的如下声称非常有益："确定马克思主义的历史性范围就是重建与这一传统之间的具有活力的对话，就是赋予这一传统以某种当代性——这种当代性和正统的辩护者归之于马克思主义的超越时间的永恒性形成鲜明对照。在这个意义上，'后马克思主义（post - marxism）'并不完全外在于马克思主义（ex - marxism）。"[②]就赫勒的人类解放论而言，至少它避免了传统马克思主义重客体轻主体、重科学轻价值的倾向；对阶级开放性的强调，在某种程度上反映了当前资本主义社会的现实；激进民主理论从另一个角度发展了马克思和恩格斯关于议会民主道路的理论；对历史宏大叙事的拒斥，则在客观上有助于消解启蒙现代性过于乐观的理论倾向。

本章我们分析了布达佩斯学派的后马克思主义转向。后马克思主义无疑是当前学界探讨的一个热门话题，尽管人们对后马克思主义的定义域、产生原因、代表人物、理论特质和发展趋势仍未达成共识，但还是形成了一些基本见解，即认为这股思潮产生于20世纪70年代，深受后现代主义和后结构主义理论和方法的影响，对马克思主义的某些核心观点提出了质疑。按照我们的理解，后马克思主义至少有两种基本形态：极端的后马克思主义和缓和（建构）的后马克思主义。前者的代表人物是鲍德里亚，他彻底否弃了马克思主义的生产范式理论，提出消费社会理论和符号政治经济学批判。布达佩斯学派显然不是极端意义上的后马克思主义，马尔库什在早期著作中曾对鲍德里亚做过专门的分析和批判，即便是转向后马克思主义的赫勒，也没有完全否弃马克思的生产理论，只不过她更侧重从文化哲学的角度阐释人类社会的发展，在一定程度上淡化了生产的决定性作用。例如，在阐释现代性理论时，赫

① Ferenc Feher and Agnes Heller, *Eastern Left, Western Left: Totalitarianism, Freedom and Democracy*, Cambridge: Polity Press, 1987, pp. 224-225.

② ［英］欧内斯托·拉克劳：《政治与现代性的局限》，周凡译，载周凡、李惠斌主编：《后马克思主义》，中央编译出版社2007年版，第86页。

勒将工业视为现代性的一个重要逻辑，这就表明她并不赞同鲍德里亚一味拒斥生产的人类学浪漫主义。确切地说，布达佩斯学派反对的是唯生产（经济）主义和线性决定论，正是在这个意义上，我们认为布达佩斯学派的后马克思主义有利于我们全面反思传统马克思主义的理论局限，更好地坚持和发展马克思主义。

第三章　现代性批判理论

目前,关于现代性的各类学术话语足以让人眼花缭乱,诚如吉登斯(Anthony Giddens)所言:“现代性,就其核心而论,是令人迷惑不解的,而且,似乎也没有什么办法使我们能够‘解除’这种迷惑。”①一般而论,学界探讨的各类现代性理论多出自欧美哲学家,这些理论尽管异质纷呈,却又众口一词地认定现代性源于欧洲。事实上,存在着两个欧洲,一个是人们所熟知的西欧,另一个是被米沃什称作“进步和历史感所在”②的东欧。拉瓦斯汀曾这样概括东欧哲学思想的精神实质:“一方面承袭了某种对资本主义工业文明的浪漫主义批评,表现为不含民族主义倾向的对文化多元性的一贯坚持和尊重,同时另一方面继承了启蒙时期的普遍主义,表现为不含等级倾向地将个人尊严视为最高价值。”③要言之,反对个人价值受到无人性、匿名权力的精神控制,反思现代性的限度,强调个体的道德责任感,乃是东欧思想家的核心理论关切。从 1978 年开始,现代性的命运就成为赫勒和费赫尔理论关注的重心。“现代性理论三部曲”的第一部《历史理论》主要着力于批判历史哲学,建构历史理论,前面已做过分析,这里不再赘述。第二部《碎片化的

---

① [英]安东尼·吉登斯:《现代性的后果》,田禾译,黄平校,译林出版社 2011 年版,第 43 页。

② [法]亚历山德拉·莱涅尔－拉瓦斯汀:《欧洲精神——围绕切斯拉夫·米沃什,雅恩·帕托什卡和伊斯特万·毕波展开》,范炜炜等译,吉林出版集团有限责任公司 2009 年版,第 35 页。

③ [法]亚历山德拉·莱涅尔－拉瓦斯汀:《欧洲精神——围绕切斯拉夫·米沃什,雅恩·帕托什卡和伊斯特万·毕波展开》,范炜炜等译,吉林出版集团有限责任公司 2009 年版,第 46 页。

历史哲学》从微观视角研究历史，重点剖析现代人偶然性的生存境遇。第三部《现代性理论》是前两部的综合和凝练，集中探讨了现代性的动力、现代社会格局和现代性的发展逻辑等重要问题，本章主要是对这部著作的分析。

第一节　对现代性的基本图绘

现代性是人类的基本生存境遇，哲学家们探讨现代性，旨在揭示人在宇宙中的位置，彰显安身立命之本。从基本脉络上看，康德的“物自体”喻示了现代性的初始分裂，颂扬了主体理性和自由；黑格尔以伦理国家的至上性将启蒙理性和主体性推向极致；韦伯和卢卡奇揭示了理性的工具化嬗变，将批判引向物质生产领域；霍克海默和阿多诺戳穿了启蒙理性的吊诡，开启了审美现代性批判之维；哈贝马斯试图用交往理性挽回启蒙的遗产，开启了现代性的政治伦理批判向度；鲍德里亚以一种极端的态度拒斥现代性，走向了后马克思主义和虚无主义。赫勒的现代性理论博采众家之长，具体而微地反思了现代性的动力、现代社会格局和现代性的发展逻辑，彰显了现代性多元、动态、矛盾的特质，其核心要旨是实现人类解放和个性自由，反对现代性的同一性强制。但由于忽略了资本逻辑，赫勒的现代性理论未能达及马克思现代性批判的理论深度。

一、后现代视角下的现代性

与许多讨论现代性的理论家一样，赫勒否认自己是后现代主义者，甚至不承认“后现代主义”这个术语，如她说道：“除非是在提到艺术特别是建筑中的某些风格与趋势时，我将不会谈到后现代主义者。我将不会使用‘后现代主义’这个词。”①不仅仅是后现代主义，赫勒对一切“主义”都保持距离，“我把自己描述为一个马克思主义者，但那时在某种意义上我已经不是任何‘主义者’了。……我要选取自己的观点。我不想发展出一种新的‘主义’，

① ［匈］阿格尼丝·赫勒：《现代性理论》，李瑞华译，商务印书馆2005年版，第8页。

只想提出被我称为‘个人思想’的东西”[①]。赫勒虽然反对在“后现代”后面加上“主义”，却不排斥后现代(性)这个概念。在她看来，“后现代既不是一个历史时期，也不是一个特征清晰的文化或政治思潮”[②]，而是“现代性意识本身的自我反思”[③]。如果说现代性意识是一种“反思的普遍性意识”，一种历史哲学(大写的历史)，那么后现代性意识则是一种经过反思的一般性意识，一种历史理论。

赫勒反复强调自己是“后现代人”，并认为自己运用了后现代的视角。在她看来，后现代视角是反“主义”的，主要有两种类型：一种是“未经反思的后现代”视角，该视角通常是幼稚的，无意识续写着现代性的宏大叙事，要么陷入原教旨主义，要么陷入犬儒主义；另一种是“经过反思的后现代”视角，该视角通常是自我反思的、反讽的，总是质疑自身。与现代主义强化“未来”和虚化“现在”不同，后现代视角要求用“绝对现在时”思考问题，“以现代主义的观点看来，现在就像是一个火车站，我们这些现代世界的居民需要坐上一列快车经过这个车站，或是在此停留片刻。那些火车会把我们带向未来”[④]。按照现代主义的观点，火车到站的时间(“现在”)是由列车的行驶状况(“过去”)决定的，列车到站后只是做短暂的停留，最终还是要驶向目的地(“未来”)。这样一来，“现在”就被彻底边缘化了，车站因列车的驶过变得合法。后现代的视角也相信列车将会到站并停留片刻，但却认为终点可能是奥斯维辛或古拉格，至于列车会驶向何方，人们现在无法确知。后现代人是机智勇敢的，他们坦承生活在车站上，但在接受绝对现在的同时却声称自己不知道目的地是什么。后现代人拥有责任意识，照管着同时代人并遵守自己的承诺，他们对“现在”负责。如果说现代人总是武断地认为自己拥有理解历史的特权，并对历史做出独断论的回答。后现代人则是谦虚的，他们既不要求在历史中获得任何

---

① Agnes Heller, Simon Tormey: “Interviews with Professor Agnes Heller(Ⅰ)”, *Revista de Filosofía*. No. 17, 1998, p. 30.

② [匈]阿格妮丝·赫勒:《后现代政治状况》，王海洋译，陈喜贵校，黑龙江大学出版社 2011 年版，第 1 页。

③ [匈]阿格尼丝·赫勒:《现代性理论》，李瑞华译，商务印书馆 2005 年版，第 13 页。

④ [匈]阿格尼丝·赫勒:《现代性理论》，李瑞华译，商务印书馆 2005 年版，第 17 页。

特权,也不相信历史规律和历史趋势,而只相信偶然性,“我们不知道是否存在着‘一种’历史,也不知道它是否按照某个计划(例如神的计划)或某种趋势(一种自然趋势)向着某个事物前进,因此有没有这样一个计划存在压根就是无关紧要的。因为就人性生物和行动者而言,没有目的、没有目标、没有一般方向,在我们通常用‘历史’一词来加以概括的那些事件中也没有必然性”①。后现代人对任何形式的进步主义表示怀疑,在他们看来,“现在只是宏伟未来展现出来之前的一个过渡阶段的观点,认为只有人和现代人可以根据他的计划自由地创造这一未来的观点,以及最终认为一次震惊、一个特殊事件、一场灾难将宣告这一绝对自由的未来到来的观点,它们都是一回事”②。为了进一步阐明现代性意识、未经反思的后现代意识以及经过反思的后现代意识三者的差异,赫勒举了一个有趣的例子:假设人们正围坐在现代性的桌子旁,这时你可以让所有的椅子被“现在”占据,也可以空一把椅子等待弥赛亚的到来,至于它来不来,我们不得而知。未经反思的后现代意识绝不会空一把椅子,传统的宏大叙事(现代性意识)一定会相信虚假的弥赛亚并许下不真的承诺,经过反思的后现代意识则主张永远不要让空椅子被冒充者占据,但也不打算把空椅子搬走,而是让其暴露在虚空中,因为“只有空虚才是完满,此外再没有‘希望之外的希望’”③。

赫勒认为,后现代人生活在现在,但“在时间和空间上,他们在……之后”④。在这里,省略号具有多重内涵。首先,是处于“宏大叙事”之后。对于宏大叙事,赫勒是这样描述的:

> 宏大叙事从一个固定的起点被放大到神话尺度,并被赋予如此重的分量,以至于接下来的故事只能从罗马建城之日算起(ab urbe condita)。宏大叙事讲述这个故事的时候,表

① [匈]阿格尼丝·赫勒:《现代性理论》,李瑞华译,商务印书馆 2005 年版,第 15 页。

② [匈]阿格尼丝·赫勒:《现代性理论》,李瑞华译,商务印书馆 2005 年版,第 19 页。

③ [匈]阿格尼丝·赫勒:《现代性理论》,李瑞华译,商务印书馆 2005 年版,第 23 页。

④ [匈]阿格妮丝·赫勒:《后现代政治状况》,王海洋译,陈喜贵校,黑龙江大学出版社 2011 年版,第 1 ~ 2 页。

面上是依据因果关系，暗地里却是依据目的论的自信。这一相对于被讲述故事的优势位置必然包含着一个哲学上和政治上的先验论(transcendentalism)，即存在无所不知的叙事者。它表面上是超脱的(audessus - de - la - mele)，而实际上，叙事者就像叙事诗里的神一样，会偏袒一个主人公而压制另一个主人公。通常，宏大叙事最终会"揭开"自己的目的，一个最初与起源一同被创造出来的目的。①

赫勒之所以反对宏大叙事，主要是因为"它有着神圣而神秘的起源，严格的因果性，秘密的目的论，无所不知的和超验的叙事者以及对宇宙和历史意义上的幸福结局所作的承诺"②。其次，"后"还意味着在阶级假想之后。从后结构主义的立场出发，赫勒认为结构主义由于试图寻求一种具有内在规律的根本结构，因而是一种新形式的本质主义。她甚至认为，"按照现代主义阶级(modernist-class)范畴简直无法理解今天政治上的思潮和变动，因为按照其严格的结构(阶级)术语解释会得出荒谬的结论"③。

对于赫勒的后现代视角我们要具体问题具体分析，绝不能因其否定了必然性、社会进步和历史规律，就一口认定是完全错误的。关于必然性和偶然性的关系，赫勒如是说：首先，从海德格尔的"被抛"概念出发，"每个人都因出生而被抛入一个特定世界"④，这时人们面临两种"偶然性"，一种是最初的偶然性(initial contingency)，也即出生的偶然性，另一种是继发的偶然性(secondary contingency)，也即成长的偶然性。在前现代社会，社会等级制度试图抵御最初的偶然性，但在社会等级较低的人群中，这种偶然性意识仍然持续再现。人们总是设想，如果我是X，而不是Y，那么我将会取得多么大的成就啊！出生的偶然性决定了人们在社会分工中的位置。生于身份等级较高的家庭中的人，往往在社会分工体系中

① ［匈］阿格妮丝·赫勒：《后现代政治状况》，王海洋译，陈喜贵校，黑龙江大学出版社2011年版，第2页。

② ［匈］阿格妮丝·赫勒：《后现代政治状况》，王海洋译，陈喜贵校，黑龙江大学出版社2011年版，第2页。

③ ［匈］阿格妮丝·赫勒：《后现代政治状况》，王海洋译，陈喜贵校，黑龙江大学出版社2011年版，第4页。

④ ［匈］阿格妮丝·赫勒：《后现代政治状况》，王海洋译，陈喜贵校，黑龙江大学出版社2011年版，第19页。

占有最有利的地位,最初的偶然性于是转化为必然性,成为个体命运的一部分。在现代社会,劳动的功能分工代替了社会的分层分工。一个人在社会中的地位不再由他(她)的出身决定,而是由他(她)在社会分工体系中所发挥的功能决定。于是,“最初的偶然性本身就成为超定的(overdetermined)。曾经是命运的东西,现在变成了一种境遇”[①]。在这个过程中,偶然性意识普遍觉醒了,用当前流行的话说,也就是一切皆有可能。这时偶然性不再是最初的偶然性(虽然仍在一定程度上发挥作用),而是继发的偶然性。继发的偶然性意识打破了宿命,人们变得乐观起来,相信自己一定能够通过后天的努力取得成功。然而,盲目的乐观并没有让人们事事如愿,人们日益发现,一种不依附于命运意识的纯粹的偶然性意识将会给人类社会(也包括自己)带来更大的灾难。因此,“纯粹偶然性的自由必须转化成命运的自由,自由必须与必然联合,或者至少它必须‘意识到’必然性或者按照必然性行动,以便它被‘意识到’”[②]。康德意识到了偶然性潜在的危险,他将自在之物和现象界分离,目的就是为了通过道德律令限制偶然性。斯密试图用“看不见的手”来规避偶然性带来的风险,在他看来,社会总是“受着一只看不见的手的指导,去尽力达到一个并非他本意想要达到的目的。……他追求自己的利益,往往使他能比在真正出于本意的情况下更有效地促进社会的利益”[③]。黑格尔试图用国家来调和市民社会内部的矛盾,即用国家伦理来束缚偶然性。马克思则正确地指出,资本主义社会(市民社会)的确是“偶然性占据着统治地位”,但这种统治“无非是那些统治个人的物质关系的理论表现”[④]。消灭这种物质关系,“不能靠人们从头脑里抛开关于这一现象的一般观念的办法来消灭,而只能靠个人重新驾驭这些物的力量,靠消灭分工的办法来消灭”[⑤]。

---

① [匈]阿格妮丝·赫勒:《后现代政治状况》,王海洋译,陈喜贵校,黑龙江大学出版社2011年版,第20页。

② [匈]阿格妮丝·赫勒:《后现代政治状况》,王海洋译,陈喜贵校,黑龙江大学出版社2011年版,第21页。

③ [英]亚当·斯密:《国民财富的性质和原因的研究》(下卷),郭大力、王亚南译,商务印书馆1974年版,第27页。

④ 《马克思恩格斯全集》第30卷,人民出版社1995年版,第114页。

⑤ 《马克思恩格斯文集》第1卷,人民出版社2009年版,第570~571页。

从个体自由出发，赫勒反对一切必然性对偶然性的强制，她更关注“我们怎样才能不放弃自由，不守着必然性或宿命的扶手而把我们的偶然性转化成命运”①。事实上，必然性是一把双刃剑，既可以成为自由的扶手，也可以成为戕害自由的工具。盲目信奉必然性，个体便会丧失自由，专制制度便会滋生开来；完全拒斥必然性，人类将会陷入迷茫，虚无主义便会泛滥成灾。赫勒的高明之处在于，从后现代视角出发反思了现代性的这一悖论，避免了上述极端立场的缺陷。一方面，与浪漫派的理论家不同，赫勒坚决反对退回到前现代，她清醒地意识到，“只有现代社会格局能够维持——喂饱和养活——如今与我们共同拥有地球的那千百万人。如果重建前现代社会格局——即使这是有可能的事——我们地球上至少有一半的人口在劫难逃”②。另一方面，与极端的后现代主义者不同，赫勒意识到“对现在的绝对否定（不可否认，此后现代性所提供的还要多）很可能以彻底丧失自由或彻底毁灭而告终”③，并坚信，现代性完全能够保持脆弱的平衡并幸存下来，只要人们做出正确的选择并为此负责。

二、现代性的动力与现代社会格局

赫勒认为，现代性的动力（modernity's dynamic）和现代社会格局（modern social arrangement）是现代性的两个基本要素。现代性动力的出现可以追溯至民主鼎盛时期的雅典城邦。其时，传统遭到普遍质疑，真理不再是理所当然的，一切都要接受检验，正是这种无限的否定性使现代性保有活力。柏拉图本打算用至高无上的善制止启蒙逻各斯的无限扩张，结果却牺牲了自由人格。黑格尔作为“第一位清楚地阐释现代概念的哲学家”④，试图用伦理力量确保人格自由，他深信现代性的动力既可以是破坏性的，也可以是建

① ［匈］阿格妮丝·赫勒：《后现代政治状况》，王海洋译，陈喜贵校，黑龙江大学出版社2011年版，第22～23页。

② ［匈］阿格尼丝·赫勒：《现代性理论》，李瑞华译，商务印书馆2005年版，第83页。

③ ［匈］阿格妮丝·赫勒：《后现代政治状况》，王海洋译，陈喜贵校，黑龙江大学出版社2011年版，第13页。

④ ［德］于尔根·哈贝马斯：《现代性的哲学话语》，曹卫东译，译林出版社2011年版，第5页。

设性的，在建构宏大叙事的同时，用辩证法解构了形而上学。赫勒认为黑格尔并没有给现代性预设基础，而是让现代性保持伦理力量的平衡。家庭、市民社会和国家分别对应着三种伦理力量，当三者保持平衡时，现代性就充满活力，当其中一种力量占据支配地位并阻遏其他力量发展时，现代性就岌岌可危。黑格尔虽然阐明了现代世界的优越性和危机所在，并将现代社会视为一个进步与异化共在的世界，却无意识地陷入了矛盾。国家作为伦理实现的最高阶段，本来是想避免市民社会不同个体间的利益争斗，结果却演变为极权主义统治的工具，个体自由丧失殆尽。韦伯的高明之处在于拒斥了黑格尔总体化的历史哲学，将历史视为不同变量相互作用的结果，在他看来，"历史发展中不存在单一的独立变量；有时候有某个因素会被认为是最具决定性的。没有一个因素可以被挑选出来作为一般而言的现代生活的主要原因、动机力量或基础"①。韦伯的社会领域划分理论（分为哲学、宗教、艺术、经济、政治等领域）强调了现代性多元决定的特征，并告示人们，不同领域拥有不同的规则，决不能相互混淆，一旦有越界行为出现，人类社会将陷入灾难。

赫勒认为，现代性的动力是一种非辩证的辩证法，即霍克海默和阿多诺意义上的启蒙的辩证法。《启蒙辩证法》一书的作者向我们发问：为什么"人类没有进入真正的人性状态，反而深深地陷入了野蛮状态?"②本来，"启蒙的根本目标就是要使人们摆脱恐惧，树立自主。……启蒙的纲领是要唤醒世界，祛除神话，并用知识替代幻想"③，但实际上启蒙的每一个努力都陷入了悖论，"启蒙消除了旧的不平等与不公正——即绝对的君王统治，但同时又在普遍的中介中，在所有存在与其他存在的关联中，使这种不平等长驻永存"④。本来破除神话的启蒙现在走向了神话，这就是启蒙的辩证

① ［匈］阿格尼丝·赫勒：《现代性理论》，李瑞华译，商务印书馆 2005 年版，第 55 页。

② ［德］马克斯·霍克海默、西奥多·阿道尔诺：《启蒙辩证法——哲学断片》，渠敬东、曹卫东译，上海人民出版社 2006 年版，"前言"第 1 页。

③ ［德］马克斯·霍克海默、西奥多·阿道尔诺：《启蒙辩证法——哲学断片》，渠敬东、曹卫东译，上海人民出版社 2006 年版，第 1 页。

④ ［德］马克斯·霍克海默、西奥多·阿道尔诺：《启蒙辩证法——哲学断片》，渠敬东、曹卫东译，上海人民出版社 2006 年版，第 9 页。

法。对于启蒙的阴暗面，赫勒有着刻骨铭心的感受，但她还是客观公正地看待启蒙，将之视为一项未完成的规划，并坚信启蒙具有一种否定和质疑的精神，“一切都会受到质询和检验；一切都受到理性的细察和论证的驳斥”①。正是这种类似黑格尔“恶无限”的逻辑构成了现代性的动力。马克思深刻觉察到了启蒙的这个方面，当他宣称现代性让“一切坚固的东西都烟消云散”时，就包含了对现代性动力的这一思考。

赫勒进一步区分了两种启蒙：理性主义的启蒙和浪漫主义的启蒙，“只看到启蒙年轻美丽一面的观众倾心于理性主义的启蒙；只看到启蒙老丑一面的观众则倾心于浪漫派的启蒙”②。理性主义的启蒙将技术模式应用于现代性的一切领域，认为技术可以解决所有问题；浪漫主义的启蒙否认技术的力量，认为启蒙必将导致虚无主义。赫勒认为两种启蒙都是片面的，正确的做法是辩证地看待启蒙，分析其内在的悖论。在她看来，现代性有两大悖论：自由的悖论和真理的悖论。自由是现代人的基础，但“自由作为基础也就意味着一切都没有基础”③，这就是自由的悖论。现代人要追求真理，但又“必须学会在没有真理的情况下生活”④，这就是真理的悖论。

现代性的社会格局主要用于刻画社会地位分配和劳动的社会分工。迄今为止，前现代社会和现代社会是两种最典型的社会格局。在前现代社会，人们执行的社会功能由社会分层等级体系决定，在人们出生时，社会地位就已经被决定了；在现代社会，社会地位由人们在工作中的能力和实现的社会功能决定，这就意味着，人们的命运可以改变。赫勒试图用“双重先验”（“遗传先验”和“社会先验”）来阐明现代人生存境遇的偶然性。她举了一个例子：在前现代社会，遗传先验被放在一个信封里寄往等级制社会的城堡，

① [匈]阿格尼丝·赫勒：《现代性理论》，李瑞华译，商务印书馆2005年版，第64～65页。

② [匈]阿格尼丝·赫勒：《现代性理论》，李瑞华译，商务印书馆2005年版，第69页。

③ [匈]阿格尼丝·赫勒：《现代性理论》，李瑞华译，商务印书馆2005年版，第26页。

④ [匈]阿格尼丝·赫勒：《现代性理论》，李瑞华译，商务印书馆2005年版，第30页。

当信到达城堡时，命运便确定下来；在现代社会，遗传先验仍被封存在信封中并被扔进邮箱，但信封上却没有注明地址，人们将在成长过程中亲手写上地址，这时偶然性才转化为命运意识。赫勒认为，"现代性不是天堂。它只是另外一种社会格局"①。这种格局"一旦在世界上的一个地方确立，它就会碾过所有的前现代文化和格局"②。现代性确实会给人类带来残酷的现实，但不可否认，现代社会格局已经成为遍及全球的支配性社会格局，我们要做的只能是让它存续下去，并令其沿着最有利于人类的方向发展。

三、现代性的想象制度和发展逻辑

赫勒认为现代性有两种相互并存、相互影响、相互渗透的想象机制：技术想象和历史想象。"想象"概念来自法国左翼学者卡斯托里亚迪斯（Cornelius Castoriadis）。从1964年开始，卡氏便开始使用想象（imagination）概念，他强调，想象不是形象（image），前者在本质上决定后者，现实和理性均是想象的产物，甚至说，人类世界和现实自身是以种种不同的方式在社会中由想象建构起来的。布达佩斯学派理论家在著作中多次提及卡斯托里亚迪斯，他们认为，卡氏的"想象"概念虽然被一种唯心主义的单子论束缚，却正确揭示了单子所包含的激进想象和创造力，代表着超越的维度，意味着自由和自治。既然现代性在本质上是要人们获得自由，"想象"概念就理应成为现代性的核心范畴。赫勒还借鉴了海德格尔的"座架"（Gestell）理论，在她看来，海德格尔暗示了技术对社会的座架，这就正确揭示了技术是现代性的一种支配性想象。为了避免陷入技术决定论，赫勒提出"历史想象"的概念，用来给现代世界和真理提供意义和阐释。在她看来，现代人同时受到两种想象的束缚，"双重约束意味着一个人既为技术想像所约束，又为历史想像所约束"③。一个人可以离开历史想象去过一种成功的生活，但他（她）

① ［匈］阿格尼丝·赫勒：《现代性理论》，李瑞华译，商务印书馆2005年版，第81～82页。

② ［匈］阿格尼丝·赫勒：《现代性理论》，李瑞华译，商务印书馆2005年版，第77页。

③ ［匈］阿格尼丝·赫勒：《现代性理论》，李瑞华译，商务印书馆2005年版，第135页。

却不是幸福的人，要想获得幸福，就必须做一个道德上的“好人”，自觉接受历史想象的引领，“必须有一个处在实用主义需求之上和之外的世界——一个富有想像、富有不必要活动和无用观念的世界”①。为了说明历史想象对于人类的意义，赫勒区分了“现代生活”和“现代世界”。现代生活可以单纯凭借技术想象存在，目前大多数人正过着这种生活。现代生活最大的特点是蔑视生命，即将一切都归为技术。现代世界是一个由文化提供意义的世界，负载并传递着历史想象，个体过着有意义的生活，充分展示着个性。与技术决定论者不同，赫勒倾向于用历史想象制约技术想象，当阿多诺声称“奥斯维辛之后不再有诗”时，她提出质疑：一方面，奥斯维辛之后的确不再有诗，因为灾难足以让一切浪漫主义的乌托邦烟消云散，一切写作都显得苍白无力；另一方面，奥斯维辛之后又必须写诗，若不言说和写作，大屠杀的记忆便会逐渐流逝，被人们所遗忘。诗作为一种特殊的历史想象，乃是技术想象恶性扩张的一服“解毒剂”，有了它人类社会便不至灭亡，人类才有可能继续栖居在大地上。

对现代性（发展）逻辑的分析是赫勒现代性批判理论的核心。早在《历史理论》中，赫勒就指出现代性具有三个要素（三种逻辑）：市民社会、资本主义和制造工业。在《阶级、现代性和民主》以及《后现代政治状况》中，她将现代性的三种逻辑表述为资本主义、工业化和民主。在《现代性理论》中，现代性的三种逻辑又进一步被表述为“技术的逻辑、社会地位的功能性分配的逻辑以及政治权力的逻辑（统治与支配的制度）”②。赫勒的三种表述并不矛盾。前两种表述是特殊意义上的西方现代性的三种逻辑，社会主义国家不在其列，最后一种表述是普遍意义上的现代性的三种逻辑，泛指一切现代工业国家。三种表述有内在的联系，呈现出一种逐步细化的递进关系。例如，工业化要比制造工业涵盖的领域更广，技术更能表现出技术想象在现代性中的支配地位，也更切近现代性的本质。在具体论述时，赫勒分析的主要是西方现代性，因为“只有

---

① ［匈］阿格尼丝·赫勒：《现代性理论》，李瑞华译，商务印书馆 2005 年版，第 122 页。

② ［匈］阿格尼丝·赫勒：《现代性理论》，李瑞华译，商务印书馆 2005 年版，第 95 页。

在西方式的自由主义民主中，‘市民社会的逻辑’这一说法才可以大体上涵盖社会地位、功能和财富划分的逻辑”①。市民社会的逻辑包含两个层面：一是相对独立的私人经济领域，表现为市场、私有财产、不平等（异化）的普遍化；二是自由（人权）的领域，表现为权力的民主化、平等化和分散化。赫勒在表述市民社会的逻辑时有些含混，有时认为第二个层面（民主）可以单独作为现代性的逻辑，有时又认为第一个层面（经济）是现代性的一种独立逻辑。当谈到资本主义向社会主义的过渡时，她这样说道：

> 如果社会主义作为结论被概念化，并被视为市民社会第二种逻辑的布展（意味着自由、人权通过权力的民主化、平等化、分散化推行开来），社会主义的转变就不再暗含单一的“转折点”，而是意指从较少社会主义向较多社会主义的发展，从统治的社会向自我管理的社会以及参与民主的社会的发展，这是一种不排斥多种转折点可能性的发展。②

赫勒认为，马克思的市民社会理论忽略了民主这一关键要素，误将工业和资本主义视为社会发展的主导因素，社会主义最终被锚定在技术和生产力的发展上。这显然是一种误解。首先，马克思的确更多地强调市民社会的经济层面，这主要与他提出该理论时的背景有关，那时，为了批判黑格尔的唯心主义法哲学，必须从社会经济层面出发，强调市民社会决定国家。其次，马克思从来没有忽略过民主，他批判民主，是因为资本主义民主是抽象的形式民主，是假民主和不民主。最后，马克思也不是生产主义者。他对生产有两种理解：一种是一般性的理解，强调生产是人类历史的第一个基本前提；另一种是批判性的理解，侧重于对生产在资本主义制度条件下的批判。赫勒将两者混为一谈，仅仅看到了马克思强调生产是人类存在的基础这个层面，忽略了马克思对资本主义具体生产的批判。正是在对生产的批判中，马克思提出了一种关于生产的民主理论，即联合生产者共同支配生产资料、共同决定生产过程的生产模式。

---

① ［匈］阿格尼丝·赫勒：《现代性理论》，李瑞华译，商务印书馆2005年版，第117页。

② Agnes Heller: *A Theory of History*, London: Routledge & Kegan Paul, 1982, p. 286.

下面我们具体分析一下赫勒对现代性三种逻辑的论述。技术的逻辑是一种只需要"解决问题"意义上的认识,"技术想象指向未来,倾向于解决问题的心智,想当然地面对真理,以工具理性为基础,将物(人与自然)视为客体,对进步和知识积累充满信心,更加喜欢新事物,青睐于功效"[①]。技术的逻辑一旦不受限制,便会走向反面,现代性将会终结。幸好技术的逻辑不可能完全支配社会,"政治的逻辑和社会地位功能划分的逻辑并没有完全被科学或一般性的技术想像所支配"[②]。现实的情况是,技术的逻辑不得不受制于其他两种逻辑,但还是要防止技术体制化和意识形态化,尤其不能让技术通过合理化转变为压迫性的力量。

社会地位、功能和财富划分的逻辑是现代性的核心。现代社会是一个动态正义的社会,这意味着某一群体对正义规范和原则提出质疑,它源于自由和生命这两种普遍价值。从后现代视角出发,赫勒认为现代人应该拥有多种生活方式,这些生活方式能够通过对称性互惠(symmetric reciprocity)的纽带联结在一起。[③] "我为你做了 X,我期望你对我做 Y"[④](这里 X 和 Y 不能互换),这是互惠的基本原则。对称性互惠指人们在参与讨论时相互间的关系是对称性的,没有人拥有反对他人的权力,一切依附和统领关系都被排除在外。现代性要存续下去,第二种逻辑就必须取得相对的独立性。用政治哲学的术语表述就是,市民社会必须同国家实现分离。以苏联为例,由于第二种逻辑不是相对独立的,国家的权力占据了支配地位,技术的逻辑表现为技术力本论,现代性就表现出极权化的特征。

在赫勒看来,"自由主义民主制度是给予第二种逻辑以相对独

---

① Agnes Heller, "The Three Logics of Modernity and the Double Bind of the Modern Imagination", *Thesis Eleven*, 2005, Number 81, pp. 68-69.

② [匈]阿格尼丝·赫勒:《现代性理论》,李瑞华译,商务印书馆 2005 年版,第 105 页。

③ [匈]参见阿格妮丝·赫勒:《超越正义》,文长春译,陈家刚等校,黑龙江大学出版社 2011 年版,第 233 页。译文略有改动。

④ [匈]阿格妮丝·赫勒:《超越正义》,文长春译,陈家刚等校,黑龙江大学出版社 2011 年版,第 23 页。

立性的最佳政治制度”①,这种制度包含三个要素:市场的普遍化、货币化和专业化。“市场总是在扩大,需求总是在增加”②,这是马克思和恩格斯在《共产党宣言》中对资产阶级社会的基本判定。赫勒不否认这一点,她甚至看到了在资本主义社会“资本行使管理权,劳动力则被管理”③。然而,赫勒坚持认为资产阶级社会不等于资本主义社会。由于资本主义仅仅是现代性的一种逻辑,因此超越资本主义并不意味着超越资产阶级社会(现代性)。赫勒的结论是,资本主义不平等的生产(社会)关系可以被废除,但市民社会、个体自由和民主作为现代性最核心的逻辑必须保留。言外之意是,资本主义社会可以扬弃,但资产阶级社会不可超越。赫勒甚至认为马克思在这个问题上栽了跟头。必须承认,马克思的确有时将资本主义社会等同于资产阶级社会(市民社会),在他早期著作中根本没有资本主义社会这个概念,那时他主要是对资产阶级社会(市民社会)展开批判,但当确立唯物史观的基本原理后,他便很少使用市民社会概念了,因为他发现,如果从市民社会和国家的关系出发阐明自己的观点,恰恰落入了资产阶级的意识形态。赫勒的问题在于,始终从市民社会与国家的二分出发理解资本主义社会,这就根本不可能理解资本逻辑所处的支配地位,当她夸赞市民社会的重要性时,恰恰落入了自由主义的窠臼。

第二个要素是货币化。赫勒认为,货币化对前现代社会的解体立下了汗马功劳,其根本点在于将一切质性差异还原为量的差别。这一点马克思、韦伯、西美尔(Georg Simmel)和卢卡奇曾做过精彩的分析。赫勒的高明之处在于反对任何形式的浪漫主义,她正确地看到,“货币化也许不是非常高尚,但它确实给予人们更大的自由”④。赫勒的批判主要集中在对需求异化的分析上。她发现,现代社会的“需求不是按定质的捆束来分配,而是按同质化的

① [匈]阿格尼丝·赫勒:《现代性理论》,李瑞华译,商务印书馆2005年版,第121页。

② 《马克思恩格斯文集》第2卷,人民出版社2009年版,第32页。

③ [匈]阿格尼丝·赫勒:《现代性理论》,李瑞华译,商务印书馆2005年版,第123页。

④ [匈]阿格尼丝·赫勒:《现代性理论》,李瑞华译,商务印书馆2005年版,第126页。

量(货币)来分配的"[①]。这显然是一种异化,由于资本主义不断制造出新的需求,而货币又是有限的,于是两者发生矛盾,人们陷入异化需求之中不能自拔。赫勒关于货币化的论述与马克思的货币拜物教理论具有一致性,两人都把货币化看成是现代性的必然产物,都认为货币化导致了人(社会)的异化,都反对仅仅从道德层面拒斥这一社会发展趋势。区别在于,马克思并未止步于此,他从货币拜物教批判转向资本拜物教批判,最终揭示了资本主义社会剥削的秘密。

第三个要素是专业化。赫勒认为,专业化将现代社会变成了一个"精神动物的王国"。要摆脱专业化带来的负面影响,就必须引入文化。文化并不是指那种与大众文化相对的高级文化,而是哲学人类学意义上的普遍概念。按照这种文化概念,一切人类社会都是文化,"每一种生活方式都是一种文化"[②]。赫勒认为文化具有历史想象的功能,可以负载并传播历史意识,让人们由动物式的生存状态转向有意义的人类生活。

现代性的第三种逻辑是政治权力(统治),主要指上层建筑中的国家。与传统马克思主义的理解不同,赫勒并不认为政治是经济的婢女,反而认为前者具有较大的独立性。在对国家的描述中,她重点论述了极权主义国家和自由民主制国家。第一种国家的特点是,"它的出现、它的运转以及它的意识形态最充分地表现出技术逻辑"[③],这是一种最极端的形式,种族灭绝和大屠杀是其必然结果。赫勒主张现代社会应该采取自由民主的国家形式,因为在这种体制下,人们会受到双重束缚,现代性的三种逻辑会保持平衡,现代性会存续下去。在笔者看来,批判苏联社会现代性的片面发展是正确的,但不能由此认为西方自由民主制度是现代性的最佳道路,两者之间没有必然的联系。

赫勒关于现代性三种逻辑的论述在一定程度上有效避免了独

① [匈]阿格尼丝·赫勒:《现代性理论》,李瑞华译,商务印书馆 2005 年版,第 128 页。

② [匈]阿格尼丝·赫勒:《现代性理论》,李瑞华译,商务印书馆 2005 年版,第 188 页。

③ [匈]阿格尼丝·赫勒:《现代性理论》,李瑞华译,商务印书馆 2005 年版,第 151 页。

断论,如她所说:“现代性不应被视为一个同质化和总体化的整体,而应被视为一个有着某些开放但并非无限制的可能性的片断化世界。”①问题在于,现代性的三种逻辑是否地位相同?能否说其中一种逻辑更为“基本”?马克思是否只是片面强调了现代性的某一种逻辑?笔者认为,现代性是一个整体性的概念,包含着政治、经济、文化等多个领域和多个方面。每个领域都具有相对的独立性和自律性,都有自身的发展逻辑和运行规则。就此而论,赫勒强调现代性具有不同的发展逻辑,这是正确的。但是,后现代的方法让她最终否认了现代性的整体性,这就势必导致对现代性逻辑的“均衡化”分析,而一旦认为三种逻辑在地位上完全相同,就一定会否认马克思现代性理论关于资本逻辑的分析。其实,马克思现代性理论最大的特(优)点就是,一方面将资本主义视为现代社会的基本逻辑,坚持用资本的逻辑分析资本主义社会的总体结构特征;另一方面强调资本主义社会的领域分化,坚持一种差异性的分析,揭示现代性逻辑的多重内涵。

四、在“不满意的社会”学会满足

在早期关于激进需要的论述中,赫勒已经为我们指出,资本主义在需要的量上无休止地扩张,必然导致整个社会系统机能失调,由于需要的质无法得到满足,人们对资本主义社会的“不满”成为一种本体论意义上的经验事实,“不满”进而激发了人们推翻资本主义社会的革命热情。在资本主义社会生活一段时间后,赫勒慢慢对资本主义社会产生了新的看法,她不再像卢卡奇那样认为“生活在最坏的社会主义里也比生活在最好的资本主义里强”②,对资本主义社会的具体批判渐渐让位于对现代性的一般性批判。赫勒意识到,现代社会的浮士德表明,与其说“令人不满”是资本主义社会的专利,不如说它是现代性的产物,“‘令人不满意的社会’这个概念试图从需要的角度,或者更具体地说,从需要的产生、觉察、分配和满足出发来把捉我们的世界时代的特征。它表明,需要产生、

① [匈]阿格尼丝·赫勒:《现代性理论》,李瑞华译,商务印书馆2005年版,第96页。

② 杜章智编:《卢卡奇自传》,李渚青、莫立知译,社会科学文献出版社1986年版,第303页。

觉察、分配和满足的现代形式增加了不满，与任何具体的需要是否得到满足毫无关系”①。在哲学发展史上，“不满意”是一个古老的话题，韦伯将之归因于许德拉(Hydra)理性化的头颅。从现代性的多重发展逻辑出发，赫勒认为“不满意”与异化并不完全相同。人们对现代社会“不满意”，这并非是某些对我们来说有望消除的系统机能失调的迹象，毋宁说这是社会发展的动力马达，“不满意”是现代性无法根除的基本特征，现代性的存续需要人们的这种“不满意”，如果人们停止对他们命运的不满，现代社会就无法再生产其自身。至少，它当然会进入一种衰退或解体的时代，最终无疑会崩溃。②

人们对社会普遍感到“不满意”，这与个体在现代性中面临的“双重偶然性”直接相关。具体说来，“不满意”根源于期望和现实的差距，在期望和现实之间存在着一条巨大的鸿沟，现实总是残酷的，人们总会遇到自己的界限，当期望无法在现实中得到满足时，“不满意”的情绪就会滋生蔓延开来。一旦被偶然性所环抱的个人选择了某种生活方式，偶然性就开始消失，或者说转变成了命运，“如果我们认识到除了我们已经选择过的生活道路外，我们不可能选择任何其他道路，并且我们已经实现了我们所有天赋中最好的可能性，我们就不再是偶然的了”③。赫勒认为尽管我们无法避免偶然性，却可以选择其一将之转变为命运。假设这种选择不是在被迫或无知的状况下做出的，人们就可以对整体的生活感到满意。而偶然性要转化成命运，必须让人们处于一种自决的状态。所谓自决，就是指人们能够在不受任何外力干扰的情况下自由做出选择并决定自己的命运。为了阐明这种自决状态，赫勒区分了需求(wants)和需要(needs)，前者是对具体物的某种渴望和欲求，一旦目标实现，需求就消失了；后者是个体对“人的本质在于自由自觉的活动”的觉识和把握，其满足必须通过自决状态来实现。人们总

① Agnes Heller and Ferenc Fehér, *The Postmodern Political Condition*, New York: Columbia University Press, 1988, p.14.

② [匈]参见阿格妮丝·赫勒:《后现代政治状况》，王海洋译，陈喜贵校，黑龙江大学出版社2011年版，第17~18页。

③ [匈]参见阿格妮丝·赫勒:《后现代政治状况》，王海洋译，陈喜贵校，黑龙江大学出版社2011年版，第32页。

以为需要是无法满足的，如拉康（Jaques Lacan）就认为短缺（lack）是人类的基本生存状态，其实是混淆了这两个概念。诚然，人们不可能事事如意，但如果任何选择都发自本心，也就无怨无悔了。

总之，赫勒认为能做到自决的人一定是敢于负责的“好人”。人生最大的遗憾就是没有经历过巅峰体验，自决保证了巅峰体验的永久性在场，滋补着我们的生活，让生活充满意义。无论如何，人们都应该在不满意的社会中寻得自决，获得满意的感觉。

第二节 对马克思现代性理论的误读

1984 年，赫勒在《论纲十一》（*Thesis Eleven*）①上发表了一篇题为《马克思与现代性》的文章，详细探讨了马克思的现代性理论，其中既有肯定褒扬之意，也有指摘质疑之辞。辨析这些理论的真伪，不仅有利于深入理解马克思的现代性理论，在新形势下更好地坚持和发展马克思主义，还能有效抵御后马克思主义的歪曲和攻击，捍卫马克思主义的科学性。

① 《论纲十一》是澳大利亚墨尔本的一份具有国际影响力的刊物，刊名借用了马克思的《关于费尔巴哈的提纲》，1980 年创刊，全名是《论纲十一：批判理论与历史社会学》（*Thesis Eleven: Critical Theory and Historical Sociology*），该刊物的原名是《论纲十一：一份社会主义的刊物》（*Thesis Eleven: A Socialist Journal*），1987 年旧名停用，2002 年启用新名。《论纲十一》的编委会囊括了一大批国际一流学者，如鲍曼（Zygmunt Bauman）、霍耐特（Axel Honneth）、卢曼（Niklas Luhmann）、图雷纳（Alain Touraine）、华勒斯坦（Immanuel Wallerstein）、杰伊（Martin Jay）、罗蒂（Richard Rorty）等，赫勒和马尔库什也在其中，费赫尔生前为筹办这个刊物做了大量工作。马丁·杰伊认为《论纲十一》是继《新左派评论》（*New Left Review*）和《目的》（*Telos*）之后兴起的一份重要的左派理论刊物，《新左派评论》青睐于研究葛兰西、萨特、阿尔都塞、科莱蒂（Lucio Colletti）等人的思想，《目的》喜好刊发关于卢卡奇、柯尔施、布洛赫和法兰克福学派理论家思想的研究论文，《论纲十一》则更具包容性和开放性，丝毫没有门户之见（参见 Martin Jay, *Thesis Eleven*, No. 100, 2010, pp. 21-23）。赫勒认为这份杂志对墨尔本乃至整个澳洲的文化生活起了非常重要的指导作用（参见 Agnes Heller, *Thesis Eleven*, No. 100, 2010, pp. 16-17）。马尔库什夫妇认为这份杂志虽然是地方性刊物，影响力却早已遍布全球（参见 Maria and György Markus, *Thesis Eleven*, No. 100, 2010, pp. 18-20）。目前，《论纲十一》的编辑和出版工作主要由拉筹伯大学的贝哈兹（Peter Beiharz）、霍根（Trevor Hogan）和墨菲（Peter Murphy）三人共同负责。

一、未来指向的动态社会及其工业化逻辑

现代社会是动态发展的社会，这是马克思的一个基本观点，正如他在《共产党宣言》中指出的："一切等级的和固定的东西都烟消云散了，一切神圣的东西都被亵渎了。人们终于不得不用冷静的眼光来看他们的生活地位、他们的相互关系。"①赫勒认为马克思精准地把握住了现代性的实质，在她看来，现代社会与前现代社会最大的区别正在于前者是矛盾的，后者是同质的，动态性构成了现代性动力和现代社会格局的重要特质。马克思意识到，现代社会的动态性将有利于保障现代人各方面潜能的实现，在这个意义上，他坚信资本主义（现代社会）取代封建主义（前现代社会）是人类历史上的一个巨大进步。当然，马克思从来不会忘记在价值层面上对资本主义进行道德谴责，他多次强调资本主义生产关系有违背人性的一面，与人类的自由和解放事业相抵牾。这种对现代性的辩证态度是赫勒始终无法理解的。赫勒认为，现代社会具有一种未来指向性，作为实存（"是"）它总是指向一种未来状态（"应该"）。这个说法是符合马克思原意的。众所周知，马克思倾尽心力研究政治经济学并撰写《资本论》就是为了论证资本主义社会这个"是"必然因其内在矛盾而走向灭亡，取而代之的不是别的，正是共产主义社会这个"应该"。可见，现代性必然内含一种"是"与"应该"的矛盾性张力。

赫勒认为马克思的现代性理论与他对资本主义的批判紧密相连，按照他的理解，资本主义是现代性的第一个阶段，具有过渡的性质，终将被更高级的社会形态（共产主义社会）取代。赫勒将马克思的基本观点归纳为："存在于19世纪的那种现代性或工业资本主义的特殊形式必须经历一场实质性转变；工业化的无限发展与资本主义经济组织的联姻不能持久；工业化将为资本主义自身的发展设限。"②由此出发，她愿意承认如下事实，即现代性不等于资本主义，正是后者为现代性的发展设置了羁绊，随着工业（生产力）的发展，这种限制将被彻底摧毁。如果由此断言赫勒与马克思

① 《马克思恩格斯文集》第2卷，人民出版社2009年版，第34～35页。

② Agnes Heller, "Marx and Modernity", *Thesis Eleven* No. 8, January 1984, p. 47.

的现代性理论完全一致,那就大错特错了。如前所述,赫勒认为现代性并非受制于某种单一的逻辑,而是由市民社会、资本主义和制造工业三种逻辑共同支配。由此出发,她否认“至今一切社会的历史都是阶级斗争的历史”①,认为这种观点假定了阶级是社会发展的唯一逻辑。在她看来,马克思现代性理论的根本问题在于只涉及了资本主义和工业化两种逻辑,市民社会的逻辑(民主和自由)完全缺失。马克思将革命策略建基于现代社会根本矛盾的消除上,同时又将根本矛盾简单归于资本主义和工业化的矛盾,于是市民社会内含的民主和自由便被前两种逻辑彻底掩杀了。笔者认为,赫勒之所以强调现代性有三种逻辑,并不仅仅是想强调历史发展是多元决定的,其深层目的在于淡化现代性与资本主义的关联,强调市民社会逻辑(民主和自由)的重要性。毋庸讳言,马克思决不会避而不谈自由与平等,但他是有条件的,这个条件就是社会生活的经济方面,如他所言:“生产者只有在占有生产资料之后才能获得自由。”②同样,平等观念也是历史的产物,抽象地谈论平等必然会陷入荒谬。赫勒的问题在于,过分突显了民主的作用,民主在她那里已经不再是一种政治制度,而是凌驾于工业化和资本主义逻辑之上的新的神话,这就背离了马克思主义的基本立场和观点。

现代社会的工业化具有一种无限扩张的趋势,正如马克思指出的:“不断扩大产品销路的需要,驱使资产阶级奔走于全球各地。它必须到处落户,到处开发,到处建立联系。资产阶级,由于开拓了世界市场,使一切国家的生产和消费都成为世界性的了。”③赫勒将现代社会格局在全球范围的布展喻作“蒸汽压路机”,认为“一旦在世界上的一个地方确立,它就会碾过所有的前现代文化和格局”④。但在如何评价这一现象上,马克思与赫勒的态度却迥然相异。马克思始终坚持辩证的态度,一方面认为这一过程将给人类带来无尽的苦难,并使财富成为贫困的源泉;另一方面又承认工业化的拓展使普通劳动人民走进公共场合,登上政治舞台,眼界和觉

① 《马克思恩格斯文集》第2卷,人民出版社2009年版,第31页。

② 《马克思恩格斯全集》第25卷,人民出版社2001年版,第442页。

③ 《马克思恩格斯文集》第2卷,人民出版社2009年版,第35页。

④ [匈]阿格尼丝·赫勒:《现代性理论》,李瑞华译,商务印书馆2005年版,第77页。

悟得以空前提高，社会关系得以空前拓展，自由得以空前扩大。要言之，马克思相信资本主义制度和大工业具有相互矛盾的影响，它们既有消极面也有积极面，最终将会给人类带来进步和自由。在这个问题上，赫勒则显得比较消极和悲观，她认为现代性既可以把人们带往天堂，也可以把人们引入地狱，未来列车的终点站既可以是共产主义，也可以是奥斯维辛或古拉格。由于人类社会的未来是不可预知的，因此人们现在要做的事就是信守承诺，为共在负责。

二、现代社会的理性化进程与功能主义读解

区分合理性与理性化是韦伯的贡献。合理性一般用于解释人的行为，理性化主要用于组织和制度层面，依据一定的规则，组织在运行时总是遵循效率优先的原则，这就不可避免地会偏离价值。在现代社会，价值合理性与目的合理性通常是割裂的，主要表现为理性行动较少受到价值观念的引导，这也是现代性悖论产生的根本原因。马克思虽然没有使用过"理性化"或"目的理性"这些概念，但却对资本主义的理性化进程进行了批判：一方面，他认为工具理性推动了资本主义生产力的发展，推进了个体自由的演进；另一方面，他又指出工具理性的片面发展将会加剧资本主义社会的基本矛盾，使人类深深地陷入异化境地。卢卡奇在《历史与阶级意识》中也探讨了理性化的进程，但他却试图将康德化的韦伯与黑格尔化的马克思嫁接在一起，最终将批判的矛头指向了马克思唯物史观的核心概念——物质生产。赫勒基本上沿袭了这一倾向，她指责马克思对待理性化的态度含混不清，"一方面，他对那些不再与价值相关或从属于价值的效率大加赞赏，甚至称赞李嘉图对'为生产而生产'的偏袒；另一方面，马克思又同韦伯一样对理性化表示担忧……最终不愿承认生产应该与一切价值脱离关联"[1]。赫勒的论断充分表明她不懂辩证法，同时也暴露出她对马克思思想理解的狭隘性。其实，马克思对理性化的辩证读解包含两条线索：一条是从客体视角出发对资本主义社会理性化进程的科学考察，主要目的是理解社会，分析统治社会的规律；另一条是从主体视角出

① Agnes Heller, "Marx and Modernity", *Thesis Eleven* No. 8, January 1984, p. 48.

发对资本主义社会理性化进程的道德(价值)批判,主要目的是揭示资本主义社会中普遍存在的非人性方面。这种看似“含混”的致思构设,恰恰蕴含着马克思历史辩证法主体向度与客体向度的内在张力,朗现了马克思革命的批判精神。囿于早期的哲学人类学范式,赫勒极力擢升青年马克思的人本主义思想,她显然没有看到,1845 年之后马克思已经从人本主义的哲学人类学走向了以物质生产为基础的唯物史观。

从功能主义的角度理解现代性乃是赫勒现代性批判理论的一大特色。卢曼(Niklas Luhmann)曾将前现代社会称为分层社会,将现代社会称为功能社会。沿袭这一分析思路,赫勒对马克思的阶级概念进行了全新解读。在她看来,阶级首先是一个政治 - 经济范畴,一个人最终属于哪个阶级,要看他(她)在政治经济生活中的地位,就这一点而言,前现代社会与现代社会决然不同:在前现代社会,一个农奴的命运在出生那一刻便被决定了,他(她)一辈子只能是农奴,除非在某种特殊情况下才可能获得自由;现代社会则不同,一个工人完全可以通过后天努力跻身于资产阶级的行列,判定标准就是他(她)在社会中发挥的作用(功能)。为了更好地说明这一点,赫勒举了一个人们日常生活中乘坐公交车的例子:假设在站牌候车的人可以任意选择一辆公交车乘坐,人人都想坐上一辆更好的车(有座位且车内干净),但好车的出现是完全偶然的,因此对所有人而言乘坐好车的概率完全相同。总之,在赫勒眼里,偶然性既是人类的宿命,也为人类带来了自由。那么,马克思如何看待偶然性与自由的关系呢?在这个问题上,马克思前后期思想是有变化的,在《博士论文》中,从“自我意识”哲学出发,马克思给予偶然性充分的重视,认为它体现着自由意志,可以为人们的行动自由提供论证;而在《德意志意识形态》中,马克思充分意识到现代性的实质恰恰在于“偶然性成为统治”,“在现代,物的关系对个人的统治、偶然性对个性的压抑,已具有最尖锐最普遍的形式,这样就给现有的个人提出了十分明确的任务。这种情况向他们提出了这样的任务:确立个人对偶然性和关系的统治,以之代替关系和偶然性对个人的统治”①。赫勒对偶然性大加赞赏,这恰恰是马克思所极力反

① 《马克思恩格斯全集》第 3 卷,人民出版社 1960 年版,第 515 页。

对的。

在《资本论》的最后一章,当论述阶级时马克思一语中断,他提出"什么事情形成阶级"的疑问,却没有给出答案。从功能主义和偶然性的视角出发,赫勒认为马克思基于劳动 - 资本关系的现代性分析模式是片面的,她反对将阶级限定在经济领域的做法,而是将之首先看成是一个与民主紧密相关的政治概念,依她之见,一个社会最重要的要素既不是经济状况,也不是政治条件,而是超经济 - 政治的民主。赫勒辐辏于民主概念,赋予其激进的内容,无非是要摒弃马克思的经济首要性原则和暴力革命论,因此,她必然心契于拉克劳和墨菲的如下论断:"左派的任务不是放弃自由民主的意识形态,相反,是在激进的和多元的民主方向上深化和扩大民主。"①

接着这一分析思路往下走,赫勒认为马克思关于工人阶级是人类解放事业天然代理人的说法不能成立。限于篇幅,我们在这里无法对此观点进行详尽的批判,正如密里班德(Ralph Miliband)指出的,后马克思主义最大的问题在于轻觑了统治阶级的力量,工人阶级的"优先原则"应基于如下事实,"即在资本主义社会中没有其他的集团、运动或者力量会有哪怕是很小的能力,能够如同工会工人一样向现存的权力与特权的组织发起有效的和强大的挑战"②。尽管赫勒有时也强调历史的冲突特性并崇尚一种激进行动,但她的激进行动并不是革命的实践活动,而是激进的民主运动。赫勒的阶级概念多与马克思对阶级的基本理解相扞格。受汤普森(E. Thompson)思想的影响,赫勒把阶级视为一个不间断的形成过程,既然阶级总是不定型的、在途中的,那么它就不能用来说明总体的社会。实际上,赫勒反对的不仅仅是工人阶级这个概念,她还反对具有普适价值的阶级概念本身,在她看来,根本不存在普遍阶级,甚至说根本不存在可以揭示一切社会现象普遍基础的社会集体。正因如此,赫勒与其他后马克思主义者一样表露出对结构主义的敌意,在她看来,结构主义通过寻求本质的结构制造了一

① [英]恩斯特·拉克劳、查特尔·墨菲:《领导权与社会主义的策略——走向激进民主政治》,尹树广、鉴传今译,黑龙江人民出版社 2003 年版,第 198 页。

② [英]拉尔夫·密里班德:《英国的新修正主义》,载周凡主编:《后马克思主义:批判与辩护》,中央编译出版社 2007 年版,第 34 页。

个闭合的社会场域，根除了一切社会对抗的可能性，严重限制了左派的行动和政治分析能力，其根本祈向在于一种本质主义先验论。赫勒坚信，只有脱离结构主义，拒斥“普遍阶级”，承认社会领域内对抗的多元性，在不同缝合点间进行有效接合，才能实现当前政治的根本转变。

三、科学的魔咒与价值准则的多元化

强调科学在社会发展中的作用是马克思的一贯思想，因此他必然会认同“知识就是力量”这一说法。目睹并经历了二战带来的创伤，赫勒更倾向于站在悲观主义的立场上看待科学。与卢卡奇一样，她指责马克思将科学视为一种卓然独存于上层建筑之上的中性物，并认为这种做法是一种“非统治的”、“纯化的”、“客观化的”知识论，“马克思从未想过科学将会成为一种占统治地位的世界观，他分享了实证主义的观点，认为只有宗教、政治和道德观念（不是科学）才行使着统治的功能”①。赫勒认为现代性是这样一种社会格局，在这里，科学大行其道，行使着解释世界的基本职能，人们相信“科学的”就是“真的”，这个着了魔的词可以激发出一种新的信仰，否认是其实际所是。通过合理化和最优化的概念，科学最终发展成一种压迫性的力量，与此相应，技术想象成为统治现代人的支配性想象。作为一个激进的学者，赫勒并不想让人们陷入绝望之境，记得阿多诺曾说过一句广为流传的话——奥斯维辛之后写诗是野蛮的。如果说阿多诺的名言贯涵着忧悒的悲观主义情愫，那么赫勒在《大屠杀之后可以写诗吗?》中的质疑则表明她实现了一种辩证的璞归：一方面，人们可以说奥斯维辛之后不再有诗，因为这场灾难足以让一切浪漫主义的乌托邦烟消云散，另一方面，人们又能够而且应该在奥斯维辛之后写诗，但只能书写萦绕于奥斯维辛周边关于沉默的诗。② 在赫勒看来，“诗”代表着一种与技术想象毫无关联的反技术冲动，即一种在资本主义现代性中尚未泯

① Agnes Heller, “Marx and Modernity”, *Thesis Eleven* No. 8, January 1984, p. 52.

② 赫勒在文中详细探讨了四种沉默，它们分别是：无谓（senselessness）的沉默、战栗（horror）的沉默、凌辱（shame）的沉默和负疚（guilt）的沉默。详见：Agnes Heller and Ferenc Feher, “Can Poetry Be Written After the Holocaust?”, *The Grandeur and Twilight of Radical Universalism*, New Brunswick: Transaction Publishers, 1991, pp. 393-401。

灭的历史想象,它可以成为拯救人类的力量。尽管赫勒在看待技术的问题上比阿多诺、海德格尔等人乐观,但并非没有缺陷,她最大的问题在于没能有效区分科学与科学在资本主义制度下应用的关系,没能将生产力与生产关系剥离开来,这就难免将批判的矛头滑向马克思唯物史观的核心范畴——物质生产。

现代性不仅促进了社会发展、制造了社会灾难,还导致了传统习俗和美德的丧失以及价值准则的普遍化。赫勒认为马克思总体上对现代性是持乐观主义态度的,通过细致比较前现代社会和现代社会,马克思将一切阻碍生产力发展的传统社会价值观念视为消极的、反动的,资本主义工业化彻底摧毁了这些观念,于是现代性便确当无疑地具有了历史合理性。对此,赫勒批判道:

> 马克思坚定地认为工业资本主义将在若干个不同方面执行普遍化的功能。他认为,资本主义将会统一全球:在一个非常短的时期内,所有国家将成为资本主义的,这就是他为什么在理论上支持殖民化的原因。资本主义将倾覆一切传统的生活方式和行业,从而为现代性的第二阶段共产主义扫清一切障碍。我们现在知道,这是个错误的预言。这种认为市场扩张将为现代性的出现提供充分基础的马克思主义观点是一种错误观念。基础-上层建筑的模式是否应为该不足负责仍可讨论。我更倾向于相信这个由马克思创立的模式恰好是为了充当支撑其预言的理论工具,而非他用。然而,无论这两个概念中哪一个具有优先地位,都表明马克思没有打算考虑对于现代性产生同等重要的非经济因素的作用,而这一点后来被马克斯·韦伯深深地强调了。①

这是一段非常重要的指认,同时也是对马克思思想极大的误认。诚然,在《共产党宣言》中马克思说过"资本主义将统一全球"这样的话,但我们不妨揣度一下,当马克思声称"资本主义将按照自己的面貌创造出一个世界"时,他是在为之欢呼雀跃吗?当然不是。马克思要告诫我们的恰恰是:资本主义将一种先进的生产方式带到全球各个角落,一方面给当地带来了经济上的繁荣,但同时又使东方从属于西方,使无数劳动人民陷入困苦境地。马克思从

① Agnes Heller, "Marx and Modernity", *Thesis Eleven* No. 8, January 1984, p. 53.

不认为资本主义现代性是“好的”，至少在价值层面上绝不会这样认为。当马克思对我们说，资本主义和工业发展带来了人类进步，他并不是说资本主义和工业发展增加了个人的幸福，他只是想要强调，人们诸种需求和能力的扩展、社会活动和社会意识水平的提高，离不开资本主义市场和工业的发展，仅此而已，马克思绝不会认为资本主义在其他方面也是进步的。显然，赫勒根本没有弄清楚马克思是在何种意义上批判(抑或认同)资本主义社会的。紧接着，赫勒又将批判的矛头向前推进了一步，直指马克思唯物史观的经济首要性原则，宣称马克思拘囿于历史哲学，根本无法回答“阶级为什么无法意识到自己事实上在做什么”这一问题，在她看来，市场扩张无法为现代性提供充足的基础，现代性的续存需要引入市民社会的自由民主逻辑。让人费解的是，赫勒还指责马克思陷入了绝对普遍主义，忽略了中产阶级、农民和殖民地居民等特殊群体，“总体上对政治问题反应比较迟钝，对民主政治的规划更是如此”①。相信略微了解马克思思想的人都不会得出如此武断的结论。

赫勒认为，现代性将直接导致创造与阐释准则的消失，相对应的是，“对”与“正确”的概念将多元化。在这一点上，马克思的观点同样是辩证的：一方面，他认为资本主义市场摧毁了前现代社会一切特定的标准，艺术遭受了毁灭性打击；另一方面，他又认为资本主义现代性创造出真正意义上的审美主体，这种审美主体摆脱了一切传统宗教伦理的束缚，以自由人的姿态出现在社会中。马克思认为现代性的悖论是历史性的，仅存在于资本主义社会，共产主义社会人们便可以充分发挥自己的才能，创造出各种各样的艺术作品。赫勒将现代性与真理的认识标准关联起来，目的是为了阐述一种多元真理观，在她看来，人们对真理的认识一定会受到主体阶级立场的影响，一个阶级看上去正确的东西，在另一个阶级看来则可能是错误的，因此现代社会的真理观只能是多元的、动态的。赫勒这种相对主义真理观否认了真理的一元性和客观性，必然会陷入矛盾。

赫勒对马克思现代性理论的误读源于对马克思历史哲学的误

① Agnes Heller, “Marx and Modernity”, *Thesis Eleven* No. 8, January 1984, p. 55.

解，在她看来，马克思的现代性理论与其历史哲学之间存在不可调和的矛盾：一方面，从历史哲学（基础－上层建筑的模式）出发，马克思一定会将伦理原则归于特定的经济（阶级）状况；另一方面，从现代性理论出发，马克思又将伦理原则归于社会的功能分工。赫勒的这一判断缺乏足够的道理。诚然，马克思从唯物史观出发一定会将伦理原则建基于社会物质生产活动（经济生活进程）之上，这是他一以贯之的思想原则，现代性理论也不例外，但马克思从来没有想过要将伦理原则归于某种社会的功能分工，赫勒完全是在借马克思之口说自己的话。当然，赫勒这样做是有目的的，她为伦理学“松绑”，令其摆脱经济的束缚，为的是强调一种个性化的相对主义伦理学，与马克思那种普罗米修斯式的以解放全人类为根本旨归的宏伟抱负不同，赫勒的伦理学是以康德伦理学为鹄的，它强调一种偶然性意识和伦理责任，反对一切历史必然性对个体伦理选择的蔑视，抵制所有自称拥有必然性知识的政党凭借手中特权对历史行动者自治权的篡夺。赫勒认为，个性伦理学的实现需要有四个条件：第一，运动必须不再将自己视为绝对的，而是联系其他运动、社会和历史；第二，运动必须不再受自发意识控制，而这只有当历史不再是顺利进展的，而是进入革命或危机（新冲突）频发的时代才有可能；第三，伦理学只有在个体决定和实践作用不断增强的社会中才是可能的和必要的；第四，要使伦理学在社会运动中发挥作用，必须具备一种对运动的意识、自觉和自我批判。[①] 大体上看，赫勒提出个性伦理学的初衷是为了抵制官僚主义，寻求一种真正的自由（自治），但她恰恰忽略了，任何个体都是社会关系的总和，离开了社会制度的根本变革，个体解放只能是一种乌托邦幻想。与阿伦特一样，赫勒最终将批判的矛头指向了马克思的革命政治学，这个教训值得我们深刻反省。

赫勒的现代性批判理论不过是所有可能的现代性理论中的一种，主要源于她本人对现代性本质的直觉，建立在她自己的生活经验之上。赫勒并不认为自己穷尽了现代性的解释，她非常清楚，“我们面对的并不是已经拥有解决办法的现代性，而是充满难题的

① John Grumley, *Agnes Heller: A Moralist in the Vortex of History*, London: Pluto Press, 2005, p. 28.

现代性;不是透明的现代性,而是晦涩的现代性"①。赫勒对待现代性的态度是辩证的,她清醒地意识到,"人们能够对许多美好的、高贵的和优雅的事物的消亡感到难过,但仍然可以对造成这些事物消亡的社会安排而感到满意。仆人到死都忠诚于主人可能会引起我们的羡慕和神往,但是我们并不希望重新回到基于主人－仆人关系占统治地位的现实世界中去"②。正如伊格尔顿分析的:"我们不应该盲目地为现代性欢呼,但也不能轻蔑地将现代性说得一无是处。现代性的优点和缺点往往只是同一过程中的不同侧面。因此辩证的方法才是看待现代性的正确的方法,因为只有这样才能抓住其矛盾的本质。"③从后现代视角出发,赫勒阐释了现代性的动力、现代社会格局和现代性的发展逻辑,其中不乏精彩的洞见。例如,关于偶然性转化为命运的论述就触及偶然性与必然性的关系问题,正确揭示了现代人的生存悖论;关于现代性想象机制和双重束缚的理论,正确揭示了现代性内含的两种异质力量,为现代性的存续提供了一条可能性道路;关于现代性三种逻辑的论述,正确揭示了现代性的复杂性和矛盾特征,警示我们一定要防止现代性单一逻辑片面发展带来的恶果。总之,赫勒一定会赞同吉登斯的如下论述:"我们今天生活于其中的世界是一个可怕而危险的世界。这足以使我们去做更多的事情,而不是麻木不仁,更不是一定要去证明这样一种假设:现代性将会导向一种更幸福更安全的社会秩序。"④

本章探讨了布达佩斯学派理论家赫勒的现代性批判理论。从总体特征上看,布达佩斯学派这时仍处于后马克思主义的总问题之中,如果说在早期思想发展阶段,他们还积极谋划如何扬弃资本主义社会的异化,实现社会主义的人道化,这时他们则偏向于关注如何保证现代性在资本主义自由民主制度的框架内存续下来。与

① [匈]阿格妮丝·赫勒:《现代性能够幸存吗?》,王秀敏译,衣俊卿校,黑龙江大学出版社 2012 年版,"英文版导言"第 5 页。

② [匈]阿格妮丝·赫勒:《现代性能够幸存吗?》,王秀敏译,衣俊卿校,黑龙江大学出版社 2012 年版,"英文版导言"第 11 页。

③ [英]特里·伊格尔顿:《马克思为什么是对的》,李杨、任文科、郑义译,新星出版社 2011 年版,第 46 页。

④ [英]安东尼·吉登斯:《现代性的后果》,田禾译,黄平校,译林出版社 2011 年版,第 9 页。

后现代主义者一味拒斥启蒙和现代性的价值不同，布达佩斯学派试图站在反思的后现代性立场上观察现代性，他们对现代性的批判不是彻底拒斥，而是希望现代性得到更好的发展。从“不满意的社会”这一本体论预设出发，赫勒等人表达了对当代资本主义社会的不满，但他们并不期待消除这种“不满”，也没有把“不满”看成是资本主义社会特有的机能失调的现象，而是将之视为现代性不断发展的动力。这就意味着，无论资本主义社会存在怎样的剥削和压迫，人们内心如何的不满，都应该接受这个不可改变的事实。尽管我们并不赞同布达佩斯学派现代性批判理论的保守主义政治立场，却在一定程度上认同他们对现代性危机的描述，现代性绝不可能凭借某种单一的逻辑维系自身的发展，资本的逻辑固然重要，但也必须与其他逻辑协调发展，技术想象固然重要，却离不开历史想象的监督和限制。与布达佩斯学派对资本主义自由民主制度的坚守不同，我们坚信现代性有多种道路可以选择，社会主义的现代性不一定非要走苏联社会主义那条老路，中国特色的社会主义制度一定能够为现代性的发展提供最佳的物质条件和政治保障。

第四章　政治-道德哲学批判

如前所述，布达佩斯学派非常重视民主，在他们看来，没有民主就没有社会主义，甚至就没有现代性。但他们又不满足于资本主义社会的形式民主，认为它对经济关系问题保持沉默，暗地强化了资本主义私有财产的权力，将大众排除在外。布达佩斯学派主张采用工人自我管理的形式克服形式民主的弊病，使所有权在不被国家集中的前提下实现普遍化，这种扩展至人类社会一切领域的民主就是激进民主。从物质财富的相对丰裕出发，赫勒等人开始思考正义问题，通过强调动态正义和不完备的正义，提出了超越正义的理论构想，颠覆了传统正义理论的基本理路。布达佩斯学派的理论目标是追求个性自由、守望道德责任，这就决定了其理论落脚点一定是道德哲学。在"道德哲学三部曲"中，赫勒展示了一条接合并超越规则伦理学与美德伦理学的新路径，其独特性在于，将伦理学建立在规则伦理(义务论)之上，给世界制定某种规范，同时超越一般意义的义务论，追寻一种良善生活，揭示人类道德谱系和伦理生活的多样性。

第一节　对资本主义社会的基本认识

20世纪70年代以来，布达佩斯学派理论家相继移居西方社会，受波兰尼(Karl Polanyi)思想的影响，他们对资本主义社会有了新的理解，核心观点可概括为：资产阶级和无产阶级的二分以及劳动和资本的关系不是资本主义社会的本质，而是资本主义社会发展的一种倾向；资本主义不是阶级构成的社会，而是功能化的分层社会;资本主义社会不同于资产阶级社会,前者作为不平等的社会制度可以废除,后者作为现代性(大写的历史)不可超越。

一、波兰尼的"双向运动论"

我们知道,布达佩斯学派是卢卡奇晚年亲口承认的一个旨在"复兴马克思主义"的哲学学派,具有讽刺意味的是,该学派在卢卡奇逝世后便转向了后马克思主义,造成这一转变的原因非常复杂,既有社会现实层面的原因,也有思想理论方面的原因,更有理论家个人经历方面的原因。在众多的原因当中,有一个不可低估的因素,那就是波兰尼思想的影响。波兰尼是20世纪公认的最彻底、最有辨识力的匈牙利裔英国经济史学家,批判市场自由主义是他一生的核心理论关切,《大转型:我们时代的政治与经济起源》(以下简称《大转型》)一书的出版标志着这一批判达到了顶峰。布洛克(Fred Block)曾称赞该书是"迄今为止对市场自由主义——即相信不管是民族国家社会还是全球经济都可以而且应该通过自发调节的市场来组织——最强有力的批判"①。从时间上看,波兰尼写作《大转型》的时候现代经济学还未对自发调节市场的局限性展开批判,这便更加凸显了他睿智的辨识力。从嵌入(embeddedness)概念入手,波兰尼分析了经济的非自足性(对社会和政治的依赖),通过批判劳动力、土地、货币等虚拟商品市场化的后果,为我们揭示了市场社会内在的"双向运动"。具体说来,"嵌入"概念主要针对的是这样一种经济学思想传统:"经济是一个由相互联(连)锁的市场组成的体系,这个体系能通过价格机制自动调节供给和需求。"②波兰尼提出"嵌入"概念意图表明:"经济并非像经济理论中说的那样是自足(autonomous)的,而是从属于政治、宗教和社会关系的。"③在《大转型》一书开篇处,他说道:"这种自我调节的市场的理念,是彻头彻尾的乌托邦。除非

---

① [英]卡尔·波兰尼:《大转型:我们时代的政治与经济起源》,冯钢、刘阳译,浙江人民出版社2007年版,"导言"第10页。

② [英]卡尔·波兰尼:《大转型:我们时代的政治与经济起源》,冯钢、刘阳译,浙江人民出版社2007年版,"导言"第15页。

③ [英]卡尔·波兰尼:《大转型:我们时代的政治与经济起源》,冯钢、刘阳译,浙江人民出版社2007年版,"导言"第15页。

消灭社会中的人和自然物质，否则这样一种制度就不能存在于任何时期；它会摧毁人类并将其环境变成一片荒野。”[1]布达佩斯学派似乎对此深信不疑，在《激进哲学》一书引言中，赫勒明确说道：“我们接受卡尔·波兰尼（Karl Polanyi）的论证，即完全被自我调节的市场所支配的社会观不是别的，正是资产阶级社会的消极的乌托邦。我们还可以作如下补充：纯粹目的合理性的总体化也是一个消极的乌托邦。”[2]在这里，赫勒不仅点明了自己同波兰尼思想的内在关联，还含沙射影地将批判的矛头指向了卢卡奇，按照她的理解，正是卢卡奇假定了工具理性（韦伯意义上的目的合理性）和自我调节的市场二者总体的、囊括一切的和无所不包的统治。[3] 总之，在波兰尼看来，一个脱嵌的、完全自由的市场社会是不存在的，任何经济脱嵌于社会的努力必然会遭到一种反向运动的抵制，市场社会必然内含一种“双向运动”：力图扩展市场范围的自由放任运动和由此生发出来的力图抵制经济脱嵌的保护性反向运动。如果任由第一种运动无限发展，人类必将陷入灾难，人类文明之所以能够走到今天而不致灭亡，关键在于第二种运动的反向作用，正是“双向运动”形成了钟摆式的往复运动，使社会保持了平衡。

波兰尼关于市场力量与保护性反应“双向运动”的辩证法强调了政治（尤其是国家）对市场经济的反作用，针对的正是传统马克思主义的经济决定论。波兰尼认为，马克思由于仅仅看到了自我调节的市场运动，故而相信经济可以完全脱嵌于政治（国家）独立运行，于是，他将经济视为社会发展的唯一决定性因素。然而，劳动和资本的关系以及无产阶级与资产阶级的二分并不是资本主义社会的本质，而是资本主义发展过程中的一种倾向。由于马克思忽略了政治对经济脱嵌进程的反作用，即国家对自由市场的保护性反应，其理论必然陷入一种本质主义的经济决定论。波兰尼还将批判的矛头指向马克思的阶级理论。在他看来，马克思主要是

① ［英］卡尔·波兰尼：《大转型：我们时代的政治与经济起源》，冯钢、刘阳译，浙江人民出版社2007年版，第3页。

② ［匈］阿格妮丝·赫勒：《激进哲学》，赵司空、孙建茵译，黑龙江大学出版社2011年版，第3页。

③ ［匈］参见阿格妮丝·赫勒：《激进哲学》，赵司空、孙建茵译，黑龙江大学出版社2011年版，第3页。

从经济角度定义阶级的,因此,他必然会强调经济剥削是资产阶级社会的根本特征,并将一切归因于阶级利益,然而,正是这种阶级还原论阻碍了人们对市场社会及保护主义功能的整体认识。波兰尼认为,阶级利益根本无法为人们提供关于社会长期发展进程的满意解释,在某种意义上,“阶级的命运更多的是被社会的需要决定的”①。一方面,历史进程可能会决定阶级本身的存亡;另一方面,阶级利益只决定了阶级的奋斗目标,却不能保证该目标一定会实现。凭什么其他阶级要听从无产阶级的号令,支持他们的行动呢?又有什么理由可以证明,当社会历史进程发生变化时,无产阶级可以避免消亡呢?退一步讲,即使无产阶级可以永远存在,经济真的就是阐明阶级利益的唯一领域吗?波兰尼对此表示怀疑,他更愿意相信:“尽管人类社会自然要受到经济因素的限制,人类个体的动机却只有在例外的情况下才由物质满足的需要所决定。”②既然波兰尼认为阶级利益不仅仅由经济决定,那又由谁来决定呢?这个决定者就是社会,“一个阶级的利益最直接地是指身份(standing)和等级(rank)、地位和安全,也就是说,它们首先是社会性的而不是经济性的”③。波兰尼的上述观点我们不能苟同。一方面,马克思在强调经济的同时并没有忽略政治和国家的作用,只不过他在特定的历史条件下更突出前者的决定性作用罢了;另一方面,阶级利益的确包含身份、地位、等级、安全等社会方面,这一点马克思并不否认,但问题在于,上述因素离开了特定的经济条件能够存在并发挥作用吗?试想,一个连基本的经济利益都没有实现的人会奢谈其他方面吗?最后也是最重要的一点,马克思对经济的强调恰恰是“反经济”的,正如伊格尔顿分析的:“马克思并非痴迷于经济问题,而是将经济问题看作对人类真实潜力的扭曲。在他所期待的世界里,经济问题将不会再占据我们如此多的时间和精力。”④

① [英]卡尔·波兰尼:《大转型:我们时代的政治与经济起源》,冯钢、刘阳译,浙江人民出版社2007年版,第130页。

② [英]卡尔·波兰尼:《大转型:我们时代的政治与经济起源》,冯钢、刘阳译,浙江人民出版社2007年版,第131页。

③ [英]卡尔·波兰尼:《大转型:我们时代的政治与经济起源》,冯钢、刘阳译,浙江人民出版社2007年版,第131页。

④ [英]特里·伊格尔顿:《马克思为什么是对的》,李杨、任文科、郑义译,新星出版社2011年版,第130页。

波兰尼错将自己对自由市场经济的不满迁怒于经济本身,其理论是建立在一种无根的人性假设和道德诉求之上的。

二、分层社会还是阶级社会

与波兰尼一样,布达佩斯学派也认为资本主义生产关系中资本和劳动的辩证法不是资本主义的本质,而是自我调节市场经济发展过程中的一种倾向。在他们看来,马克思错就错在误将倾向视为本质,进而将资本主义的本质和内驱力还原为一个自主的经济领域,一个封闭的阶级斗争空间,结果便是:国家、形式民主、政治和意识形态等因素统统被忽略,理论落入了经济决定论和阶级还原论的窠臼当中。在布达佩斯学派看来,马克思对资本主义的分析之所以以阶级二分为基础,主要是源于他对自我调节市场经济单向运动的片面体认。如果自我调节的市场经济从未受到保护性反应的干扰,经济也可以完全从社会中脱嵌出来,马克思的上述论断无疑是正确的。然而,事实却并非如此,资本主义生产关系是在一种"双向运动"的作用下逐步发展起来的,这种"双向运动"不仅没有形成同质化的无产阶级,反而消解了阶级本身。赫勒将阶级视为"不断形成的",认为从来没有哪个历史阶段或社会总体可以用阶级概念完全阐明,阶级概念不具有普遍的价值和意义。瓦伊达则进一步指出,之所以不存在同质化的无产阶级,主要是因为"一种统一的无产阶级'利益'从未存在过"[①],具体说来:"第一,作为一个同其他特殊群体不相容的整体阶级,无产阶级在资本主义中从未存在过,无产阶级的整体利益不过是一种抽象,只有在极端的情况下才可以实现;第二,作为一个非同质的社会群体,无产阶级只有在特定条件下才会实施其抽象构想的整体利益,而这种条件在资本主义内部是不会出现的;第三,如果我们根据'利益'来阐述整个问题,我们就没有超出资本主义自身的原则。"[②]由此出发,瓦伊达认为卢卡奇的阶级意识理论陷入了循环论证:一方面,他将阶级意识未能充分发展归因于资本主义社会的最终危机没有爆发;另一方面,他又将危机迟迟未能爆发归因于阶级意识未能得到

---

① Mihaly Vajda, *The State and Socialism*, London: Allison & Busby, 1981, p. 18.

② Mihaly Vajda, *The State and Socialism*, London: Allison & Busby, 1981, p. 19.

充分发展。那么,究竟是什么原因导致了无产阶级久久无法获得阶级意识呢? 瓦伊达认为是私利的存在,"如果无产阶级自身(只要资本主义存在)由按照私利从事活动或倾向于这些私利行事的孤立的个体构成,如果由此无产阶级分裂为不同的利益群体,那么,代表着超越纯粹真实性和直接性的无产阶级的阶级意识,不会是任何现实的无产阶级的阶级意识,或者说,充其量它不过是整个无产阶级内部某个特殊群体的阶级意识。这样,它就不可能成为超越基于特殊群体利益之上的资本主义社会的'马达'"①。瓦伊达的意思很明确,那就是当代无产阶级由于更多地考虑到自身的私利,从而无法形成自觉的阶级意识,更不可能形成统一的阶级行动。笔者认为,瓦伊达的分析显然颠倒了因果关系,为什么无产阶级不可能形成统一的"利益"呢? 为什么无产阶级的"利益"只能是抽象的,并且只能在特殊情况下才能实现呢? 或者进一步说,为什么无产阶级会被"私利"所左右呢? 瓦伊达仅仅描述了当前资本主义社会的部分现实,这并不能成为我们否认和贬斥阶级的理由,必须弄清楚的是,到底是谁造就了这一切! 笔者认为,正是私有制导致无产阶级丧失了统一的"利益",正是在这个意义上,马克思和恩格斯才认为废除私有制是无产阶级(整个人类)实现解放的前提。布达佩斯学派的阶级理论具有明显的后马克思主义倾向,其根本缺陷在于忽略了经济的首要性和统治阶级的力量。事实上,即使同一阶级的不同主体之间存在国籍、种族、民族和性别等方面的差异,这些差异也不会对其阶级的"内核"造成影响,因为阶级的构成只会跟主体与生产资料的关系相关联。

既然布达佩斯学派认为资本和劳动的关系以及无产阶级和资产阶级的二分不是资本主义社会的本质,而是一种偶然的倾向。那么,资本主义社会的本质又是什么? 关于这一点,他们试图从卢曼那里寻找答案。卢曼最大的贡献是提出了社会分层论,按照这一理论,现代社会是一个功能上不断分化的系统,其中每一个子系统(政治、经济、科学、法律、教育、宗教、家庭等)均相对自律化,成为其他系统的环境。布达佩斯学派完全赞同这种分层理论,他们

① Mihaly Vajda, *The State and Socialism*, London: Allison & Busby, 1981, pp. 23-24.

反复强调，资本主义不是阶级构成的社会，而是以分层权力关系为基础的混合经济社会。与阶级社会一元化的权力集中不同，分层社会最大的特点是权力分配的多元化和分散化。在分层社会里，形式民主和国家保障了大多数人的利益，从功能上看，国家不仅仅是阶级统治的工具，更是社会总体利益的代言人。社会群体之间的冲突也不再表现为阶级斗争，而是表现为不同阶级（层）内部的矛盾，斗争的矛头也不再指向资本家阶级，而是指向市场经济的不稳定性。在对资本主义社会性质的判定上，布达佩斯学派陷入了逻辑混乱。一方面，他们认为分层社会的出现意味着马克思关于资本主义生产关系的核心是财产关系的论断不再适用，或者说财产关系不再对政治权力构成决定性的影响，但与此同时，分层社会意味着人们可以获得更多的民主和自由。另一方面，他们又认为分层社会并不是真正意义上的民主社会，一个明显的事实是，权力仍居于社会决策机制之上，尤其是那些身居权力层顶端的人，仍拥有较多的社会决策权和机会，而那些财产较少的人，则处于权力链条的末端，机会寥寥无几。更进一步，布达佩斯学派认为社会的权力分层并没有触动资本主义剥削的本质，资本逻辑和利润导向仍决定着社会发展的根本方向。也就是说，市场的保护性反应并不是万能的，它虽然可以延缓资本主义社会的寿命，使其不至于陷入崩溃的境地，却没能促使资本主义社会走向全面的民主化，更没能指向一种旨在颠覆资本主义体制的社会运动。由此可见，布达佩斯学派虽然深受波兰尼思想的影响，却丝毫没有无限夸大市场保护运动的作用，如果说波兰尼最终陷入了后马克思主义的泥潭而不能自拔，布达佩斯学派则是在这个泥潭周围不停地打转，时而跳进去湿湿脚，时而又爬上岸叹叹气，发发牢骚。

尽管布达佩斯学派对资本主义的分层社会颇具微词，却始终认为资本主义比社会主义好，在他们看来，保护性运动虽然无法促成资本主义社会权力关系的民主化，却强调了权力的多元化和分散化，从而为权力的民主分配提供了前提。另外，资本主义的形式民主和相对独立的市民社会也可以保证人们拥有更多的自由和权利。无论怎样，布达佩斯学派毕竟对资本主义社会持一种批判的态度，他们清醒地意识到，由于财产分配不均，人们在社会中必然处于“普遍的不平等”状态，社会决策领域更是如此。他们相信，实现社会决策的民主化是唯一的出路,一旦社会决策真正实现了民主化,财产不平等就不再重要了,在某种意义上,社会决策的民主化甚至有助于财产的平等化。瓦伊达甚至将决策民主化视为社会主义的根本准则,他说道:"剥夺者被剥夺本身并不是目标,截止到现在,直接的生产者在生产过程中的决策机会还很少,更不用说在整个社会的决策过程中有什么机会了。我坚信,更多的社会主义只有通过更多的民主才能实现,财产不过是决策的一个领域。"①布达佩斯学派显然夸大了社会决策的作用,他们没有看到,生产领域的财产关系如果不变革,任何平等的社会决策都是不可想象的。民主的确是个好东西,也的确是社会主义的一个重要原则,但这绝不能成为我们夸大民主的理由。事实上,社会主义还有很多其他的重要原则(特征),如生产资料公有制和高水平的生产力等等,片面强调民主的做法断不可取。

三、资产阶级社会还是资本主义社会

在布达佩斯学派那里,资产阶级社会和资本主义社会是两个完全不同的概念,两者的区别在于:资本主义作为一种生产关系是可以超越的,而资产阶级社会作为大写的历史(现代性)不可超越。在《历史理论》一书结尾处,赫勒曾将市民社会、资本主义和制造工业视为大写历史的三个基本要素。市民社会又分为两个层面:一是相对独立的私人经济领域,主要表现为市场、私有财产、不平等(异化)的普遍化;二是展现自由(人权)的领域,主要表现为权力的民主化、平等化和分散化。马克思主要是从物质生产关系和社会财产关系的角度理解市民社会的,因此,他主要论述了市民社会的第一个层面。理解了这一点,就不难理解为什么布达佩斯学派要维护市民社会,马克思要批判市民社会了。正是从市民社会的第二层含义出发,布达佩斯学派强调市民社会与国家的分离,强调市民社会中内含的民主和自由向度,正如瓦伊达所言:"非常重要的是,我没有放弃我的原初价值或价值选择,这是一些非常简单的价值:享有自由比缺失自由好,人们应该在为人类个体和群体创造平

① Mihaly Vajda, *The State and Socialism*, London: Allison & Busby, 1981, p.10.

等环境上更进一步。”[①]然而,我们不禁要问,布达佩斯学派离开阶级抽象地谈论民主和自由,这种民主和自由除了是资产阶级的民主和自由外,还能是什么呢?

如果人们将资本主义社会等同于资产阶级社会,又会怎样呢?布达佩斯学派认为,结果必然是:一旦人们废除了资本主义的生产关系(资本主义社会),资产阶级社会也就终结了。问题在于,如果布达佩斯学派对市民社会的理解是正确的,即市民社会不仅包含资本主义的生产关系,还包含民主和自由的价值观念,那么资本主义社会的扬弃就不是一件简单的事情,因为如果按照马克思主义的理解,资本主义社会等同于资产阶级社会,资本主义社会的消亡也就意味着资产阶级社会的终结以及市民社会(民主和自由的价值原则)的终结。这显然不符合人类解放的要求和趋势。赫勒的现代性(资产阶级社会)“三逻辑说”印证了这一点,按照她的说法,资产阶级社会是由三种逻辑构成的,资本主义仅仅是其中一种逻辑,因此,超越资本主义并不意味着超越资产阶级社会(现代性)。历史事实表明,任何试图超越资产阶级社会的企图,必然以牺牲个体自由和民主为代价,必然以极权主义而告终。苏联就是这样一个例子,作为社会主义社会,资本主义的生产关系显然被废除了,但与此同时,由于资产阶级的市民社会也一道被废除,个体自由和民主也随之消失。布达佩斯学派于是得出结论:资本主义不平等的生产关系应该(可以)被废除,但市民社会、个体自由和民主必须(可以)被保留,资本主义可以超越,资产阶级社会不可超越。瓦伊达详细阐述了四点理由:第一,如果劳动分工被废除,那么唯一确保人类类能力持续增长的现代动态扩张的生产将无法想象。第二,毫无内在关联的封闭社会的瓦解与人类交往的普遍化必然排除这样一种可能:即多数人之间的关系应该是人与人的关系而不是功能性的关系,更为糟糕的是,它必将阻止这样一种可能性:即人类个体间最基本的私人关系应该是一个总体。第三,现代生产的条件和“世界交往”已经宣布,任何消除社会的异化管理及其制度体系的做法都是一种幻想。第四,在意识中消除异化,也是一种

① Mihaly Vajda, *The State and Socialism*, London: Allison & Busby, 1981, p. 2.

幻想。[①] 瓦伊达的意思很明确,那就是资本主义社会的剥削和异化不可能被消除,如他所说:“理解意识结构的异化方面是必要的,但不是理解它的消亡,那是不可能的或非人的要求。”[②]为了防止人们误解,他又澄清道:“我说这些试图表明什么呢? 当然不是说对异化的批判是一种幻想,也不是说这种批判是有害的。我只是想表明,这种批判的任务不能引发一种指向消除异化的运动。毋宁说批判应该指向某种警觉意识,而不是指向资产阶级社会体制内的否定趋势,这样,我们才能达及(批判的)最大限度,而不危及资产阶级社会主要功绩的遗迹——个体自由。”[③]可见,瓦伊达要否定的不是别的,正是一种旨在批判和扬弃资本主义异化关系的哲学批判和现实的社会主义运动,对此,他供认不讳:“我们这个世纪任何一个或多或少成功的群众运动,要么通过指向资本主义而使自身合法化,要么是一种对资本主义无法克服之矛盾的社会学批判,两者都试图将自身建立在一种对人类关系的哲学批判之上,它们摧毁的不是资产阶级社会非人的特性,而是它积极的功绩。”[④]布达佩斯学派的上述论断存在两个问题:一是马克思是否真的将资本主义社会等同于资产阶级社会;二是马克思否定资本主义社会是否一定意味着抛弃民主和自由的传统。必须承认,马克思的确有时将资本主义社会等同于资产阶级社会(市民社会),这一点布达佩斯学派没有说错,但他们没有理解马克思这样做的用意。其实,马克思早期著作中根本没有资本主义社会这个概念,那时,马克思主要是对资产阶级社会(市民社会)展开批判,后来,当马克思确立了科学的唯物史观后,他便很少使用市民社会这个术语了,这一方面是因为这个概念容易引起误解,更重要的是,这个概念无法揭示资本主义剥削的秘密,于是,马克思便开始使用资本主义生产方式这个范畴来批判社会,继而出现了资本主义社会这个概念。至于第二个问题,显然也是对马克思的误解,马克思的确有否认自由和民

① Mihaly Vajda, *The State and Socialism*, London: Allison & Busby, 1981, pp. 85-86.

② Mihaly Vajda, *The State and Socialism*, London: Allison & Busby, 1981, p. 86.

③ Mihaly Vajda, *The State and Socialism*, London: Allison & Busby, 1981, p. 86.

④ Mihaly Vajda, *The State and Socialism*, London: Allison & Busby, 1981, pp. 80-81.

主的言论,但要加上"资产阶级社会"这个定语。在他看来,资产阶级社会的民主和自由是虚假的,应该被否定,而未来共产主义社会的自由却是真实的,因为它建立在生产资料公有制基础之上。可见,马克思并不反对民主和自由,而是反对抽象地谈论它们。总之,马克思对资产阶级社会的批判大多是从资本批判的视角出发的,只有这样才能抓住问题的关键,而他对资产阶级社会大多采取扬弃的态度,根本不存在彻底否定民主和自由之说。

四、国家:阶级压迫的工具还是社会调节的机构

在对国家的本质和功能的理解上,布达佩斯学派同传统马克思主义的观点也存在较大的差异。按照马克思主义的理解,资本主义社会要维系其剥削形式,就必须建立一个压迫性的机构——国家,因此,资产阶级国家的本质不过是阶级压迫的工具而已。马克思主义还认为,经济基础决定上层建筑,国家作为政治权力的象征,是一种现实存在的上层建筑,其本质应由资本主义的生产关系(尤其是财产关系)来决定。布达佩斯学派认为,如果权力、政治、国家真的像马克思说的那样不过是由财产关系决定的上层建筑,政治权力也的确是一种工具性的存在,那么,无论是废除财产的资本主义私有制,还是剥夺维护这种私有制的一切政治权力(包括国家),都没有问题。然而,财产关系真的能够成为资本主义社会这座大厦的拱心石吗?国家除了具有压迫的性质真的就一无是处了吗?布达佩斯学派似乎不这么看,他们认为,财产关系非但无法解释现实存在的社会主义社会中出现的一些现象,而且一个明显的事实是,财产关系是在政治权力关系中产生的。瓦伊达援引克拉斯特(Pierre Clastres)的话说:"没有暴力的政治是可以想象的,但没有政治就没有社会:换言之,没有权力就没有社会。"[①]更进一步,他还将马克思主义与自由主义联系在一起,指责两者"没有把政治权力的结构视为社会的本质,没有在社会总体层面赋予国家一种结构上的重要性"[②]。

布达佩斯学派认为,政治权力是多种多样的,而且,并非所有

① 转引自 Mihaly Vajda, *The State and Socialism*, London: Allison & Busby, 1981, p.66.

② Mihaly Vajda, *The State and Socialism*, London: Allison & Busby, 1981, p.73.

的政治权力都是压迫性的，作为一种上层建筑，政治权力在一定程度上可以脱离经济基础而存在，并对后者产生巨大的影响。在这里，布达佩斯学派再次将马克思主义与自由主义联系在一起，在他们看来，"马克思接受了自由主义的社会想象，据此，以平等交换、同质化社会为基础的竞争性经济使得一切其他社会控制形式成为多余"①。瓦伊达还从马克思主义发展史的角度做了进一步的分析，在他看来，马克思早期经常强调市民社会和国家的分离，强调其他政治结构出现的可能性，但后来却接受了财产关系的"幻象"，忘记了这种分离的重要性。具体说来，马克思忽略了如下事实：即当他揭示资本主义剥削的秘密时，资产阶级社会的市民社会和国家已经分离了，这时，国家已经不再是资产阶级社会的阶级组织，而是调节社会的机构，国家的代表（政治权力机构的成员）也不再仅仅是马克思主义意义上的社会剥削者，而是具有了一种新的特殊的职能。这一切都表明，尽管国家仍然是政治压迫的机构，"它却不是为了政治压迫而存在，而是为了调节社会总体而存在"②。也就是说，政治权力已经变成了一个"中立的权威"。

在布达佩斯学派看来，要理解资产阶级社会这个总体，必须从市民社会与国家的分离出发，将它解读成一个多元的权力体系，一场经济力量和政治权力角逐的游戏。与福柯对权力的分析一致，他们也认为，哪里有权力，哪里就有压迫。因此，仅仅废除资本主义的私人财产所有制，并不能保证所有压迫形式的消除。私有制的废除仅仅意味着阶级差异的消失，但调节社会整体政治权力的分配这一现代社会的差异却仍然存在。要真正实现人类的民主与自由，就必须将资本主义的形式民主推向激进民主，在社会决策机制上实现真正的平等和自治。布达佩斯学派强调国家除了具有压迫的性质还有社会调节的功能，这是正确的，但抹杀国家阶级属性的做法则不可取。

受波兰尼思想影响，布达佩斯学派认为资产阶级和无产阶级的二分以及劳动和资本的关系不是资本主义社会的本质，而是资本主义社会发展的一种倾向；资本主义不是阶级构成的社会，而是

① Mihaly Vajda, *The State and Socialism*, London: Allison & Busby, 1981, p. 71.

② Mihaly Vajda, *The State and Socialism*, London: Allison & Busby, 1981, p. 75.

功能化的分层社会；资本主义不平等的生产关系可以废除，资产阶级社会不可超越。如果将这些归结为一点，那就是反对马克思主义的经济决定论和阶级还原论。正如瓦伊达指出的："恰恰是马克思的方法，而不是他的研究结果，不是这篇或那篇论文中的信仰才是我们必须抛弃的对象。……这种方法的本质正是还原论：权力关系和依附与统领关系被还原为经济剥削关系，社会结构被还原为体现经济依赖关系的社会经济结构，社会群体的结构被还原为阶级，相应地，社会斗争被还原为阶级斗争。"①可见，布达佩斯学派对马克思主义的批判并不是细枝末节的，其力度远远超出了修正主义的范围，他们要拒斥的不是马克思主义的某些具体言论，而是马克思主义的核心范畴和基本方法。在这个意义上，我们将其归于后马克思主义之列。但我们也应看到，布达佩斯学派对资本主义社会的理解并非全部都是反马克思主义的，毋宁说，他们重新审视了马克思主义的历史条件和应用范围，这便赋予马克思主义某种当代性。

第二节　走向激进民主政治

自拉克劳和墨菲的《领导权与社会主义的策略——走向激进民主政治》一书出版以来，激进民主倏然成为学界讨论的热点。有学者甚至声称，拉克劳和墨菲"最早提出了'激进民主'(radical democratic)一词，同时也标志着'激进民主'理论研究的肇始"②。其实，正如"后马克思主义"并非拉克劳与墨菲首创一样，"激进民主"亦是如此，早在20世纪70年代末，布达佩斯学派就已经详细阐发这一概念，并在理论上实现了"后马克思主义"转向。

一、从形式民主到激进民主

社会主义与民主的关系问题一直是布达佩斯学派讨论的焦点，作为东欧社会主义国家的异见知识分子，布达佩斯学派理论家在国内遭遇了种种不幸，没有人比他们更为迫切地需要民主的慰

---

① Mihaly Vajda, *The State and Socialism*, London: Allison & Busby, 1981, p.6.

② 闫海潮：《激进民主：产生动因及其批判性质疑》，载《唯实》2009年第5期。

藉,也没有人比他们更了解极权主义政治对民主的戕害。奥威尔(George Orwell)曾说过,“像民主这样一个词,不仅没有公认的定义,而且任何想做出一个定义的尝试都会受到各方面的反对”①。尽管如此,我们还是能够大致勾画出一幅关于民主概念演变的轨迹图。首先可以确定的是,民主的原意是“人民的权力”,即一种由多数人进行统治的政治制度。长期以来,西方主流思想界一直把民主视为洪水猛兽,将之视为财产侵夺和暴民统治的同义词。直到1835年,托克维尔(Alexis de Tocqueville)在《论美国的民主》一书中才扭转了格局,他指出,民主将在世界范围内不可避免地到来,而且,由于它倾向于大多数人的利益,因此更有利于人类。问题在于,大多数人如何进行统治呢? 人们很快意识到,民主若不加以限制,极可能转变为“多数人的暴政”。政治家们总是聪明的,他们为民主下了一道禁令,即“私有财产神圣不可侵犯”,也就是说,只要不侵害私有财产,怎样谈民主都无所谓。从此,民主便开始被那些统治人民的人盗用,成为统治阶级论证自身合法性的有力工具。卢梭(Jean Jacques Rousseau)奉行直接参与的原则,提出了直接民主的理念,强调人民直接参与决策,但这种民主制度缺乏可操作性,随着资本权力的不断扩张,缺陷频频凸显。1942年,熊彼特(Joseph Schumpeter)在《资本主义、社会主义与民主》中提出“精英竞争式民主理论”,宣布“民主方法就是那种为作出政治决定而实行的制度安排,在这种安排中,某些人通过争取人民选票取得作决定的权力”②。从此,代议制民主便取代直接民主成为资产阶级社会的主流政治制度。

马克思主义经典作家通常将资产阶级社会的代议制民主称为形式民主,并认为这种民主形式彻底悬置了财产权和经济平等,充当着统治阶级合法性论证的工具,因此必然带有虚假和片面的特征。布达佩斯学派在这个问题上态度非常明确,他们认定直接民主不仅缺乏现实的可操作性,还直接与恐怖主义相关,因此断然不可行,而代议制民主虽然存在形式化的弊病,却内含自由和平等的

① 转引自[美]道格拉斯·拉米斯:《激进民主》,刘元琪译,中国人民大学出版社2008年版,第6页。

② [美]约瑟夫·熊彼特:《资本主义、社会主义与民主》,吴良健译,商务印书馆1999年版,第395~396页。

价值向度，相比之下更为可取。前面曾提到，波兰尼的思想深深影响了布达佩斯学派。正是波兰尼关于市场力量和保护性反应“双向运动”的辩证法对那种将国家视为经济“副现象”的传统马克思主义提出了挑战，它将目光重新置于政治领域尤其是国家之上，强调了国家作为保护性反应的实施者因可以有效抑制自由市场资本主义的缺陷而具有积极的作用。在布达佩斯学派看来，波兰尼最大的贡献就在于，他为自由调控的市场经济引入了保护性反应这一新的元素，从而打破了自由市场资本主义永远不败的神话，这就表明，无论是市场经济的脱嵌，还是社会的保护性反应，都要经过国家这一中介才能实现。那么，国家又是如何实施干预经济的保护性功能的呢？在这个关键时刻，形式民主“粉墨登场”了。

布达佩斯学派认为，一方面，形式民主是经济脱嵌过程的必然产物，它将随着社会保护性反应的增强而不断发展，另一方面，正是国家与市民社会的分离以及相对独立的形式民主的出现，保证了经济脱嵌和保护性反应的正常运行。与波兰尼一样，布达佩斯学派也将批判的矛头指向传统马克思主义。在他们看来，既然形式民主是 19 世纪“双向运动”的产物且可以独立于市民社会而单独存在，那么，马克思关于形式民主是资本主义工业活动（市民社会）衍生物的论断就是错误的。具体而言，术语“形式”并不代表错误或无意义，而仅仅意味着这种民主类型的内容还没有完全确立。确切地说，形式民主是一种政治领域的民主，其基本原则在经济领域内尚未实现，它意味着“国家与市民社会的相对分离。其民主特征由一份重要文件（多数情况下以宪法的形式）确立，该文件系统阐述了民主的市民自由（所谓的‘人权’）、多元主义、契约制度、代议制原则”①。必须指出，布达佩斯学派之所以强调国家与市民社会的分离，主要针对的是自由主义和传统马克思主义的观点，在他们看来，前者夸大了国家（形式民主）的独立性，后者片面强调了国家（形式民主）对市民社会的依附性，因此都是不正确的。那么，传统马克思主义者为什么对形式民主不屑一顾呢？在布达佩斯学派看来，这与他们的经济主义观点直接相关，既然基本的权力关系只

① Agnes Heller, “Past, Present, and Future of Democracy”, *Social Research*, Vol. 45, No. 4, 1978, p. 867.

能在经济(财产)关系中去寻找,那么形式民主也就顺理成章地成为经济的附属物,加上它为统治阶级服务的意识形态属性,对其嗤之以鼻也就再恰当不过了。的确,马克思和恩格斯曾多次批判形式民主,但他们从未否认过民主本身,在《共产党宣言》中,他们将"无产阶级上升为统治阶级",和"争得民主"并置在一起,列宁更是将一种彻底的民主与社会主义相等同。其实,问题主要出在部分马克思主义者(第二国际理论家)身上,正是他们误解了马克思主义经典作家关于民主的论述,将社会主义与民主割裂开来,最终导致了恶果。

从波兰尼的"双向运动说"出发,布达佩斯学派对形式民主评价很高,在他们看来,正是形式民主的存在限制了自由市场资本主义的缺陷,使得现代性(市民社会)不致毁灭。瓦伊达反复强调自己始终没有放弃民主的价值选择,并坚信"拥有自由比没有自由好,人们应该在为人类个体和群体创造平等条件上不断前进"①。费赫尔甚至为此公开埋怨卢卡奇,说他追寻马克思的脚步,"文章充满了对单纯的形式民主的抨击"②。但同时,布达佩斯学派也强调形式民主并非十全十美,其重要缺陷便是很多地方没有具体化,尽管它为人们的言论、宗教信仰、财产占有提供了自由和保障,也不排斥社会决策的民主化进程,但在最一般的意义上,它却仅代表了一种政治上的民主,这意味着社会成员只能在政治领域享有充分的自由,同时拥有参与政治决策的权利,而在经济领域,尤其在经济决策过程中,他们享有的权利是非常有限的。因此,形式民主必须被新的民主形式(激进民主)扬弃,这便意味着自治和自由从政治领域扩大到包括经济领域在内的一切人类社会领域。尽管形式民主存在种种局限,布达佩斯学派还是认为它可以为实质民主(经济民主)提供前提和保证,他们深信,只要形式民主能够逐步实现社会决策过程的民主化,使人们拥有平等的参与权,就一定能够过渡到激进民主这一人类最美好的政治制度上来。正是在这个意义上,他们称形式民主为现代民主国家的一项伟大发明。不难看出,布达佩斯学派关于形式民主过渡到激进民主的论断与拉克劳

① Mihaly Vajda, *The State and Socialism*, London: Allison & Busby, 1981, p. 2.

② [匈]阿格妮丝·赫勒,《卢卡奇再评价》,衣俊卿等译,黑龙江大学出版社2011年版,第107页。

和墨菲的激进民主规划不谋而合，正如墨菲在《政治的回归》中指出的："我们提出'激进与多元的民主'这一术语来重新定义社会主义事业，并设想它是民主向社会关系的广阔领域的延伸。我们的目的是将社会主义诸目标再一次纳入多元民主的框架之中，并坚持认为必须使这些目标与政治自由主义制度结合成一个有机整体。……社会主义被理解为经济民主化的一个过程，是激进与多元的民主规划的一个必要成分。"①拉克劳的学生史密斯(Anna Marie Smith)更是一针见血地道出了个中玄机："走向民主的实质性进步需要实行包括经济民主化在内的基本社会变革……即最大限度地减少可能出现的劳动剥削，加强资源分配决策权的民主化，实行财富的再分配以及推进杜绝经济财富向政治特权和社会特权转化、限制市场向寡头垄断倾向发展方面的改革。"②笔者认为，布达佩斯学派关于形式民主的论断存在以下两个缺陷：一是过于注重形式民主的形式要件，从而忽略了隐藏其后的起决定作用的实质内容，这主要表现在，他们总是片面强调形式民主的相对独立性，将其视为一种脱离一切经济关系的"绝对存在"，这就等于重新制造了关于民主的神话。二是有意混淆并颠倒了民主与社会主义的关系，误将社会主义视为民主规划的一部分，而事实上，民主应该是社会主义规划的一部分。

二、激进民主理论的四个方面

在布达佩斯学派看来，无论资本主义社会还是现实存在的社会主义社会都没有实现个体需要的丰富性，都将权力分层置于社会决策之上，从而阻碍了个体的自由发展以及平等自治目标的实现。在资本主义社会，由于财产分配不均，人们在社会中处于"普遍的不平等"状态，苏联社会主义社会则正好相反，尽管平等在一定程度上得到了保证，但由于仍然是一个"对需要专政"的社会，个体自由实际上是完全缺失的。正如费赫尔和赫勒指出的，"首先且最重要的因素是，尽管普通西方市民的生活受不稳定性支配，苏联

① [美]查特尔·墨菲：《政治的回归》，王恒、臧佩洪译，臧佩洪审校，江苏人民出版社2001年版，第103页。

② [美]安娜·玛丽·史密斯：《拉克劳与墨菲：激进民主想象》，付琼译，江苏人民出版社2011年版，第30页。

社会主体的生活则受一种自由的总体性缺失支配”①。激进民主社会则不同，它要求在社会决策权上实现人人平等，实现社会决策的民主化，让个体拥有平等的能力和机会发展他(她)的需要。因此，对于左派来说，激进民主就成为既不同于苏联社会主义也不同于西方资本主义且通向进步社会变革的最佳路径。那么，激进民主社会到底是什么性质的社会呢？这个问题比较复杂。布达佩斯学派认为传统马克思主义判定社会主义的标准有两个，一是平等决策，二是对资本主义的否定，但实际上这两个标准又是相互冲突的，以苏联为例，按照第一个标准，它显然不是社会主义，按照第二个标准，它显然又是社会主义。激进民主社会也是如此，如果按照第一个标准，它是社会主义，但按照第二个标准，它又不是社会主义。布达佩斯学派认为问题出在第二个标准上，由于这一标准暗含与资本主义的彻底决裂，因此它必然忽视资本主义社会的一切积极成果。布达佩斯学派的意思很明显，那就是人们绝不应将社会主义视为资本主义的反面，具体说来，实现社会的人道化是两者的共通之处。在这个意义上，他们主张社会主义与资本主义握手言和。按照这一逻辑，形式民主向激进民主的转变就应该是一种连续性与非连续性、激进主义与改良主义的统一，其非连续性(激进主义)的方面在于，激进民主在资本主义生产关系内部实现了权力的再分配和社会决策过程的民主化，即废除了资本主义生产关系中的不平等因素；而连续性(改良主义)的方面则在于，激进民主仍然建立在资本主义形式民主基础之上，因而不是对资产阶级社会的全盘否定。在另一些地方，布达佩斯学派干脆称激进民主社会是一种非资本主义的资产阶级社会。所谓非资本主义，指的是激进民主废除了资本主义社会不平等的财产关系，所谓资产阶级社会，指的是它保留了市民社会，尤其是保留了自由和民主的价值向度。布达佩斯学派模糊社会主义与资本主义根本界限的做法我们是不能认同的，他们意欲以激进民主取代社会主义的做法也毫无值得称道之处，与社会主义概念所具有的丰富的社会历史性相比，激进民主过多地强调了抽象统一性，因而在政治实践中必然是

① Ferenc Feher and Agnes Heller: *Eastern Left*, *Western Left*: *Totalitarianism*, *Freedom and Democracy*, Cambridge: Polity Press, 1987, p.169.

苍白无力的。

布朗(Douglas M. Brown)曾在《走向激进民主:布达佩斯学派的政治经济学》一书中将布达佩斯学派的激进民主理论概括为四个方面:"形式民主的完成;私有财产的积极扬弃;自我管理;对所有需要的平等认同。"①下面我们做些具体的分析。第一个方面前文已有论述,这里不再赘言,只需强调一点,那就是布达佩斯学派的这种观点恰好暗合了拉米斯(C. Douglas Lummis)在《激进民主》中的论述,正如后者所言,"'激进的'是一个修饰语,但是并不'修饰',准确地说,而是强化。激进民主意味着本质、要素形式的民主,根本民主,确切地说就是民主本身"②。按照拉米斯的理解,形式民主是需要"强化"的对象,而激进民主作为形式民主的完成正是"强化"后的真正的民主,两者之间是一种扬弃和实现的关系。激进民主的第二个方面是私有财产的积极扬弃。一般说来,激进民主总是反对资本主义政治体制和意识形态,向往一种替代性的社会主义民主理念。前面我们曾提到,布达佩斯学派认为激进民主社会是一种非资本主义的资产阶级社会,"非资本主义"指的就是扬弃私有财产,因为在他们看来,资本主义的财产私有制是一种牺牲多数人利益以满足少数人利益的财产分配体制,这种不平等的分配体制若不废除,激进民主就不可能实现。但要注意的是,布达佩斯学派在扬弃私有财产这个问题上与马克思主义的立场是不同的,他们反复强调,私有财产的积极扬弃并不是要彻底消灭私有财产,恰恰相反,它首先要承认人们对财产的所有权,但同时,又通过民主化进程消除所有权在资本主义社会中的"独占特性",而要做到这一点,就必须实现占有权与所有权的分离。笔者认为,在扬弃私有财产这个问题上,布达佩斯学派偏离了马克思主义的正确轨道,这主要表现在,他们通过强调社会决策权的平等化和民主化而淡化了财产不平等,即颠倒了财产权和决策权之间的关系。关于这一点,瓦伊达说得非常明白:

如果我认为在既定条件下每一社会的目标和理想就是

---

① Douglas M. Brown, *Towards A Radical Democracy: The Political Economy of the Budapest School*, London: Unwin Hyman, 1988, p. 134.

② [美]道格拉斯·拉米斯:《激进民主》,刘元琪译,中国人民大学出版社2008年版,第15页。

> 实现民主的最大化，那么，这并不意味着生产关系的民主化（如严格意义上的财产的民主化）对我来说不再重要。在一般意义上，社会主义不再是这样一种情况，即优于甚或等于民主问题。社会主义的问题是民主的一部分。剥夺者被剥夺本身并不是目标，截止到现在，直接的生产者在生产过程中的决策机会还很少，更不用说在整个社会决策过程中有什么机会了。我坚信，更多的社会主义只有通过更多的民主才能实现，财产不过是决策的一个领域。①

更进一步，瓦伊达指责马克思严重忽略了民主决策机制的复杂性，想当然地将政治民主视为社会成员在政治和司法上的平等，并认为这一切通过财产平等便可以充分实现出来。而在他看来，"民主的本质不仅仅是孤立的个体在政治和司法上的平等，而是作为整体的社会决策的总体复合。通过其组织架构，使得每一个个体能够表达和维护自己的利益"②。笔者认为，布达佩斯学派的问题在于，为了反对传统马克思主义的经济决定论而将政治权力与经济权力彻底割裂开来，结果忽略了资本必然要侵入政治过程从而侵蚀政治民主这一基本事实。

那么，如何才能实现占有权和所有权的分离呢？这就牵涉到激进民主的第三个方面——自我管理。简单说来，自我管理就是在工人中实行一种集体所有权的联合生产，这种生产要求在决策时不必过分考虑资本的因素，而只关注是否有利于实现工人的自我发展。在这个意义上，布达佩斯学派有时将激进民主社会称为"自我管理的社会"（self-managed society）。总之，自我管理的社会主要基于这样一种考虑，即必须保证现代社会的个体在决策过程中拥有平等的话语权和自治权，可以自由地实现自身发展的各类需要。布达佩斯学派关于自我管理的思想主要来自卡斯托里亚迪斯，在结束对东欧社会官僚制的一阵狂轰滥炸后，卡斯托里亚迪斯正面阐述了工人自我管理的理论。他反复强调，必须反对任何形式的将工人阶级的意愿和活动与一个脱离工人阶级的党派或者运动强行捏合在一起的企图，工人阶级是不能被代表的，任何代表都

① Mihaly Vajda, *The State and Socialism*, London: Allison & Busby, 1981, p.10.

② Mihaly Vajda, *The State and Socialism*, London: Allison & Busby, 1981, p.9.

是非法的，因为它总是屈从于某些具体的利益。解放必须是自我解放，管理必须是自我管理。必须指出，布达佩斯学派在继承卡斯托里亚迪斯工人自我管理思想的同时，对后者过分倚重直接民主的做法提出了质疑，但这不影响大局，因为无论是直接民主还是代议制民主，都不是最终合理的政治形式，两者都将被激进民主所取代。当然，在主客观条件尚不成熟的时候便轻言放弃党的领导，这并不是明智之举，也不符合马克思主义关于无产阶级专政的基本思想，自我管理的实现绝非一蹴而就之事，毋宁说它是一个在途中的"过程"。激进民主的第四个方面是对需要的平等认同。前面曾提到，布达佩斯学派认为一切激进需要(除将他人视为手段的需要外)都应该得到承认。然而，资本主义社会是一个以利润为导向的社会，在这种情况下，那些不能产生利润的需要往往被忽略，而要实现真正的平等自治和工人的自我管理，就必须承认个体需要的丰富性和合理性。那么，如何才能实现不同主体的多元需要呢？布达佩斯学派再次求助于社会决策过程的民主化，这次，他们搬出了哈贝马斯，认为只要创建一个公共讨论的空间，在这个空间内诉诸哲学理性的审视，便能阐明、优化并实现这些需要。另外，在激进需要实现的问题上，布达佩斯学派不同意马克思主义关于未来共产主义社会物质财富绝对丰裕的设想。从个体需要的无限性与资源的有限性出发，他们提出相对丰裕的概念，主张运用伦理原则和外部权威来调整不同个体需要的矛盾，依照这一理念，强调共识并接受共同伦理价值原则的引导就成为激进需要实现的关键。总之，激进民主的这四个方面是紧密相连的，它们均围绕社会决策民主化这一核心展开。具体说来，形式民主的完成为社会决策的民主化提供了政治保障；私有财产的积极扬弃为社会决策的民主化进一步扫清了障碍；自我管理为社会决策民主化提供了某种制度保证；对需要的平等认同为社会决策民主化提供了理论支撑。

布达佩斯学派激进民主理论的提出有其深刻的现实批判性和指向性。在他们看来，"激进"与"民主"的联姻由于同时实现了平等与自由，因而是一条通往进步社会的最佳路径。更重要的是，激进民主还可以消除一切依附和统领关系，真正实现人类社会的人道化，使"地球变成所有人的真正家园"。布达佩斯学派的激进民主理论并非尽善尽美，诚然，新的政治制度必须超越工业资本主义和现存社会主义(苏联)民主的局限性,但这绝非意味着只有激进民主这一条路可走,激进民主理论最大的问题就在于忽略了统治阶级的力量,忽略了在资本主义社会中没有哪个集团、运动或者力量能够同工会工人一样向现存的权力与特权组织发起有效和强大的挑战。另一方面,布达佩斯学派的激进民主理论并没有为当前的社会转变提供详细的说明,他们的模式是高度概括的,市场的保护性反应虽然可以使得资本主义社会免受市场自由主义的迫害,却不能自动实现社会决策的民主化。布达佩斯学派只是在理论上阐明了激进民主的必要性,却没有给出具体的方案。正如伍德(Ellen Meiksins Wood)批判的,"后马克思主义关于'激进民主'的概念,本意是试图替换传统的社会主义设想,现在却不得不用非常模糊的措辞去加以界定,以服务于没有共同基础的'不同'的解放目标"①。马克思和恩格斯曾这样批判"真正的"社会主义者:"他们始终一贯地把各个具体的一定的个人间的关系变为'人'的关系……因而他们就离开实在的历史基础而转到思想基础上去……因为它所关心的既然已经不是实在的人而是'人',所以它就丧失了一切革命热情,它就不是宣扬革命热情,而是宣扬对于人们的普遍的爱了。"②该批判同样也适用于布达佩斯学派。

最后,对比一下布达佩斯学派与他们的精神导师卢卡奇的民主理论是非常有趣的。1968年,身患绝症的卢卡奇突然中断《关于社会存在的本体论》一书的写作,用八个月时间写下了《民主化的进程》。是什么让这位孤绝心灵的老人改变了原有的写作规划呢?是西方资本主义社会令人窒息的文化氛围让他看到了社会主义革命胜利的曙光?还是苏共"二十大"让他认清了斯大林主义的本质?答案已不再重要,我们只需知道,他写下了这部著作,一部在马克思主义发展史上罕有的关于民主理论的著作。③ 关于社会主义民主,卢卡奇的基本观点是:第一,认为这种民主形式是全新的,

---

① [加]艾伦·伍德:《新社会主义》,尚庆飞译,江苏人民出版社2002年版,"再版导言"第2页。

② 《马克思恩格斯全集》第3卷,人民出版社1960年版,第536~537页。

③ 《民主化的进程》具体的写作时间是1968年3月到11月,其间发生了两件大事,一是西方资本主义世界爆发了"五月风暴",二是苏军入侵捷克,引发了"布拉格之春"。这两件大事进一步印证了卢卡奇书中关于民主的基本判断。

与资本主义民主有本质区别,“社会主义民主并不仅仅是资产阶级民主的延伸。恰恰相反,社会主义民主是资产阶级民主的直接对立物”①。第二,认为社会主义民主是人类存在的整体,且从分布范围上看,必须包括从日常生活到社会生活的全部领域,“不管物质生产有没有发展到一个高水平,除非人类的日常生活不但变成政治决策的场所而且成为社会存在的基础,否则都不可能出现共产主义社会”②。第三,社会主义民主的实现离不开生产力的发展,但并不能单纯源于生产领域,而是依赖于党从外部“灌输”进来。第四,社会主义的民主化是马克思主义复兴的关键,而马克思主义的复兴只有回到马克思主义的方法和理论上来才会出现。布达佩斯学派理论家的激进民主理论是在后马克思主义的总问题框架下提出的,这时他们已经移居西方资本主义世界,并正在亲身体验着资本主义形式民主的优越性,这就使得他们必然会反对卢卡奇的民主理论,而一旦离开了社会主义的终极目标,“复兴马克思主义”的事业也就不复存在了。

第三节　超越正义的理论构想

自柏拉图提出正义问题伊始,“正义”就成为政治哲学亘古恒新的主题,罗尔斯《正义论》一书的出版,更是将正义问题推向了风口浪尖。在这场关于正义问题的争论中,赫勒的正义理论无论如何应占有一席之地。在《超越正义》中,她不仅对正义概念进行了一番类型学解读,还提出了超越正义的构想。可惜的是,在这个过程中她不慎与马克思的正义理论擦肩而过,陷入了对马克思的严重误读。可见,对正义问题的探讨必须回归具体的社会历史现实。

一、对正义概念的类型学考察

与其他研究正义问题的学者不同,赫勒并不打算给正义下一个确定无疑的定义,在她看来,任何一种将概念凝固化的做法都是

① [匈]乔治·卢卡奇:《民主化的进程》,寇鸿顺译,佟德志校,广东人民出版社 2013 年版,第 138 页。

② [匈]乔治·卢卡奇:《民主化的进程》,寇鸿顺译,佟德志校,广东人民出版社 2013 年版,第 212 页。

不妥当的。她要做的是，通过考察几种正义的类型，阐明正义概念在现代性维度下的嬗变。在《马克思与正义》一文中，赫勒界划了三种正义概念：形式的正义概念[①]、伦理的正义概念以及政治的正义概念。形式的正义概念涵盖了所有类型正义的共同特性，其基本原则是："应用于特定社会群体的各种规范和规则能够连续不断地、持之以恒地适用于该社会群体内的每个成员。"[②]在形式的正义概念中，规范和规则总是被视为理所当然的，人们从不反思其合法性，这种正义概念有一个黄金法则，那就是，"我对你所做的就是希望你对我所做的"[③]。但是，黄金法则并非可以确当无疑地适用于一切时代、一切场合。赫勒清醒地意识到，"只有当人类的关系是对称性的，也就是说，只有在我们之间的相互交往是社会平等的，即使不是德行和优点方面的平等，黄金规则才可以为我们的所有行为指引方向"[④]。举例来说，在奴隶社会中，主人就不能期望奴隶将会同样地对待他自己，因为他们分属于不同的群体，面对的是不同的正义规范和规则。正是在这里，赫勒引入了"社会格局"的概念。在她看来，前现代社会是受不对称相互关系支配的，其社会格局可用一个金字塔加以阐明，金字塔的每一个层级分别代表着不同社会身份（等级）的人群，他们之间必定存在着相互关系，但这种相互关系是不对称的。现代社会则正好相反，它是受对称性关系支配的，尽管现代社会也存在不对称的相互关系，但这种关系却源于人们所行使的职能，而不是其身份和等级地位。也就是说，对于现代社会中的男男女女来说，不对称的相互关系并不是本质性的，"一个人可以改变自己的职能并爬到一个更高的社会阶层（阶级），

① 在赫勒那里，形式的正义概念与形式正义是不同的，形式正义通常是相对于实质正义而言的，它随着合法权威的理性化而出现，因此，形式正义是正义的一种形式。形式的正义概念则不同，它包含了所有类型正义（无论是形式正义还是实质正义）的共同特点，从本质上看，它并不是一种正义，而只是一个比"形式正义"概念具有更高层次抽象的概念。有时，为了强调正义规范和规则的永恒不变性，赫勒也将形式的正义概念称为静态的正义。

② ［匈］阿格妮丝·赫勒：《超越正义》，文长春译，陈家刚等校，黑龙江大学出版社2011年版，第5页。

③ ［匈］阿格妮丝·赫勒：《超越正义》，文长春译，陈家刚等校，黑龙江大学出版社2011年版，第21页。

④ ［匈］阿格妮丝·赫勒：《超越正义》，文长春译，陈家刚等校，黑龙江大学出版社2011年版，第22页。

或是跌落到一个更低的社会阶层(阶级)"[①]。就这样,现代社会在无所不包的对称性相互关系的网络框架内建构出了不对称的相互关系。

更进一步,赫勒区分了对称性互惠和非对称性互惠这两个概念。就互惠的本义而言,它指的是反对侵犯,建立兄弟般的睦邻关系,诚实、守信、感激和忠诚是其基本原则。赫勒反复强调,即使是在非对称的相互关系中,互惠也是必不可少的,简单地说,如果你拿走了一些东西,那么你也应该给予一些东西,这就是互惠的基本信条。至于对称性互惠,指的是这样一种情形:人们在参与讨论时,相互间的关系是对称性的,没有人拥有反对他人的权力,一切从属关系和上下级统治关系都被排除在外。显然,这是一种假想的伦理状态,赫勒自己也意识到了这一点,如她指出,"没有哪个社会能够离开对称性互惠,然而却很少有对称性互惠的社会"[②]。按照赫勒的这个思路往下走,我们便可以得出结论:资本家和工人之间可以发展出一种对称性的互惠关系,因为他们可以排除一切从属关系,平等地进行讨论。笔者认为,赫勒的互惠概念(无论是对称性的还是非对称性的)是建立在一种伦理价值悬设基础之上的,其基本出发点是一种虚假的应然状态,即将资本主义社会的剥削和压迫归于非对称的相互关系,进而又将这种关系视为非本质的、可以改变的,这就掩盖了剥削和压迫的阶级根源。

第二种正义概念是伦理的正义概念,这种正义概念的基础是,"好人应该幸福,因为他们值得幸福;坏人不应该幸福,因为他们不值得幸福"[③]。基于此,如果一个社会好人幸福而坏人不幸福,这个社会就是正义的。不难看出,伦理的正义概念侧重于"道德规范"的重要性。在这个意义上,赫勒经常用"正直"(righteousness)指称伦理的正义概念,并暗指一个最佳的可能的道德世界。

第三种正义概念是社会的正义概念,它是前两种正义概念的一种结合,正义的社会(好社会)就是一个最佳的可能的现实世界。

---

① [匈]阿格尼丝·赫勒:《现代性理论》,李瑞华译,商务印书馆2005年版,第88页。

② Agnes Heller, *A Philosophy of Morals*, Oxford: Basil Blackwell, 1990, p. 53.

③ [匈]阿格妮丝·赫勒:《超越正义》,文长春译,陈家刚等校,黑龙江大学出版社2011年版,第49页。

赫勒认为，对于任何形式的正义来说，形式的正义概念始终是必不可少的，但这并不意味着这种正义概念不会遇到悖论。根据形式的正义概念，构建社会群体的规范和规则必须持续地、始终如一地适用于群体的每一个成员，因此它应该适用于整个人类。然而，在现实社会中，人们通常又分属于性质迥异的文化，每种文化都有自己的规范和规则。在这种情况下，文化相对主义和形式的正义概念之间必然存在一条不可逾越的鸿沟。

随着现代性（现代社会）的到来，形式的正义概念静态化的弊病越发明显，动态正义的概念便出现了。所谓动态正义，简单说来，指的就是某一群体对正义规范和原则的质疑，当一种理所当然的正义规范和原则被视为不正义时，静态正义也就变成了动态正义。赫勒认为，动态正义的原则源于自由和生命这两种普遍价值。然而，问题在于，自由作为终极原理和现代性的"始因"，本身就意味着一切都没有基础，意味着"每一项政治行为都以自己为根据，每一种生活都以自己为基础，每一种哲学都是自我奠基的"[①]。如此一来，现代人便处于自由的悖论之中，一方面，人们的一切活动都建立在自由这个普遍价值观念之上，另一方面，自由这个普遍的价值观念使人们的一切活动丧失了基础，变得无效。颇具反讽意味的是，当动态正义被视为理所当然的事实时，它本身就转化成了静态正义，关于这一点赫勒有比较清醒的认识，"正义越趋向于动态，并且动态正义越被视为理所应当的，正义就会越迅速地转变为不正义"[②]。可见，动态正义虽然能够不断质疑正义的规范和原则，对现存的社会制度提出挑战，却不能避免悖论的产生，更不可能超越正义。

在赫勒看来，正义概念之所以会陷入悖论，主要是因为人们总是试图提出一种完备的正义概念。什么是完备的正义概念呢？简单说来，这种正义概念拥有一个宏大的计划，它总是基于资源的丰富和人性的完善，旨在设计一种"最佳的"生活方式，实现完全正义的社会。从后现代主义的立场出发，赫勒力荐一种"不完备的伦理

---

① ［匈］阿格尼丝·赫勒：《现代性理论》，李瑞华译，商务印书馆 2005 年版，第 27 页。

② ［匈］阿格妮丝·赫勒：《超越正义》，文长春译，陈家刚等校，黑龙江大学出版社 2011 年版，第 235 页。

政治的正义概念”。这种正义概念旨在为不同的生活方式建构一个共同的规范化基础，它既非用一种“理想”模式来塑造生活方式，也不试图将单一的内在道德规范（伦理）赋予这个理想模式之上，它假设同时并存的不同生活方式之间能够通过对称性互惠的纽带联结在一起。[①] 在赫勒看来，这种伦理政治的正义概念之所以是不完备的，并不是因为它没有提出一种关于我们最佳生活方式的设想，而是因为我们清醒地意识到这种生活方式是不存在的。无论资源的丰富抑或人性的完善，都不能为一种美好生活提供保证。显然，赫勒在这里并没有直面文化相对主义提出的诘难，她所倚重的仍是对称性互惠这一概念，所不同的是，完备的正义概念被换成了不完备的正义概念，关于正义的悖论仍然没有解决。

以上是赫勒对正义概念的基本理解，从这些见解出发，她对马克思的正义理论提出了批判性的质疑，下面我们来做具体的分析。

二、对马克思正义理论的误读

在赫勒眼里，马克思无疑是一个标准的现代性理论家，正是他从本质主义出发为现代人构建了一套极度乐观主义的宏大叙事：技术是积极的救赎力量，生产力是人类社会的“始因”，自由是绝对的，人类历史可以得而无失，共产主义是一个完美无瑕的世界，等等。站在后现代主义的立场上，赫勒在阐发自己的正义理论时也对马克思的正义理论展开了批判，其基本要点可归纳为以下四个方面：第一，马克思过于倚重社会政治的正义概念，忽略了伦理的正义概念；第二，马克思的正义理论根植于“绝对自由”这一错误假设；第三，马克思将形式的正义概念视为唯一合乎情理的正义概念；第四，马克思的正义理论本质上是一种“苦难的神正论”。

（一）伦理的正义概念的缺失？

赫勒在《超越正义》中说道：

> 社会政治已日益丧失其伦理基础，社会政治的探究主要成了经济科学，在其中，“看不见的手”居于最高统治地位。……从道德至善（或自然至善）的“应当”和“应该”中解

① ［匈］阿格妮丝·赫勒：《超越正义》，文长春译，陈家刚等校，黑龙江大学出版社2011年版，第233页。译文略有改动。

放出来,社会探究已经成为"实证的"科学。同时,伦理政治的正义概念的伦理成分也已经抛弃了评估现实可能性的陈旧任务,抛弃了从"实然"之中谋求"应然"从而思索一个良好社会秩序之真实特征的职责。①

在这里,赫勒无非是要表明这样一种立场:马克思在转向政治经济学研究后,便遗忘了早期的人道主义关怀,其理论也相应地堕落为一种实证科学,表现在正义理论上,便是一种伦理政治正义概念的缺失。显然,事实并非如此。马克思的世界观曾经历一个由唯心主义到唯物主义、革命民主主义到共产主义的转变,与之对应,他的正义理论也有一个类似的转变。1845 年之前,马克思主要持一种革命民主主义的正义观,其正义理论以黑格尔式的法哲学论证和政治哲学思辨的形式呈现出来。从本质上看,这种正义观无疑是建立在伦理价值悬设基础之上的,赫勒所谓"没有伦理基础"的情况并不存在。1845 年之后,马克思创立了科学的唯物史观,其正义理论也相应地发生了格式塔式的转变。马克思此时意识到,研究正义问题绝不能仅限于道德领域,而必须转向物质生产领域,正义绝不是引导人类社会前进的超验原则,而是社会和历史发展的产物。因此,面对社会中的不正义现象,仅仅诉诸道德情感是不够的,还必须分析其根源,用行动消除其存在的社会基础,而要做到这一点,就必须诉诸政治经济学的实证研究,分析资本主义市场规律这只"看不见的手"。如果我们没有分析错的话,赫勒力图批判的正是马克思转向唯物史观后的这种科学的正义理论。非常可惜的是,她并没有理解马克思正义观变革的实质和意义。

另外,真的如赫勒所言,马克思遗忘了"思索良好社会秩序之真实特征"这一职责了吗? 答案显然是否定的。马克思在道德问题上的确存在着"矛盾"的态度:一方面,他宣称要对社会进行科学的考察,目的在于理解社会,分析社会经济运行的规律,而不是单纯从道德的角度去评判社会,也不是为社会应该如何来提供一个理想的观念。在这个意义上,我们说马克思拒绝将自己的理论诉诸任何道德原则。另一方面,马克思并没有将自己局限于描述和

① [匈]阿格妮丝·赫勒:《超越正义》,文长春译,陈家刚等校,黑龙江大学出版社 2011 年版,第 111 页。

解释资本主义社会，也没有将自己局限于预测其未来进程，而是倡导社会主义、谴责资本主义，他的著作中充满了道德评述。就此而论，马克思不愧是一个坚持自己道德信念的人道主义者。马克思从来不把道德评价和事实阐述视为水火不容的两极，而总是试图将价值取向和对资本主义的道德评价建立在社会理论的科学分析基础之上。关于这一点，正如英国学者塞耶斯（Sean Sayers）的理解：

> 一方面，马克思主义宣称建立了一种历史的理论，这种历史理论的主要目的是要理解社会的发展，而不是要对社会发展进行道德方面的评判。但是，另一方面，正如我所表明的，马克思主义包含了对资本主义的一种人道主义批评。这种对资本主义人道主义的批评是以一种自我实现的道德理想作为基础的。①

（二）关于马克思的自由理论

在对马克思的自由理论的理解上，赫勒存在两点误读。首先，她认为自由是马克思理论的出发点，这并不正确。诚然，马克思的确将追求人类解放和自由作为自己终身事业，但这并不等于说自由就是马克思理论的前提。在创立了科学的唯物史观后，马克思越发意识到，自由作为一种社会历史现象，只有将它置于一定的社会关系，并结合人们的现实生活过程才能被充分地阐释，任何抽象谈论自由的做法只能是资产阶级的意识形态。有鉴于此，马克思和恩格斯在《德意志意识形态》中将物质生产确立为自己新世界观的出发点，他们相信，只有批判和扬弃资产阶级私有制的现实历史进程，自由才可能真实地呈现在人们面前。

其次，赫勒认为，马克思奉行着一种绝对自由的观念，这一点也不正确。按照赫勒对自由的理解，自由绝不能用数量范畴来衡量，在这个意义上，自由是没有复数的、绝对的，它要么存在，要么不存在，绝不可能或多或少地存在。由此见解出发，赫勒否认人类对必然的认识可以带来自由，否认政治解放可以带来自由。在她看来，马克思的自由概念可以归为以下三个要点：第一，自由在性

① ［英］肖恩·塞耶斯：《马克思主义与人性》，冯颜利译，东方出版社 2008 年版，第 11 页。

质上是排他的、绝对的；第二，自由是关于个体的；第三，自由排斥一切必然与限制。[1] 关于最后一点，赫勒甚至理直气壮地说：

尽管“自由是对必然的认识”这句话广为流传，但自由并不是“对必然的认识”。正是恩格斯而不是马克思，把黑格尔的自由范畴引入了马克思主义的传统。如果必然被认识的话，那么历史环境限制下的自主行动就是成功的。但我们知道，自主行动还不是自由的行动，它还不是自由人的行动。[2]

为了证明自己的观点，赫勒特意转引了一段马克思在《博士论文》中关于自由的论述。问题恰恰出在这里。马克思在《博士论文》中坚持的是一种唯心主义的自由观，1845 年转向科学的唯物史观后，他便放弃了这种唯心主义的自由理论并开始逐渐意识到自由总是相对的、有条件的，即事情原来是这样的：“人们每次都不是在他们关于人的理想所决定和所容许的范围之内，而是在现有的生产力所决定和所容许的范围之内取得自由的。”[3]马克思还意识到，社会限制尽管在某种程度上制约了人类自由的发展，却是人类真正自由和社会发展必不可少的前提条件。正因为如此，他才将资本主义社会视为真正的自由得以实现的前提，并且指出，只有废除资本主义生产资料私有制，才能实现真正的人类自由。至于共产主义社会，也绝不是什么“绝对自由”的社会，因为必要的权威和约束总是存在的，正如恩格斯在《论权威》中批判的：“把权威原则说成是绝对坏的东西，而把自治原则说成是绝对好的东西，这是荒谬的。权威与自治是相对的东西，它们的应用范围是随着社会发展阶段的不同而改变的。”[4]

笔者认为，赫勒的问题恰恰在于，她一方面将绝对自由视为马克思理论的出发点，另一方面又堵塞了现实世界通往自由的道路。既然在“地上之城”无法实现自由，那么就只能遁入道德领域寻觅自由的踪迹了。为了以示区别，赫勒将那种以道德原则为前提的

---

① Agnes Heller, “Marx and the ‘Liberation of Humankind’”, *Philosophy Social Criticism*, 1982, (9), p. 360.

② Agnes Heller, “Marx and the ‘Liberation of Humankind’”, *Philosophy Social Criticism*, 1982, (9), pp. 359-360.

③ 《马克思恩格斯全集》第 3 卷，人民出版社 1960 年版，第 507 页。

④ 《马克思恩格斯文集》第 3 卷，人民出版社 2009 年版，第 337 页。

自由称为民主的自由,并坚持认为,当且仅当道德权威(原则)日益普遍化,人们逐渐意识到道德权威(原则)的有效性范围时,自由才是可能的。她甚至信誓旦旦地说,“如果不承认任何道德的(或伦理的)权威,那么马克思乌托邦的整座大厦就会坍塌”①。按照这种理解框架,自由就变成了民主的普遍化和激进化。与此同时,人类解放也不再意味着瞬间的暴力革命,而是代表着一种争取平等决策权的漫长过程。必须承认,赫勒在这里反复强调民主之于自由的重要性,确有一定道理,她反对的正是斯大林主义极权政治(国家)对自由的戕害,但我们也应看到,赫勒已经离开了马克思反复强调的物质生产领域,她的自由概念是建立在抽象的道德说教基础之上的,这就注定了她的理论只能是一种乌托邦幻想。

(三)关于马克思对正义概念的理解

尽管马克思直接论述正义的著作并不多见,但他却留下了大量对自由、公平、平等概念的思考,这些完全可以作为我们分析其正义理论的参照。总体上看,马克思对正义是持批判态度的,他强烈反对脱离历史和现实抽象地谈论正义,尤其反对将正义原则作为人类社会发展和历史进步指示器的做法,一般情况下,他总是在社会发展基本规律的基础上谈论正义。由此可见,形式的正义概念在马克思思想中的确占有一席之地,这一点赫勒并没有说错。但需要补充的是,马克思是在否定的意义上谈论正义概念的,他从未将形式的正义概念视为“唯一合乎情理的”。

令人匪夷所思的是,赫勒竟然认为“包括资本主义社会在内一切社会都是正义的”这种观点,乃是马克思正义理论的必然推论。难道说,一个以批判资本主义为终生己任的无产阶级革命导师,竟然会认为资本主义社会是正义的?赫勒在这里显然是将事实判断和价值判断混为一谈了。其实,马克思对待资本主义的态度是辩证的:一方面,他承认,较之于封建社会的专制主义制度而言,资本主义在扩大劳动人民政治参与意识、维持公平和效率、拓展社会关系、增进民主自由等方面发挥了重要作用,尤其是为未来的共产主义社会做好了必要的准备,在这个意义上,他认为资本主义社会是

① Agnes Heller, “Marx and the ‘Liberation of Humankind’”, *Philosophy Social Criticism*, 1982, (9), p.365.

一个在形式上更为正义的社会;另一方面,他又认为,仅仅谈论正义的形式是远远不够的,因为正义背后还存在着生产资料所有制、阶级压迫、历史现实等重要问题,因此,但凡强调资本主义社会形式正义的主张,均是一种维护资产阶级统治的意识形态。可见,马克思对形式的正义概念有一种双重判断:一方面是基于资本主义社会现实逻辑的事实判断,另一方面是基于人道主义伦理悬设的价值判断,两者紧密相连,不可混同。可以确定的一点是,马克思把正义视为一种社会历史现象和意识形态形式,其主要目的是分析和理解道德观念的社会价值,而非简单地去批判和解构它们,马克思主义不可能建立在普遍的道德原则或道德价值基础之上。

另外,现存的秩序(资本主义社会)本身就是一个矛盾的统一体,既包含着支持和维护它的力量,也包含着反对和否定它的力量,因此,根本没有必要为批判和否定的思想寻求一个"超验"的基础,也没有必要在现存秩序之外寻找一个绝对的道德标准。总之,马克思在正义问题上的基本观点是:资本主义社会的正义具有相互矛盾的作用(影响),它既有消极方面也有积极方面,工业的发展最终将会导致这种形式的正义概念失去意义并走向消亡。

(四)对马克思正义理论的总体性质的判断

按照赫勒的理解,伦理的正义概念落脚于正直的人,而由于马克思遗忘了伦理的正义概念,因此,正直的人自然在他的视野之外。于是乎,在马克思那里出现了一个严重的后果,那就是,历史主体只能是正在遭受苦难的人,而不是践行正义的正直的人。具体说来,因为无产阶级在资本主义社会遭受的苦难最多,因此,只有无产阶级才能成为历史的主体。在赫勒看来,马克思的这种正义理论与康德主义的"伦理国家"同样植根于宗教传统,正是在这个意义上,她谑称其为"苦难的神正论"。笔者认为,赫勒在这里根本没弄清问题的实质。马克思之所以选取无产阶级作为历史和革命的主体,并不是因为他们受到的苦难最多,诚如伊格尔顿所言,"马克思对工人阶级的兴趣,不会因为工人们已经拥有了室内浴室和彩色电视机而中止。工人阶级最具决定性意义的一面在于,他们在资本主义生产模式中所处的位置”①。伊格尔顿虽未言明这个“位置”是什么，但我们都知道它指的是无产阶级在生产关系中受剥削、受压迫的地位，正是这一点决定了无产阶级能够充分意识到自己的历史使命，并能够为自由解放而奋斗。

三、超越正义何以可能

无论是对正义概念的谱系学梳理，还是对马克思正义理论的批判性质疑，都不是赫勒最终的目的。如果用一句话来概括赫勒正义理论的核心要旨，那就是：超越正义，回归多元的良善生活。必须指出，在赫勒那里，超越正义的社会和超越正义是两个完全不同的概念，前者指的是这样一种社会，在那里，没有任何正义的观念可以适用，而按照赫勒的理解，这种社会既是不可能的，也是不可欲的，在比附的意义上，她认为马克思为我们描述的绝对自由的社会（共产主义）就是一个超越正义的社会。为什么超越正义的社会是不可能且不可欲的呢？赫勒的推演逻辑如下：既然超越正义的社会不存在任何正义的概念，那么形式的正义概念必定不适用于该社会，而按照形式的正义概念的定义，只有当所有的规范和规则被取消时，形式的正义概念才能失去效力。然而，如果没有了规范和规则，也就相当于没有了制度、共同体、人际关系和人类存在，因为“一个没有任何规范和规则的社会仅仅存在于想象中”②。不难想象，从这样一种立场出发，赫勒一定会拒斥马克思关于共产主义社会的构想，在她眼里，一种纯粹合理的、透明的、绝对自由的社会（共产主义）是不可能实现的，因为这种社会拒斥了正义的规范和规则，而离开了正义的规范和规则，人类将无法存在。

赫勒虽然否定了超越正义的社会的可能性，却又禁不住诱惑，试图另觅一条超越正义的道路，这就是回归到一种良善生活。③ 在赫勒眼里，良善生活包括三个要素：“第一，正直；第二，从天赋到才

① ［英］特里·伊格尔顿：《马克思为什么是对的》，李杨、任文科、郑义译，新星出版社2011年版，第167～168页。

② ［匈］阿格妮丝·赫勒：《超越正义》，文长春译，陈家刚等校，黑龙江大学出版社2011年版，第237页。

③ 若从后马克思主义的立场看，赫勒的这种观点并不矛盾，因为强调“社会的不可能性”恰好是后马克思主义的核心要旨。需要说明的是，赫勒的确在20世纪70年代转向了后马克思主义。

能的发展及才能的运用;第三,个人联系的情感深度。”[①]尽管这三个要素都超越了正义,但却离不开正义,关于正义和良善生活的关系,赫勒打了一个比方,“正义是骨骼,良善生活是血和肉”[②]。可见,正义程序乃是良善生活实现的必要(非充分)条件。那么,除了正义程序这个必要条件外,实现良善生活还需要什么条件呢?赫勒认为,应该是良善生活的主体——好人。好人真的存在吗?赫勒似乎对此确信不疑。在她看来,好人的存在是一切道德哲学的基础,她的“道德哲学三部曲”就是围绕“好人存在,但好人何以可能存在”这一问题展开论述的。那么,好人的标准又是什么呢?赫勒认为,是一种对当下现实负责的意识:“一个负责的人就是要管事(担负责任)。但是你不可能照管一个未知且不可知的未来。一个人要对现在(现在的未来和现在的过去)负责。大致上,这意味着一个人要照管他的同时代人,要照管他的共在(Togetherness)。”[③]不难看出,赫勒的这种观点来自康德和列维纳斯(Emmanuel Lévinas),前者认为,人们必须向道德法则即我们内心的人性负责,后者则强调,人们必须向看着我、面对我的他者负责。当然,赫勒的这种责任意识更多地来自她独有的人生经历,即大屠杀经历。必须承认,在当代人类行为缺乏道德自觉的前提下,赫勒的这种观点是有积极意义的。但人们不禁会问,个体的道德、潜能和情感一旦离开了特定的社会环境和历史条件,真的还能得到发展并规制人们的行为吗?

那么,超越正义何以可能?其实,马克思已经为我们提供了答案。他坚信,人类绝不会永远在正义和不正义无休止争斗的夹缝中生存,未来的共产主义社会就是一个超越正义的社会。必须指出,马克思超越正义的设想包括两层含义:首先,超越正义意味着正义的消亡,即作为一种历史观念,正义将随着经济基础的变更最终退出历史舞台。正如恩格斯指出的:

---

① [匈]阿格妮丝·赫勒:《超越正义》,文长春译,陈家刚等校,黑龙江大学出版社2011年版,第285页。

② [匈]阿格妮丝·赫勒:《超越正义》,文长春译,陈家刚等校,黑龙江大学出版社2011年版,第285页。

③ [匈]阿格尼丝·赫勒:《现代性理论》,李瑞华译,商务印书馆2005年版,第21页。

> 如果想把平等＝正义当成是最高的原则和最终的真理，那是荒唐的。平等仅仅存在于同不平等的对立中，正义仅仅存在于同非正义的对立中，因此，它们还摆脱不了同以往旧历史的对立，就是说摆脱不了旧社会本身。这就已经使得它们不能成为永恒的正义和真理。①

其次，超越正义意味着深入到正义概念的背后，探究正义问题背后的物质生产根源，探索各种正义问题的经济社会动因。正是这一点，使马克思超越正义的设想摆脱了一切抽象的空想成分，与蒲鲁东、拉萨尔、杜林以及赫勒分道扬镳。这也充分表明，只有以马克思主义的科学方法为指导，将正义问题回归具体的历史现实，才能得出正确的结论。

第四节　在规则伦理学与美德伦理学之间

自安斯库姆（G. E. M. Anscombe）的《现代道德哲学》和麦金太尔（Alasdair Macintyre）的《追寻美德》问世以来，规则伦理学似乎日渐式微，美德伦理学大有复兴之势。规则伦理学以规则为中心，将道德建立在刚性的普适价值之上，从抽象的人性假设出发，强调义务的绝对性；美德伦理学则从人类道德生活的复杂性和多样性出发，强调人类的生存目的是过一种“好生活”（good life），主张个体凭借实践智慧在具体境遇中做一个“好人”。规则伦理学沿着启蒙主义的路向，让人们臣服于生硬的伦理规则，难免遭人诟病；美德伦理学由于片面拒斥启蒙规划和伦理规则，使自己失去了根基和可操作性，常常落下道德相对主义的骂名。要想摆脱这一困境，必须走“接合”之路。赫勒对此做了较为深入的探讨，具有一定的启发意义。

一、作为基本哲学预设的“人类条件”概念

赫勒是一位享有盛名且著述颇丰的理论家，自从“开始踏上哲学征程以来，伦理学就一直是她关注的中心”②。在一次采访中她

---

① 《马克思恩格斯全集》第20卷，人民出版社1971年版，第670页。

② John Grumley, *Agnes Heller: A Moralist in the Vortex of History*, London: Pluto Press, 2005, p. 177.

提到:“大屠杀的经历与我在极权主义政权下的经历是一致的。这使我在心灵探索和社会研究中浮现出相近的疑问:这一切是怎样发生的?人们何以如此行事?于是,我不得不探寻所有的道德问题,善恶的本性是什么?在罪恶面前我能做什么?怎样才能弄清楚道德和邪恶的来源?”①强调多元的文化生活,反对匿名权力对个体价值的精神控制,诉诸一种多样性的个性道德生活,这是美德伦理学的根本原则,而眷恋启蒙精神,强调伦理规范(规则)和普遍价值的重要性,这是规则伦理学的基本宗旨。东欧理论家特殊的历史文化境遇决定了其道德理论必定会游离于规则伦理学和美德伦理学之间。

赫勒认为道德哲学必须回答两个问题:“第一,必须提出一种关于善恶的理论,或者至少说明正直或善良的本体论条件及其可能性;另外,道德哲学还必须对如何成为一个好人并接近道德目标的中心提供建议。”②一句话,“好人存在,好人何以可能存在”③是赫勒道德理论的中心论题。同麦金太尔一样,赫勒反对规则伦理学将道德建基于抽象人性的做法,在她看来,人在本质上是一种社会存在物,人的本性是开放的、无限建构的,绝不会沿着单一的方向发展,人性不是“从内部显露出来的东西”,而是“在内部注入的东西”④。为了摆脱对人性的抽象探讨,同时为伦理学提供坚实的人学基础,赫勒提出了“人类条件”(human condition)概念,泛指人类生活最低条件的一切东西,“包含着所有活着的人必须共享、逝去的人曾经共享、未出生的人必将共享的一切事情”⑤。一旦人类条件的某个方面缺失,人类社会将会终结。具体说来,“人类条件”包含三层含义:第一,作为一种代替本能规则的社会规则;第二,在历史裂缝的条件下,作为一种决定和自我决定的历史性;第三,作

---

① 参见 http://www.leftcurve.org/LC22WebPages/heller.html。

② Agnes Heller, “Reflections on the Essays Addressed to My Work”, In Katie Terezakis (ed.), *Engaging Agnes Heller: A Critical Companion*, lanham, Mcl.: Lexington Books, 2009, p. 246.

③ Agnes Heller, *General Ethics*, Oxford: Basil Blackwell, 1988, p. 7.

④ [澳]艾格妮丝·赫勒:《人的本能》,邵晓光、孙文喜译,姚念赓、范岳审校,辽宁大学出版社 1988 年版,第 17 页。

⑤ [匈]阿格妮丝·赫勒:《现代性能够幸存吗?》,王秀敏译,衣俊卿校,黑龙江大学出版社 2012 年版,第 45 页。

为一种在张力中存在的历史性。① 赫勒的高明之处在于，从马克思主义出发正确揭示了人类条件的社会性、矛盾性和历史性，避免了意识哲学抽象的价值悬设，既强调了社会文化环境对人类道德的影响，又坚持了一种地方性的立场，在美德伦理学与规则伦理学之间保持了适当的张力。

二、特性道德与个性道德

作为一个新马克思主义者，赫勒的道德理论深受马克思思想的影响，这尤其体现在《日常生活》中。如前所述，赫勒区分了特性和个性。特性是日常生活的主体所特有的一种生存样态，这时主体尚未同类本质和类价值建立自觉的联系，当占有环境时，总是把它看成是自己的。特性渗透到道德领域，就会形成一种特殊的道德形态——特性道德。特性道德是异化的道德，其特点是道德主体具有排他主义的动机并倾向于自我保存。由于道德主体并未与伦理规则建立自觉的关系，主体要么意识不到伦理规则的存在，当然也就更谈不上遵从伦理规则的指导，要么盲目崇信某种伦理规则，并将之奉为神明。一旦特性道德在社会中占据了主流，邪恶便会出现。要言之，特性道德意味着道德主体与道德规则的断裂，它表明道德规则不再来自道德主体对自身类本质的反思，而是来自外部强制。在这种情况下，无论是规则伦理学还是美德伦理学，均无法完成规范人类行为的任务。令人担忧的是，邪恶就驻扎在特性道德中，一旦时机成熟就会给人类带来灾难。

与特性相对立的另一种主体生存样态是个性。这时主体已经意识到类本质的发展和价值，并把自己视为自觉的类存在物，他开始意识到日常生活中有更重要的道德原则供其选择，甚至“由于他同类本质价值的自觉关系，能够选择自我毁灭或自我受难”②。正如鲍曼所指出的：“有多少人选择道德义务高于自我保全的理性并不重要——重要的是确实有人这样做了。邪恶不是全能的。它能够被拒于千里之外。少数抵抗的人的事例粉碎了自我保全的逻辑

① Agnes Heller, *General Ethics*, Oxford: Basil Blackwell, 1988, p. 22.

② [匈]阿格妮丝·赫勒：《日常生活》，衣俊卿译，黑龙江大学出版社 2010 年版，第 19 页。

的权威，它表明了它归根结底才是——一个选择。”[①]两位大屠杀的幸存者有着共同的人生体悟。具有个性道德的人不仅能够自觉抵制道德戒律的压迫，还能有意识地将道德规则内化为自己的本质，成为“好人”。那么，“好人”何以可能呢？首先，“好人”存在是可以体验到的事实，赫勒认为自己的父亲就是一个“好人”。二战期间，父亲因“政治信仰问题”不幸入狱，在奥斯维辛集中营里他获得了一个活命的机会，前提是放弃自己的信仰，但父亲一口回绝了这个无理要求，从容就义。父亲的死让赫勒更加坚信，无论在什么情况下“好人”都是存在的。仅仅从经验层面说明“好人”存在还不够，赫勒试图从理论上证明“好人”的确存在。在她看来，要成功抵制特性的侵蚀，让个人跃迁至个性状态，就必须有一种道德上的“精明感”（即亚里士多德意义上的“实践智慧”）。在进行道德判断时，拥有“实践智慧”的人能够保持适度原则，他知道在特殊情况下如何做出判断，知道究竟应该在何时何地中止特性并对道德规则提出质疑。适度原则是一种“中庸价值”，主要“用于情感的尺度，也就是在同给定的一般规范的关联中评价一种情感怎样、在多大程度上、何时、为何和为什么目的是适用的”[②]。这种特殊“官能”使主体能够与特性保持“距离”并及时中止特性，保障了个性的顺利生成。

三、关于存在的道德选择

要回答“好人何以可能存在”，仅仅依靠实践智慧和个性的生成还不够，关键是要说服人们：为什么选择做“好人”是正确的。赫勒认为在经验和理性层面均无法回答这个问题，只能诉诸超验，最佳的门径就是求助于克尔凯郭尔的选择理论。这里的选择不是日常生活层面上的一般选择，而是存在（论）意义上的关于自身命运的选择，“你自己的选择是一种命运的选择，更确切些说，选择你自己相当于把自己理解为拥有特定命运的个人。你不可能在做出选择前拥有关于自我的知识。存在与存在的意识密不可分。自我的

① ［英］鲍曼：《现代性与大屠杀》，杨渝东、史建华译，译林出版社 2011 年版，第 269 页。

② ［匈］阿格妮丝·赫勒：《日常生活》，衣俊卿译，黑龙江大学出版社 2010 年版，第 24 页。

选择是一种关于存在的选择,因为它是对存在的选择。从定义上看,关于存在的选择是不可逆转和不可取消的"[①]。赫勒的好友伯恩斯坦(Richard J. Bernstein)对此质疑道:"如果一个人在做出关于存在的选择之前没有'自我',那么究竟是谁做出了这一选择呢?"[②]针对这一诘问,赫勒承认关于存在的选择理论是其"阿喀琉斯之踵",她提醒我们,关于存在的选择只能从哲学立场上去理解,因为它是超验的。

赫勒认为关于存在的选择有两种类型:差异性地选择自己和普遍性地选择自己。"如果你在选择时,把自己视为'某种特定事业的人',或者用韦伯的术语,'特定职业的人',你就差异性地选择了自己。"[③]差异性地选择自己虽然是关于存在的选择(不可撤销),却与伦理学无关,因而不是道德层面上的选择。例如,我选择研究哲学作为我的职业,但这不代表我就是"好人",我仍然可以选择做一个邪恶的人。对此伯恩斯坦提出质疑:如果说差异性地选择不可撤销,难道就不会出现个体因某些事件的影响而放弃原有职业规划这类情况吗?这显然是对赫勒选择理论的误读。在探讨选择问题时,赫勒有一个基本的预设,那就是真实性和真诚性不容置疑。在她看来,真正的哲学家一定会把从事哲学事业视为自己的全部生命所在,选择一定是慎重的,他也必须(愿意)为此负责。赫勒自己就是这样一位哲学家,哲学是她生命的全部。作为大屠杀的幸存者,她始终感到自己欠下了一笔债,研究道德哲学就是为了还债。为了哲学事业,赫勒曾两次被开除出党,长期流亡海外,但她无怨无悔。这就是一个哲学家做出的关于自身存在的选择。

要成为一个"好人",还必须普遍性地选择自己。这是更高层次的选择,"在普遍性的范畴下选择我们自己相当于选择做好人,这是一种道德选择,因为这是一种关于道德规范的选择"[④]。如何解释现实中确有不少人没有做出这样的选择呢?赫勒认为,关键

---

① Agnes Heller, *A Philosophy of Morals*, Oxford: Basil Blackwell, 1990, p. 10.

② Richard J. Bernstein, "Existential Choice: Heller's Either/or", In Katie Terezakis (ed.), *Engaging Agnes Heller: A Critical Companion*, Lanham, Md.: Lexington Books, 2009, p. 89.

③ Agnes Heller, *A Philosophy of Morals*, Oxford: Basil Blackwell, 1990, p. 11.

④ Agnes Heller, *A Philosophy of Morals*, Oxford: Basil Blackwell, 1990, p. 13.

是要有勇气进行根本性的跳跃,惊人一跃不是人人都可以做到的,它必须符合两个条件:"第一,道德范畴和概念必须在某种程度上'流传开来'。第二,孩子们的命运绝不能像前现代时期那样被森严的伦理规则预先决定。"①离开了第一个条件,人们就弄不清何为善,更谈不上选择善;没有第二个条件,命运既然是被预先规定的,关于存在的选择就既无必要,也无可能。

现代社会打破了传统社会人们内心的道德羁绊,正如马克思和恩格斯描绘的:"一切固定的僵化的关系以及与之相适应的素被尊崇的观念和见解都被消除了,一切新形成的关系等不到固定下来就陈旧了。一切等级的和固定的东西都烟消云散了,一切神圣的东西都被亵渎了。人们终于不得不用冷静的眼光来看他们的生活地位、他们的相互关系。"②在这种情况下,道德生活日益多元化,各种伦理规则竞相出现并散播开来。"好人"出现的条件似乎具备了,但为什么"好人"并不多见呢?这主要有两个原因:一是部分人仍固守着特性道德,没能跃迁至个性状态,也没能意识到偶然性转变为命运的重要性;二是部分国家和地区仍有人过着前现代的生活,做"好人"的基本条件尚不具备。

四、规则伦理学与美德伦理学的"接合"

赫勒的道德理论强调"好人"和"好生活",显然是一种美德伦理学,但她又与麦金太尔不同,这体现在两个方面:第一,赫勒并不认为启蒙的筹划必定失败,而是相信"启蒙远没有被替代;它仍在不断工作"③。在她看来,麦金太尔否弃启蒙的做法是一种偏见,表明他仍囿于一种单向度的线性思维模式,即仅仅看到了启蒙丑陋不堪的一面,忽略了其积极价值。赫勒更愿意将现代社会视为"在所有层面和所有方面都是零散的、冲突的,有时甚至是混乱的"④,在她看来,现代性有三种发展逻辑(技术的逻辑、地位的功能性分

---

① Agnes Heller, *A Philosophy of Morals*, Oxford: Basil Blackwell, 1990, p.26.

② 《马克思恩格斯文集》第2卷,人民出版社2009年版,第34~35页。

③ [匈]阿格尼丝·赫勒:《现代性理论》,李瑞华译,商务印书馆2005年版,第69页。

④ [匈]阿格尼丝·赫勒:《现代性理论》,李瑞华译,商务印书馆2005年版,第101页。

配的逻辑和政治权力的逻辑)和两种想象机制(历史想象和技术想象),尽管技术的逻辑和技术想象目前占据着支配地位,但其他两种逻辑和历史想象会制约其向恶性方向发展。第二,赫勒非常强调道德主观方面和客观方面的统一,尤其重视伦理规则对人们的规范作用。麦金太尔等美德理论学家则通常倾向于排斥伦理规则,在他们看来,规则伦理学将规则视为目的,陷入了拜物教,"规则本身丝毫没有为我们提供目的。它们在告诉我们什么事是不可做的意义上告诉我们如何行动,但它们并没有把任何明确的目的提供给我们"①。当然,赫勒也充分意识到,规则伦理学作为道德义务论片面强调道德客观方面对行为者影响的做法也不可取。

在赫勒那里,道德并不是一种意识形态,而是内在于一切领域的人际关系,一种"'个人'的态度和决策同价值和规范期望之间的实践关系"②。道德既包含个人态度等主观方面,也包含价值和规范等客观方面,只有当道德规范内在化并转变为个人动机时,道德才会形成。为了阐明道德主观方面和客观方面的关系,赫勒区分了合道德性(morality)、合法性(legality)和伦理道德(morals)三个概念。前两个概念来自康德,后一个概念是她本人的用法,代表两者的统一。"对个人来说,(同合道德性相分离的)合法性的要求构成一种外在的要求[必须(müssen)],(从合法性中抽象出来的)合道德性的要求构成一种内在的要求[应该(sollen)]。"③赫勒认为,只有一极出现的行为是不可想象的,纯粹的合法性意味着强迫,它完全无视个人赞同或不赞同的主观心理因素,不可能存在。纯粹的合道德性也不可能存在,因为"个体的个人总是从他出生于其中的世界中提取他的全部价值,他的规范和道德概念。即使他拒绝给定社会的整个价值结构,这一社会的一些成分也不可避免地被内在化,在道德要求的适当过程中显现出来"④。从道德行为角度看,道德义务和道德习惯乃是同一枚硬币的两面,规则伦理学片面

① [美]阿拉斯代尔·麦金太尔:《伦理学简史》,龚群译,商务印书馆2003年版,第149页。

② [匈]阿格妮丝·赫勒:《日常生活》,衣俊卿译,黑龙江大学出版社2010年版,第68页。

③ Agnes Heller, *Everyday Life*, London: Routledge & Kegan Paul, 1984, p. 77.

④ [匈]阿格妮丝·赫勒:《日常生活》,衣俊卿译,黑龙江大学出版社2010年版,第75页。

强调了前者,美德伦理学片面夸大了后者,都不可取,只有将两者有机结合起来才是正道。正如国内学者分析的:“只有当那些被认为具有实践必然性的道德要求,与行为者的生命轨迹、生活计划和人格偏好在心理层面上发生某种联系与融合,这种基于理性的必然性才能从一种纯粹‘外在的理由’转变为‘内在的理由’,即成为与行动者的生命轨迹、生活计划和人格偏好相合拍的,从而能够真实触动行为者内心的道德理由。”①

从道德多样性的立场出发,赫勒反对固守一套特定的伦理规范和规则,主张在实际对话中对规范和规则进行检验,“道德哲学可以建议,所有的规范和规则应该由普世箴言来检验,但是它不能提出有效的规范和规则本身就是普适的”②。检验伦理规范和规则,其实就是一种价值选择,即弄清楚在具体情境下究竟哪一种道德价值处于更高的层级。这样看来,为各类道德原则排列优先顺序,就既是必要的,也是重要的,因为“一个价值的等级越高,在我们与它的关系中道德的作用就越大,并且因此我们为它所作出的自觉的决定的重要性就越大”③。

现代社会的道德生活日趋多样化,各种伦理规范和规则冲突不断,如何才能做出正确的选择呢?赫勒认为必须判断出在特定情境下何种道德原则居于“主导性价值”(leading values)的地位。要做到这一点,仅凭个人的理性判断是不够的,即便是拥有实践智慧的人,也会出现误判。于是,在不同人群之间展开真正的哲学价值讨论就非常必要了。哲学价值讨论与日常生活层面的一般价值讨论不同,后者的目的是通过讨论辨明价值的真伪对错,即求真,而前者在讨论前就已经预设了讨论内容的真实性以及讨论者的真诚性,其目的是区划价值的优先等级,即求优。在日常生活的一般价值讨论中,失败的一方会发现自己坚持的价值立场是错的,进而放弃这种价值,转向新的价值。而哲学的价值讨论则不同,那些“失势”的价值原则虽然会被宣布不再是“主导性价值”,却没有从

① 李义天:《美德伦理学与道德多样性》,中央编译出版社2012年版,第85页。

② [匈]阿格妮丝·赫勒:《超越正义》,文长春译,陈家刚等校,黑龙江大学出版社2011年版,第305页。

③ [匈]阿格妮丝·赫勒:《激进哲学》,赵司空、孙建茵译,黑龙江大学出版社2011年版,第72页。

价值名单中删除，“那些已经被说服的人并不是放弃了自己的价值，而是，不管在某一特殊情况、某一特殊事件，还是某一特殊场合，他们允许与另一需要表示亲和性的价值具有优先性”①。可见，真正的哲学价值讨论是一场平等的讨论，没有任何意识形态的成分掺杂其中，也不受统治和支配关系的干扰，“在一个以依附与统领关系为基础的社会里，哲学价值讨论不可能普遍化”②。

与麦金太尔等美德伦理学家不同，赫勒相信普适道德的存在，她把这种道德称为“价值理想”。康德的“人是目的而不是手段”就是这样一种价值理想。同时，赫勒又与规则伦理学家不同，她从不把价值理想视为永恒不变的，“没有一个价值理想可以作为‘原始模型’和作为从出生以来就被给定给人们的；所有的价值理想无一例外的是历史地形成的”③。赫勒此处的分析与马克思的历史主义道德观有某种相似之处。马克思在构建自己的道德理论时，的确有一种用亚里士多德美德伦理学改造康德规则伦理学的倾向，一方面，他反对康德从形而上学角度考察道德问题，主张道德依存于特定的社会历史条件和人类实践活动，另一方面，他又与亚里士多德的美德伦理学不同，他所关注的“不是个人究竟按照怎样的道德准则来行动的问题，而是一种社会制度如何能够使个人得到自我实现”④。这实际上是一种制度伦理学。

赫勒为哲学价值讨论的参与者设置了一个较高的准入标准，这些人不仅具有个性，愿意承担道德责任，能够代表整个人类的利益，还要能够既赋予某种道德价值优先性（但不将其绝对化），又不否认其他价值的普遍有效性。用哈贝马斯的话说，就是要有一种包容他者的意识。难能可贵的是，赫勒意识到哲学价值讨论不能发生在一个依附和统领关系占支配地位的社会，这就将伦理学引向制度批判领域，引向理性的乌托邦和社会整体变革。

---

① [匈]阿格妮丝·赫勒：《激进哲学》，赵司空、孙建茵译，黑龙江大学出版社2011年版，第115页。

② [匈]阿格妮丝·赫勒：《激进哲学》，赵司空、孙建茵译，黑龙江大学出版社2011年版，第114页。

③ [匈]阿格妮丝·赫勒：《激进哲学》，赵司空、孙建茵译，黑龙江大学出版社2011年版，第78～79页。

④ 王晓升：《历史唯物主义的当代重构》，社会科学文献出版社2013年版，第529页。

赫勒的道德哲学虽然内容丰富且思想深刻,却也有不完善的地方。关于特性道德和个性道德的论述就蒙着一层黑格尔主义的色彩,作为社会现实(“是”)的特性道德与作为社会理想(“应该”)的个性道德之间存在着一条无法弥合的鸿沟。何以认定特性即是恶,个性即是善?这难道不是一种抽象的价值悬设,抑或是带有险恶用心的目的论吗?青年马克思曾一度运用过这种分析模式,但他后来意识到了这个问题,转向了对整个资产阶级伦理学的批判,其要点是:从改造社会的实践出发,批判资本主义社会,反对道德的形而上学化和学院化,将道德置于特定的社会经济状况中进行考察,“我们拒绝想把任何道德教条当做永恒的、终极的、从此不变的伦理规律强加给我们的一切无理要求,这种要求的借口是,道德世界也有凌驾于历史和民族差别之上的不变的原则。相反,我们断定,一切以往的道德论归根到底都是当时的社会经济状况的产物”①。赫勒的高明之处在于,将伦理学引向一种批判的社会理论,直接将矛头对准了资本主义社会的“依附和统领关系”,但她却未能言明这种关系源自何处。马克思发现了西方资产阶级伦理学形式化的弊病,无论规则伦理学还是美德伦理学,由于陷入了“形而上学的无谓思辨”,始终无法揭示资本的权力逻辑以及生产关系领域经济压迫的首要性。马克思之所以不能接受伦理学的形式化研究范式,是因为“这种研究以其抽象的方法和概念掩盖了对资本主义现实的非批判态度”②。他更愿意关注“何种社会制度安排可以保证人类生存方式沿着最符合人性的方向前进”这类伦理学问题。从本质上看,赫勒的道德理论并没有达到马克思的批判深度,仍属于形式伦理学之列。最后,个性道德主体、拥有实践智慧的人、做出惊人一跃的人、参与哲学讨论的人绝不是普通人。无论赫勒如何辩驳,精英主义这顶帽子是摘不掉的。问题在于,设置如此高的准入标准,即便在发达工业社会某些人能够符合,但对于贫穷落后的国家和地区,这样的标准又有何意义呢?

尽管赫勒在剖析资本主义社会现实方面可能不及马克思深刻,她却继承了马克思主义的批判精神,运用了马克思主义的辩证

① 《马克思恩格斯文集》第9卷,人民出版社2009年版,第99页。

② 张盾:《马克思的六个经典问题》,中国社会科学出版社2009年版,第334页。

方法，正确强调了道德的社会历史性。“人类条件”概念揭示了现代人偶然性的生存境遇，“特性”和“个性”的界划阐明了道德异化的根源及解决途径，关于存在的选择理论论证了“‘好人’何以可能存在”这一道德哲学的基本问题。赫勒试图在规则伦理学和美德伦理学之间进行“接合”，建构一种“个性和善的伦理学，一种不把人划分成现象界的人和本体界的人的伦理学”①。这种伦理学建立在规则伦理（义务论）之上，要给世界制定某种规范，同时又超越了一般意义的义务论，追寻一种良善、幸福、自由的生活。无论赫勒的“接合”是否成功，可以确定的是，当代美德伦理学的复兴绝非简单“回到亚里士多德”，也绝不能一味拒斥规则伦理学，而是应该在马克思主义中寻找理论资源，揭示人类道德谱系和伦理生活的多样性，走向一种批判的社会理论。

本章我们探讨了布达佩斯学派的政治－道德哲学思想。在传统马克思主义的认知框架内，政治哲学和道德哲学是没有地位可言的，以至于某些理论家认为马克思没有政治哲学和道德哲学。布达佩斯学派的政治哲学有两个要点：一个是超越正义，另一个是激进民主。通过界划形式的正义、伦理的正义和政治的正义，赫勒认为形式的正义必然会因其内在矛盾而走向悖论，伦理的正义可用于补充形式的正义。此外，现代性的悖论必然会导致静态正义走向动态正义，不完备的正义取代完备的正义。赫勒认为马克思的正义理论存在四点缺陷：过于倚重社会政治的正义概念，缺乏伦理的正义概念；根植于“绝对自由”这一错误假设；将形式的正义概念视为唯一合理的正义概念；本质上是一种“苦难的神正论”。这显然是对马克思正义理论的误读。超越正义的最终目的是回归良善生活，这就自然转向了对人类道德生活的哲学反思。赫勒最初在跟随卢卡奇学习哲学时，卢卡奇有意让她研究马克思主义的伦理学，赫勒内心非常纠结，因为她发现，马克思主义（尤其是列宁）根本没有伦理学。最后，迫于卢卡奇的“压力”，她转而研究车尔尼雪夫斯基（Chernyshevsky）的伦理学，并撰写了博士论文《车尔尼雪夫斯基的伦理学观点——合理利己主义的问题》。在这篇早期习

① ［匈］阿格妮丝·赫勒：《激进哲学》，赵司空、孙建茵译，黑龙江大学出版社2011年版，第145页。

作中,赫勒提出了一种不同于传统马克思主义的道德哲学观点,即强调个体的个性伦理,反对集体的国家伦理。后来,赫勒陆续出版了“道德哲学三部曲”,建构了一套严密的道德哲学体系,但反对集体道德压制,诉诸个性自由的核心思想始终没有改变。受存在主义影响,赫勒提出一种道德选择论,寄希望于个体自主地选择自己的命运。从康德的道德哲学出发,她强调基本的伦理规则必须遵守,这就吸取了规则伦理学的精华。赫勒道德哲学的最终落脚点是个性伦理学,即宣扬人们做一个“好人”,过一种“好生活”,这显然带有美德伦理学的色彩。赫勒的道德哲学试图在规则伦理学和美德伦理学之间寻找一个最佳的平衡点,至今仍值得人们深入学习和研究。

结 语

在本书前面各章，我们对布达佩斯学派的社会批判理论进行了一种“片面”的解读。例如，在解读布达佩斯学派思想时，更多地关注的是赫勒的思想；在阐述布达佩斯学派不同时期思想的变迁时，更多地关注的是理论的断裂性而非连续性。这样做可能会误导读者，甚至会背上一个偏离主题、缺乏主线的坏名声。但是，考虑到“片面的深刻性”有时比平庸的折中主义更能打动人，我们还是采用了这种写法，目的是更加集中地揭示布达佩斯学派各时期理论的特质。在本书即将收尾之际，我们打算回到标题所示的问题——个性自由与道德责任——上来，以德国古典哲学为基本言说背景，进一步阐明布达佩斯学派社会批判理论的核心论域及当代价值。

在《日常生活》中，赫勒提出两个重要的范畴：特性和个体。其实，这里面包含着极为深刻的见解。特性就是黑格尔意义上的特殊性，按照黑格尔的基本理解，市民社会中的个人一定是追求私利的，但个人在追求这一特殊性的同时，无形中也实现了普遍性的目的，“利己的目的，就在它的受普遍性制约的实现中建立起在一切方面相互倚赖的制度。个人的生活和福利以及他的权利的定在，都同众人的生活、福利和权利交织在一起，它们只能建立在这种制度的基础上，同时也只有在这种联系中才是现实的和可靠的”①。黑格尔非常清楚资本主义社会现实的政治－道德状况，他不希望现代性的一切文明成果毁于个人私利引发的矛盾和纷争，于是借

① ［德］黑格尔：《法哲学原理》，范扬、张企泰译，商务印书馆1961年版，第198页。

用斯密的“看不见的手”提出“理性的狡计”之说。后来他发现，斯密以个人私利和市场平等交换为基本原则的自由主义学说并非有效，反而导致资本主义社会陷入更大的危机。这就表明，特殊性必须上升到普遍性，而且这种转变必须内含一种伦理道德的自觉。最后，黑格尔在国家伦理中找到了这种普遍性，并以此来超克特殊性“作为欲望的对象没有节制和尺度”这一致命缺陷。赫勒继承了黑格尔关于特殊性和普遍性关系的基本思想，在她看来，特性具有两层内含，一是指社会中每一个人都具有的特殊性，这是人与人相区分的根据，也是个性发展的前提，这种特性是中性的，必须被保留下来；二是指阻碍普遍性和个体生成的那种带有排他主义、自私自利特征的特殊性，这种特性在资本主义社会表现得尤为突出，使人始终处于异化的状态，因此必须被超越和扬弃。所谓个体，指的是主体的一种自由状态，在这里，特殊性和普遍性真正实现了统一。可见，《日常生活》一书并不是抽象地探讨日常生活如何人道化，而是关注个体如何获得自由。但与黑格尔不同的是，赫勒并不认为国家伦理为个性自由提供了充分的保障，在她看来，任何集体的生存选择都不能使人们获得自由，选择只能是个体自己做出的，现代的集体(国家和阶级)只能是一种神话，其哲学理念“将不可避免地使对个体的压迫合法化”[①]。

赫勒的激进需要理论同样反映了个性自由这一现代性的核心论题。费赫尔曾说过，“正是法国大革命激发了康德哲学中潜在的政治维度”[②]，这个论断是准确的。按照国内学者张盾的理解，法国大革命对于康德政治哲学来说有着正反两个方面的教诲：正面的教诲是，法国大革命让康德意识到共和政体作为永恒典范是人类历史上的一个重要创举，这就意味着，道德世界的进步是可能的，“在我们的现象世界(Phenomenal nature)中存在某种反抗专制主义、向往自由的东西”[③]。反面的教诲是，“仅仅有道德是不够的，在

① [匈]阿格妮丝·赫勒：《现代性能够幸存吗?》，王秀敏译，衣俊卿校，黑龙江大学出版社2012年版，第139页。

② [匈]费伦茨·费赫尔：《法国大革命与现代性的诞生》，罗跃军等译，黑龙江大学出版社2010年版，第231页。

③ [匈]费伦茨·费赫尔：《法国大革命与现代性的诞生》，罗跃军等译，黑龙江大学出版社2010年版，第234页。

实际政治中，道德必须以制度来保证”①。赫勒充分意识到了康德思想中的政治哲学转向，但她认为康德并未消除理论中的矛盾，这就是幸福和自由的冲突。按照赫勒的解读，康德试图通过他的整个理论体系“规范地建立自由高于幸福的无条件的优先权”②，而这种见解又建立在他的双重人类学之上，现象的人循着自己的私利追求幸福，本体的人则沿着道德律令追求良善生活。就这样，康德将特殊性和普遍性的讨论上升到现象与本体层面，转化为幸福和善良意志的二分和对立，“冲突总是位于一方面作为普遍性以及作为绝对性的自由和另一方面作为经验性、特殊性的、纯粹个人的幸福追求之间”③。赫勒认为，仅仅依靠道德自律，并不能为现代政治哲学提供基础，康德的道德律令在现实生活中根本找不到基点，甚至有可能被用来作为剥夺他人自由的工具。这就要求道德必须具体化，必须能够指引和帮助人们获得现世的幸福，而幸福的获得与人们需要的满足直接相关。赫勒的高明之处在于，她试图解决康德形式主义伦理学在现实社会必然虚化的理论弊病，将目光重新移至名誉、权力和财富这些个人真正追逐不舍的事物上来。于是，政治哲学的核心论题被改写为：“我们应该如何行动才能使自由的扩展比需要的增长更快，或者至少使得自由的扩展不会落后于需要的增长？”④在赫勒等人看来，自由就意味着需要得到满足，资本主义社会人们的激进需要无法得到满足，也就意味着人们在资本主义社会始终是不自由的。

毋庸置疑，布达佩斯学派现代性批判理论的根本旨趣是自由。赫勒等人关注的是，个体在双重偶然性的生存境遇下如何避开必然性使自己获得自由。在他们看来，个体获得自由的关键机制是做出存在论的选择，“如果一种生存的选择成功，那么这个人（per-

① 张盾、田冠浩：《黑格尔与马克思政治哲学六论》，学习出版社 2014 年版，第 207 页。

② ［匈］阿格妮丝·赫勒：《现代性能够幸存吗?》，王秀敏译，衣俊卿校，黑龙江大学出版社 2012 年版，第151 页。

③ ［匈］阿格妮丝·赫勒：《现代性能够幸存吗?》，王秀敏译，衣俊卿校，黑龙江大学出版社 2012 年版，第163 页。

④ ［匈］阿格妮丝·赫勒：《现代性能够幸存吗?》，王秀敏译，衣俊卿校，黑龙江大学出版社 2012 年版，第154 页。

son)就能像一个个体(individual)那样成为自由的"[①]。现代性的动力和现代社会格局决定了人们必然处于一个动态正义的社会,在这里,一切都可以被质疑,但这同时也摧毁了自由的根基。自由的悖论并不意味着自由是遥不可及的,而是意味着自由具有自身的限度,只能是相对的自由。只要现代性的三种逻辑和两种想象制度可以保持平衡,现代性就不会终结,自由就能够实现。布达佩斯学派认为,维系现代性存续的关键是道德责任,或者说是好人的存在,用康德的道德律令来表述就是,"道德法则是我们内心的人性,它意味着我们对曾经、正在和即将生活于我们这个世界的所有人负责"[②]。

布达佩斯学派的道德-政治哲学批判起始于这样一个认定,即现代社会是特殊性大行其道的时代,要把特殊性和普遍性统一起来,把私利与公共善统一起来,把实然和应然统一起来,就必须走个体主义的路线,因此,个性伦理学成为保障个性自由的最后一根稻草,自由民主制度成为实现个性自由的最佳社会体制。从东欧异见知识分子特殊的生活经历和人生体验出发,赫勒等人走了一条不同于康德-黑格尔政治哲学的道路,但从根本上看,个性伦理学尽管正确强调了个体多元化的生活方式以及道德的多样性,却始终无法直接与普遍性相连,这也就意味着,布达佩斯学派并未超出康德-黑格尔对现代性的深刻觉识,但是,他们毕竟发现并提出了新问题,这值得我们思考和借鉴。

① [匈]阿格妮丝·赫勒:《现代性能够幸存吗?》,王秀敏译,衣俊卿校,黑龙江大学出版社2012年版,第137页。

② [匈]阿格尼丝·赫勒:《现代性理论》,李瑞华译,商务印书馆2005年版,第323页。

参考文献

一、中文文献

1. 著作

[1]马克思,恩格斯. 马克思恩格斯文集(第1~10卷)[M]. 北京:人民出版社,2009.

[2]马克思,恩格斯. 马克思恩格斯全集(第1卷)[M]. 北京:人民出版社,1995.

[3]马克思,恩格斯. 马克思恩格斯全集(第2卷)[M]. 北京:人民出版社,2005.

[4]马克思,恩格斯. 马克思恩格斯全集(第3卷)[M]. 北京:人民出版社,1960.

[5]马克思,恩格斯. 马克思恩格斯全集(第20卷)[M]. 北京:人民出版社,1971.

[6]马克思,恩格斯. 马克思恩格斯全集(第23卷)[M]. 北京:人民出版社,1972.

[7]马克思,恩格斯. 马克思恩格斯全集(第25卷)[M]. 北京:人民出版社,2001.

[8]马克思,恩格斯. 马克思恩格斯全集(第30卷)[M]. 北京:人民出版社,1995.

[9]马克思,恩格斯. 马克思恩格斯全集(第31卷)[M]. 北京:人民出版社,1998.

[10]马克思,恩格斯. 马克思恩格斯全集(第34卷)[M]. 北京:人民出版社,2008.

[11]马克思,恩格斯. 马克思恩格斯全集(第 42 卷)[M]. 北京:人民出版社,1979.

[12]马克思,恩格斯. 马克思恩格斯全集[第 46 卷(上)][M]. 北京:人民出版社,1979.

[13]马克思,恩格斯. 马克思恩格斯全集[第 46 卷(下)][M]. 北京:人民出版社,1980.

[14][德]康德. 历史理性批判文集[M]. 何兆武,译. 北京:商务印书馆,1990.

[15][德]伊曼努尔·康德. 道德形而上学原理[M]. 苗力田,译. 上海:上海人民出版社,2005.

[16][德]黑格尔. 历史哲学[M]. 王造时,译. 上海:上海书店出版社,2006.

[17][德]黑格尔. 小逻辑[M]. 贺麟,译. 北京:商务印书馆,1980.

[18][德]黑格尔. 法哲学原理[M]. 范扬,张企泰,译. 北京:商务印书馆,1961.

[19][德]马克斯·霍克海默. 批判理论[M]. 李小兵,等,译. 重庆:重庆出版社,1989.

[20][德]马克斯·霍克海默,西奥多·阿道尔诺. 启蒙辩证法[M]. 渠敬东,曹卫东,译. 上海:上海人民出版社,2006.

[21][德]于尔根·哈贝马斯. 现代性的哲学话语[M]. 曹卫东,译. 南京:译林出版社,2011.

[22][德]卡尔·柯尔施. 马克思主义和哲学[M]. 王南湜,荣新海,译. 张峰,校. 重庆:重庆出版社,1989.

[23][东德]凯特琳·勒德雷尔. 人的需要[M]. 邵晓光,等,译. 沈阳:辽宁大学出版社,1988.

[24][匈]卢卡奇. 历史与阶级意识——关于马克思主义辩证法的研究[M]. 杜章智,任立,燕宏远,译. 北京:商务印书馆,1992.

[25][匈]乔治·卢卡奇. 民主化的进程[M]. 寇鸿顺,译. 广州:广东人民出版社,2013.

[26][匈]乔治·卢卡契. 审美特性(第 1 卷)[M]. 徐恒醇,译. 北京:中国社会科学出版社,1986.

[27][匈]阿格妮丝·赫勒. 卢卡奇再评价[M]. 衣俊卿,等,译. 哈尔滨:黑龙江大学出版社,2011.

[28][匈]阿格妮丝·赫勒. 日常生活[M]. 衣俊卿,译. 哈尔滨:黑龙江大学出版社,2010.

[29][匈]阿格妮丝·赫勒. 激进哲学[M]. 赵司空,孙建茵,译. 哈尔滨:黑龙江大学出版社,2011.

[30][匈]阿格尼丝·赫勒. 现代性理论[M]. 李瑞华,译. 北京:商务印书馆,2005.

[31][匈]阿格妮丝·赫勒. 现代性能够幸存吗? [M]. 王秀敏,译. 衣俊卿,校. 哈尔滨:黑龙江大学出版社,2012.

[32][匈]阿格妮丝·赫勒. 后现代政治状况[M]. 王海洋,译. 陈喜贵,校. 哈尔滨:黑龙江大学出版社,2011.

[33][匈]阿格妮丝·赫勒. 超越正义[M]. 文长春,译. 陈家刚,校. 哈尔滨:黑龙江大学出版社,2011.

[34][澳]艾格妮丝·赫勒. 人的本能[M]. 邵晓光,孙文喜,译. 姚念赓,范岳,审校. 沈阳:辽宁大学出版社,1988.

[35][匈]乔治·马尔库什. 马克思主义与人类学——马克思哲学关于“人的本质”的概念[M]. 李斌玉,孙建茵,译. 衣俊卿,校. 哈尔滨:黑龙江大学出版社,2011.

[36][匈]乔治·马尔库什. 语言与生产——范式批判[M]. 李大强,李斌玉,译. 哈尔滨:黑龙江大学出版社,2011.

[37][匈]雅诺什·科尔奈. 思想的力量——智识之旅的非常规自传[M]. 安佳,张涵,译. 上海:上海人民出版社,2013.

[38][匈]费伦茨·费赫尔. 法国大革命与现代性的诞生[M]. 罗跃军,等,译. 哈尔滨:黑龙江大学出版社,2010.

[39][波]沙夫. 人的哲学[M]. 林波,等,译. 北京:三联书店,1963.

[40][波]切斯瓦夫·米沃什. 被禁锢的头脑[M]. 乌兰,易丽君,译. 桂林:广西师范大学出版社,2013.

[41][波]切·米沃什. 切·米沃什诗选[M]. 张曙光,译. 石家庄:河北教育出版社,2002.

[42][波]莱泽克·科拉科夫斯基. 自由、名誉、欺骗和背叛——日常生活札记[M]. 唐少杰,译. 衣俊卿,校. 哈尔滨:黑龙江大学出版社,2011.

[43][美]埃里希·弗罗姆. 逃避自由[M]. 刘林海,译. 北京:国际文化出版社,2007.

[44][美]赫伯特·马尔库塞.单向度的人——发达工业社会意识形态研究[M].刘继,译.上海:上海译文出版社,2008.

[45][美]丹尼尔·贝尔.后工业社会的来临——对社会预测的一项探索[M].高铦,等,译.北京:新华出版社,1997.

[46][美]赫伯特·马尔库塞.苏联的马克思主义——一种批判的分析[M].张翼星,万俊人,译.北京:中国人民大学出版社,2012.

[47][美]汉娜·阿伦特.人的境况[M].王寅丽,译.上海:上海人民出版社,2009.

[48][美]道格拉斯·拉米斯.激进民主[M].刘元琪,译.北京:中国人民大学出版社,2008.

[49][美]约瑟夫·熊彼特.资本主义、社会主义与民主[M].吴良健,译.北京:商务印书馆,1999.

[50][美]安娜·玛丽·史密斯.拉克劳与墨菲:激进民主想象[M].付琼,译.南京:江苏人民出版社,2011.

[51][美]斯蒂文·贝斯特,道格拉斯·凯尔纳.后现代理论——批判性的质疑[M].张志斌,译.北京:中央编译出版社,1999.

[52][美]阿拉斯戴尔·麦金太尔.追寻美德:道德理论研究[M].宋继杰,译.南京:译林出版社,2011.

[53][法]卢梭.社会契约论或政治权利的原理[M].李平沤,译.北京:商务印书馆,2011.

[54][法]亚历山德拉·莱涅尔-拉瓦斯汀.欧洲精神——围绕切斯拉夫·米沃什,雅恩·帕托什卡和伊斯特万·毕波展开[M].范炜炜,等,译.长春:吉林出版集团有限责任公司,2009.

[55][法]莫里斯·哈布瓦赫.论集体记忆[M].毕然,郭金华,译.上海:上海人民出版社,2002.

[56][法]路易·阿尔都塞.保卫马克思[M].顾良,译.北京:商务印书馆,2010.

[57][法]列菲弗尔.论国家——从黑格尔到斯大林和毛泽东[M].李青宜,等,译.重庆:重庆出版社,1988.

[58][法]让-保罗·萨特.辩证理性批判[M].林骧华,等,译.合肥:安徽文艺出版社,1998.

[59][英]戴维·麦克莱伦.马克思以后的马克思主义[M].李智,译.北京:中国人民大学出版社,2008.
[60][英]鲍曼.现代性与大屠杀[M].杨渝东,史建华,译.南京:译林出版社,2011.
[61][英]安东尼·吉登斯.现代性的后果[M].田禾,译.黄平,校.南京:译林出版社,2011.
[62][英]大卫·麦克里兰.意识形态[M].孔兆政,蒋龙翔,译.长春:吉林人民出版社,2005.
[63][英]肖恩·塞耶斯.马克思主义与人性[M].冯颜利,译.北京:东方出版社,2008.
[64][英]亚当·斯密.国民财富的性质和原因的研究(下卷)[M].郭大力,王亚南,译.北京:商务印书馆,1974.
[65][英]特里·伊格尔顿.马克思为什么是对的[M].李杨,任文科,郑义,译.北京:新星出版社,2011.
[66][英]卡尔·波兰尼.大转型:我们时代的政治与经济起源[M].冯钢,刘阳,译.杭州:浙江人民出版社,2007.
[67][英]恩斯特·拉克劳.我们时代革命的新反思[M].孔明安,刘振怡,译.哈尔滨:黑龙江人民出版社,2006.
[68][英]查特尔·墨菲.政治的回归[M].王恒,臧佩洪,译.南京:江苏人民出版社,2001.
[69][英]沃尔什.历史哲学——导论[M].何兆武,张文杰,译.桂林:广西师范大学出版社,2001.
[70][英]戈兰·瑟伯恩.从马克思主义到后马克思主义?[M].孟建华,译.北京:社会科学文献出版社,2011.
[71][英]柯林武德.历史的观念[M].何兆武,张文杰,译.北京:商务印书馆,1997.
[72][南斯拉夫]米哈伊洛·马尔科维奇、加约·彼得洛维奇.实践——南斯拉夫哲学和社会科学方法论文集[M].郑一明,曲跃厚,译.哈尔滨:黑龙江大学出版社,2010.
[73][南斯拉夫]米哈伊洛·马尔科维奇.从富裕到实践——哲学与社会批判[M].曲跃厚,译.哈尔滨:黑龙江大学出版社,2012.
[74][意]维柯.新科学[M].朱光潜,译.北京:商务印书馆,1989.

[75][加]艾伦·伍德.新社会主义[M].尚庆飞,译.南京:江苏人民出版社,2002.
[76][加]艾伦·梅克森斯·伍德.民主反对资本主义——重建历史唯物主义[M].吕薇洲,等,译.吕薇洲,许健康,校.重庆:重庆出版社,2007.
[77][日]栗本慎一郎.布达佩斯的故事:探索现代思想的源流[M].孙传钊,译.上海:上海三联书店,2012.
[78]张一兵.回到马克思——经济学语境中的哲学话语[M].南京:江苏人民出版社,1999.
[79]张一兵.当代国外马克思主义哲学思潮(上中下卷)[M].南京:江苏人民出版社,2012.
[80]俞吾金,陈学明.国外马克思主义哲学流派[M].上海:复旦大学出版社,1990.
[81]孔明安,等.当代国外马克思主义新思潮研究——从西方马克思主义到后马克思主义[M].北京:中央编译出版社,2012.
[82]衣俊卿.人道主义批判理论——东欧新马克思主义述评[M].北京:中国人民大学出版社,2005.
[83]衣俊卿.衣俊卿自选集[M].北京:学习出版社,2012.
[84]黄继锋.东欧"新马克思主义"[M].北京:中央编译出版社,2002.
[85]陈学明,吴松,远东.让日常生活成为艺术品——列菲伏尔、赫勒论日常生活[M].昆明:云南人民出版社,1998.
[86]刘怀玉.现代性的平庸与神奇——列斐伏尔日常生活批判哲学的文本学解读[M].北京:中央编译出版社,2006.
[87]周凡.后马克思主义导论[M].北京:中央编译出版社,2010.
[88]周凡,李惠斌.后马克思主义[M].北京:中央编译出版社,2007.
[89]周凡.后马克思主义:批判与辩护[M].北京:中央编译出版社,2007.
[90]黄瑞祺.马学新论——从西方马克思主义到后马克思主义[M].台北:"中央研究院"欧美研究所,2004.
[91]张盾.马克思的六个经典问题[M].北京:中国社会科学出版社,2009.

[92]张盾,田冠浩.黑格尔与马克思政治哲学六论[M].北京:学习出版社,2014.

[93]王晓升.历史唯物主义的当代重构[M].北京:社会科学文献出版社,2013.

[94]杜章智.卢卡奇自传[M].李渚青,莫立知,译.北京:社会科学文献出版社,1986.

[95]金雁.从“东欧”到“新欧洲”:20 年转轨再回首[M].北京:北京大学出版社,2011.

[96]李义天.美德伦理学与道德多样性[M].北京:中央编译出版社,2012.

[97]郗戈.超越资本主义现代性——马克思现代性思想与当代社会发展[M].北京:中国人民大学出版社,2014.

[98]王秀敏.个性道德与理性秩序——赫勒道德理论研究[M].哈尔滨:黑龙江大学出版社,2011.

[99]孙建茵.文化悖论与现代性批判——马尔库什文化批判理论研究[M].哈尔滨:黑龙江大学出版社,2011.

[100]傅其林.阿格妮丝·赫勒审美现代性思想研究[M].成都:巴蜀书社,2006.

[101]赵司空.后马克思主义与后现代的乌托邦——阿格妮丝·赫勒后期思想述评[M].上海:上海社会科学院出版社,2013.

[102]林进平.马克思的“正义”解读[M].北京:社会科学文献出版社,2009.

[103]罗骞.论马克思的现代性批判及其当代意义[M].上海:上海人民出版社,2007.

2. 论文

[1][美]P. M. 罗斯诺.后现代主义是左翼还是右翼?[J].高飞乐,译.国外社会科学,1994(8).

[2][英]戴维·麦克莱伦.当代西方马克思主义流派[J].段忠桥,译.北京大学学报:哲学社会科学版,1997(1).

[3][日]山琦薰.关于“后马克思主义”的思考[J].晓凡,译.国外社会科学,1989(12).

[4]孔明安.“后马克思主义”研究及其理论规定[J].哲学动态,2004(2).

[5]周凡. 后马克思主义:概念的谱系学及其语境(中)[J]. 河北学刊,2005(2).
[6]曾枝盛. "后马克思主义"的定义域[J]. 学术研究,2004(7).
[7]王杰,徐方赋. 我不是后马克思主义者,我是马克思主义者——特里·伊格尔顿访谈录[J]. 文艺研究,2008(12).
[8]杨耕,张立波. 历史哲学:从缘起到后现代[J]. 学术月刊,2008(4).
[9]衣俊卿. 论东欧新马克思主义的理论定位[J]. 求是学刊,2010(1).

二、外文文献

[1] Agnes Heller. A Theory of History[M]. London: Routledge & Kegan Paul, 1982.
[2] Agnes Heller. A Short History of My Philosophy[M]. Lanham, Md.: Lexington Books, 2011.
[3] Agnes Heller and Ferenc Feher. The Grandeur and Twilight of Radical Universalism[M]. New Brunswick: Transaction Publishers, 1991.
[4] Agnes Heller. A Philosophy of Morals[M]. Oxford: Basil Blackwell Ltd, 1990.
[5] Agnes Heller, General Ethics [M]. Oxford: Basil Blackwell, 1988.
[6] Ferenc Feher and Agnes Heller. Eastern Left[M]. Western Left: Totalitarianism, Freedom and Democracy, Cambridge: Polity Press, 1986.
[7] Agnes Heller and Ferenc Fehér. The Postmodern Political Condition[M]. New York: Columbia University Press, 1988,
[8] Mihaly Vajda. The State and Socialism[M]. London: Allison & Busby, 1981.
[9] Andras Hegedüs [et al.]. The Humanisation of Socialism: Writings of the Budapest School [M]. London: Allison and Busby, 1976.
[10] Agnes Heller, Simon Tormey. "Interviews with Professor Agnes

Heller(Ⅰ)"[J]. Revista de Filosofía, No. 17, 1998.

[11] Agnes Heller. Simon Tormey: "Interviews with professor Agnes Heller(Ⅱ)"[J]. Revista de Filosofía, No. 18, 1999.

[12] Simon Tormey. Agnes Heller: Socialism, Autonomy and the Postmodern [M]. Manchester: Manchester University Press, 2001.

[13] John Grumley. Agnes Heller: A Moralist in the Vortex of History [J]. London: Pluto Press, 2005.

[14] Douglas M. Brown. Towards A Radical Democracy: The Political Economy of the Budapest School [J]. London: Unwin Hyman, 1988.

[15] Katie Terezakis (ed.). Engaging Agnes Heller: A Critical Companion[M]. lanham, Mcl.: Lexington Books, 2009.

[16] Agnes Heller. "The Three Logics of Modernity and the Double Bind of the Modern Imagination"[J]. Thesis Eleven, 2005, Number 81.

[17] Agnes Heller. "Marx and Modernity"[J]. Thesis Eleven, No. 8, January, 1984.

[18] Agnes Heller. "Marx and the 'Liberation of Humankind'"[J]. Philosophy Social Criticism, 1982, (9).

[19] Agnes Heller. "Past, Present, and Future of Democracy"[J]. Social Research, Vol. 45, No. 4, 1978.

索引

后　记

从最初接触赫勒和布达佩斯学派的思想至今,已经有近七个年头了。2008 年,一个偶然的机会,我读到一本关于后马克思主义思想研究的著作《从批判理论到后马克思主义的主要思想家》,书的作者将赫勒视为后马克思主义理论家,这着实让我感到有些意外。在我的印象里,赫勒作为《日常生活》一书的作者,应该是人道主义的马克思主义者,怎么就摇身一变成为后马克思主义理论家了呢?带着种种疑惑,我搜集并阅读了赫勒的大部分著作,终于找到了答案,原来赫勒思想有一个从人道主义的马克思主义到后马克思主义的转变。正是在阅读过程中,我被赫勒坚韧的人格魅力和丰富的哲学思想所折服,于是下决心一定要用几年时间好好梳理一下赫勒和布达佩斯学派的思想,现在呈现在大家面前的这部著作就是我近几年不断探寻和思索的一点记录。

在研究赫勒和布达佩斯学派思想的过程中,我有幸结识了衣俊卿教授和他带领的东欧新马克思主义研究团队。这是一支充满活力的年轻队伍,大家虽然分布在祖国各地,却拥有相近的理论旨趣和人生追求,一起碰撞思想、共享学术真是人生一大幸事。衣俊卿教授不仅是国内东欧新马克思主义研究领域的开创者之一,也是该研究领域的积极推进者。自 2010 年起,他主编和策划了“东欧新马克思主义译丛”和“东欧新马克思主义理论研究”两套丛书,为国内东欧新马克思主义研究搭建了重要的学术平台,也使得本书有了同大家见面的机会。

本书的主体部分是我在中央编译局从事博士后研究工作期间完成的,合作导师衣俊卿教授、周凡教授以及编译局诸多专家学者在开题、中期考核过程中对研究报告提出了重要的修改意见，感谢段忠桥教授、韩立新教授、孔明安研究员、李惠斌研究员和薛晓源研究员在百忙之中参加我的博士后出站答辩会，并对研究报告提出了许多中肯的宝贵意见。

本书的部分内容，曾在《马克思主义研究》《马克思主义与现实》《哲学动态》《学术月刊》《国外社会科学》《山东社会科学》《求是学刊》《苏州大学学报》《东岳论丛》等学术期刊发表过，有些还被《中国社会科学文摘》和《人大复印资料》转载，真诚地感谢所有这些期刊的编辑老师们。本书的写作和出版还得到教育部人文社会科学青年基金项目（13YJC720042）、中共中央编译局社会科学基金项目（11B23）和中央高校基本科研业务费项目（2722013JC010）的资助，在此表示衷心的感谢。

颜　岩

2014年10月6日于武汉